国家社会科学基金青年项目
『战后日本供给侧结构性改革经验与教训研究』（17CGJ012）

战后日本供给侧结构性改革研究

田正·著

The Study of Postwar Japanese Supply-side Structural Reform

时事出版社
北京

前　言

作用于经济供给端的供给侧结构性改革，通过增强供给能力、提升供给质量、消除供需错配矛盾，推进经济结构转型升级，提高全要素生产率，进而实现经济可持续增长。日本供给侧结构性改革的实践贯穿于整个战后日本经济发展历程，具有“量”与“质”两层内涵，并持续至今。供给侧结构性改革的实施提升了日本的供给能力，加快了经济结构转型步伐，改善了资源配置扭曲，提升了全要素生产率，促进了日本经济增长，但也引发了产能过剩、贫富差距扩大等问题。

笔者在研究视野上，基于战后日本经济的总体发展历程，采用宏观经济理论分析框架，综合运用计量经济学以及动态随机一般均衡模型等分析方法，系统性分析了战后日本供给侧结构性改革的发展历程，并探究其中的经验教训。主要结论如下：

其一，日本供给侧结构性改革产生的理论基础并非供给学派理论，而是在强烈发展导向下所形成的作用于经济供给端的产业政策思想。

其二，日本的供给侧结构性改革具有“量”与“质”的双重内涵，在完成工业化前主要侧重“量”的层面，致力于提升供给能力，而在泡沫经济崩溃后则更加注重“质”的层面，完善市场经济环境，改善供给质量。安倍经济学的成长战略具有“量质并举”的特征，以提升全要素生产率为主要目标。

其三，供给侧结构性改革对于日本经济发展既有提升供给能力、推动产业升级等正面效应，也存在引致产能过剩、贫富差距加大等负面影响。

其四，供给侧结构性改革需要与积极的财政政策及稳健的货币政策共同实施，实现供给侧结构性改革与宏观经济政策的协调，促进经济发展。

其五，日本完成工业化后，科学技术政策日益成为供给侧结构性改革的重要组成部分，持续加强政府引导，促进了科技创新的进步。

其六，政府应在供给侧结构改革中发挥引导作用，推动经济结构升级转型，改善企业创新环境，加强供给侧结构性改革内部政策之间的配合。

其七，在推动供给侧结构性改革时应注重与宏观经济政策之间的协调与配合，应防范过剩产能、资源配置扭曲、社会贫富差距拉大等问题。

当前，我国经济正处于经济结构转型、增长模式调整的关键时期。面对发展条件的变化，需要以提高经济发展质量与效益为中心，大力推进经济结构的战略性调整。2015 年，习近平总书记首次提出“供给侧结构性改革”，成为我国经济工作的核心。通过实施供给侧结构性改革，着力提高供给体系的质量和效率，增强经济持续增长动力，从而推动我国社会经济生产力水平实现跃升。第二次世界大战之后，日本经济快速发展，而供给侧结构性改革的实施则贯彻了整个战后日本经济的发展历程。日本供给侧结构性改革的经验与教训值得我国在实施供给侧结构性改革的过程中参考与借鉴。

本书的研究工作得到国家社会科学基金青年项目“战后日本供给侧结构性改革经验与教训研究（17CGJ012）”的大力支持。本书的研究工作还得到中国社会科学院登峰战略日本经济重点学科以及中国社会科学院日本研究所“日本经济政策与经济战略”创新工程项目的资助。在本书的撰写过程中，笔者得到了南开大学莽景石教授、天津社会科学院平力群研究员、中国社会科学院日本研究所徐梅研究员的大力指导，以及中国人民银行成都分行李鑫主任科员、中国社会科学院工业经济研究所江飞涛副研究员、中国社会科学院经济研究所武鹏副研究员的支持与帮助。在此表示由衷感谢，并致以崇高敬意！

由于笔者理论素养和研究水平有限，如有疏漏或不妥之处，敬请批评指正。

中国社会科学院日本研究所

田正

目　录

contents

绪　论

日本具有较长时间实施供给侧结构性改革的历史，积累了丰富经验和教训，可以为中国现阶段所实行的供给侧结构性改革提供借鉴与参考。以下着重分析日本供给侧结构性改革的研究意义，分析日本供给侧结构性改革与欧美的不同之处，并指出研究思路。

一、研究背景与意义

自战后，日本具有长期实施供给政策的历史。为此，就需要明确日本供给侧结构性改革的历史地位，并指出其思想演变的历程及其与美国供给学派的不同之处，在这一基础上分析日本供给侧结构性改革的演变及影响，探究日本供给侧结构性改革中蕴含的经验和教训。

（一）研究背景

中国于2015年首次提出“供给侧结构性改革”，强调从供给层面着重提高供给的质量与效率、促进产业升级与转型、解决供给与需求的错配、增强经济的增长动力。鉴于供给侧结构性改革在中国经济政策中的重要地位，许多相关领域的专家都投入到这一研究领域之中，取得了较多成果。肖林的《新供给经济学：供给侧结构性改革与持续增长》是一部从经济学角度系统分析供给侧改革理论与逻辑的著作，探究了各主要经济体供给侧改革的实践经验，给出了我国供给侧改革的战略路径。① 林毅夫则进一步强调，中国的供给侧改革政策不应是供应学派政策，而是在适度增强总需求的前提下，积极应用产业政策，弥补产业短板，促进产业升级转型。②

在推动供给侧结构性改革的过程中，中国需要汲取和借鉴发达工业体的经验与教训。邻国日本在供给侧结构性改革方面，提供了诸多可供参考的经验和教训。日本在战后的经济政策实施过程中，形成了“产业政策”等从供给侧角度出发的经济政策，目前，学界对于日本供给侧改革的经济理论研究主要集中于“产业政策”与“结构改革”两个方面。

首先，产业政策。小宫隆太郎、奥野正宽等编写的《日本的产业政策》讨论了日本的产业扶植政策、产业调整援助政策以及产业组织政策。③ 伊藤元重则分析了日本产业政策实施对国内外经济所产生的影响。④ 中国国内对于日本产业政策的研究，侧重于其实施的具体效果与其发挥的效果，并注重对日本产业政策历史变迁过程的研究。莽景石分析了日本产业政策发挥作用的内在原理，认为产业政策通过投资分配决定生产要素在各产业部门之间的配置调整了供给结构，是一项促进经济发展的长期政策。⑤ 金仁淑则认为，产业政策促进了日本的产业升级，推动日本的产业结构由低级向高级发展。⑥

---

① 肖林：《新供给经济学：供给侧结构性改革与持续增长》，格致出版社、上海三联书店、上海人民出版社 2016 年版。

② 林毅夫等：《供给侧结构性改革》，民主与建设出版社 2016 年版。

③ 小宫隆太郎、奥野正寛、鈴村興太郎、「日本の産業政策」、東京大学出版会 1984 年版。

④ 伊藤元重、清野一治、奥野正寛、鈴村興太郎、「産業政策の経済分析」、東京大学出版会 1988 年版。

⑤ 莽景石：《论战后日本产业政策的调节对象及调节机制》，《日本研究》1988 年第 3 期，第 25—30 页。

⑥ 金仁淑：《后危机时代日本产业政策再思考：基于日本“新增长战略”》，《现代日本经济》2011 年第 1 期，第 1—7 页。

其次，结构改革。在日本泡沫经济崩溃后，日本开始推动结构改革，改善日本的经济制度，从而促进日本经济增长。吉川洋指出日本实施结构改革的必要性，需要采用促进需求增长和增进创新的方式，从而实现可持续的经济增长。① 姜跃春指出，日本经济陷入长期停滞后，对于日本的经济体制实施结构改革成为日本社会的共识，并分析了日本结构改革的进展与具体措施。②

一些学者认为，日本的供给侧改革分为两个时期：20 世纪 70 年代中后期的经济增速换挡时期，以及 21 世纪初日本陷入经济长期低迷后小泉政府的改革时期。吴金希、松野丰的《借鉴与转型：中日产业政策比较研究》总结了日本六七十年代的产业政策，指出 70 年代中后期日本主要产业政策包括：提出产业发展构想、调整萧条产业等。③

不良债权的处理以及僵尸企业的治理是 21 世纪初期日本供给侧改革的重点。国内研究集中在不良债权对日本经济的影响以及日本政府对于不良债权处理的两个方面。张季风指出，不良债权的存在影响了银行的经验效益、增加了企业的融资成本，日本成立了专门机构推进不良债权的冲销。④ 刘昌黎指出日本政府对于不良债权处理的措施不力，导致不良债权问题日益加深，影响了日本金融体系的稳定。⑤ 日本的经济专家对僵尸企业及其危害有较为深刻的认识。翁百合分析了产业再生机构发挥的经济作用，认为产业再生机构凭借政府背景极大地推动了不良债权问题的解决。⑥ 国内对日本僵尸企业问题的研究较少，

---

① 吉川洋、「構造改革と日本経済」、岩波書店 2003 年版。

② 姜跃春：《日本结构改革与经济走势》，《国际问题研究》2003 年第 6 期，第 55—58 页。

③ 吴金希、松野丰、孙蕊等：《借鉴与转型：中日产业政策比较研究》，清华大学出版社 2016 年版。

④ 张季风：《日本不良债权处理的突破性进展与课题》，《日本研究》2005 年第 1 期，第 38—44 页。

⑤ 刘昌黎：《不良债权对日本经济的不良影响与日本政府的新举措》，《日本问题研究》2003 年第 1 期，第 6—11 页。

⑥ 翁百合、「産業再生機構の活動と日本の金融の正常化について」、「ファイナンシャル・レビュー」、2006 年第 10 月号、第 5—43 頁。

集中于对日本产业再生机构的资料性介绍。熊兵、徐菲、方晓霞等分析了日本产业再生机构在产业重组和结构调整中发挥的作用，指出该做法对中国处置僵尸企业具有重要的借鉴意义。①

由此可见，中国国内对日本供给侧改革经验与教训方面的研究仍然处于初始阶段，仅有王钢的《日本供给侧改革的经验与启示》② 以及任泽平的《日本供给侧改革的成效与缺憾》等为数不多的文章对此进行了探讨。③ 虽然目前关于日本供给侧改革研究已经积累了一定的成果，但这些成果之间的内在联系较为分散。事实上，日本的供给侧改革措施不是相互割裂的，而是相互作用的，其最终想要达到的目的是促进经济增长，但是在不同的历史时期，其所使用的政策并不相同。回顾日本供给侧改革的各个历史阶段，探究其背后的供给侧结构性改革经济理论，阐明各阶段供给侧改革措施对提高日本经济增长的作用与机理，发掘与探讨其中值得中国学习与借鉴的经验与教训，这是本书最终所期望达成的目标。

（二）研究意义

鉴于当前中国学界对日本供给侧结构性改革的研究较少，本书的研究意义主要有以下两点：一是系统性地总结与回顾日本战后以来的供给侧改革措施。不同于国内研究者侧重于20世纪70年代及21世纪后两个时间段，本书对于日本供给侧结构性改革的分析贯穿了整个战后日本经济发展史。除20世纪70年代中后期以及21世纪初期以外，笔者的研究涵盖20世纪50年代至60年代、20世纪90年代以及安倍第二次上台后等时期，从而能够实现从整体上把握日本供给侧结构性改革的理论、概念与措施。二是试图打破以往在日本供给侧改

① 熊兵：《僵尸企业治理的他国经验》，《改革》2016年第3期，第120—127页。

② 王钢：《日本供给侧改革的经验与启示》，《西部金融》2016年第4期，第24—27页。

③ 任泽平：《日本供给侧改革的成效与缺憾》，《金融市场研究》2016年第5期，第29—39页。

革研究上的藩篱，而实现以经济增长为主线，将日本各阶段的供给侧改革措施联系起来，指出日本供给侧改革的内在逻辑。在分析日本供给侧结构性改革历史过程的基础上，总结日本供给侧结构性改革的经验和教训。日本的供给侧结构性改革呈现出明显的阶段性特征：在20世纪50年代至80年代，日本供给侧结构性改革的实施主要是产业政策，具体目的在于提升供给能力；自20世纪90年代至今，日本供给侧结构性改革主要围绕“结构改革”展开，目的在于提升生产资料的使用效率，提升全要素生产率，促进日本经济增长。

二、日本供给侧结构性改革的概念与内涵

为了更好地分析日本供给侧结构性改革，就需要明确这一概念的含义和范围，指出日本供给侧结构性改革所涵盖的政策对象，从而有利于本书研究的展开。

与其他宏观经济政策不同，与作用于需求侧的财政政策、货币政策不同，供给侧结构性改革作用于经济体的“供给侧”，而非“需求侧”。凯恩斯主义的需求管理政策，着重分析国民经济总量变动及其影响因素，注重调节经济体的总需求，促使总需求与总供给之间形成平衡，同时其作用时间也是短期的。供给侧结构性改革侧重于经济体的“供给端”，其政策的着力点在于改善经济体的总供给，包括供给能力和供给质量两个方面，并且供给侧结构性改革的时间是长期的，而非短期的。

“供给侧结构性改革”这一概念，最早于2015年在中央经济工作会议上由习近平总书记提出。习近平总书记指出：要在适度扩大总需求的前提下，用改革的办法推进结构调整，深入推进供给侧结构性改革。自此以来，供给侧结构性改革成为宏观经济政策的一个重要组成部分，在转变经济发展方式、调整经济结构等方面发挥着不可或缺的作用。关于供给侧结构性改革的含义，一般认为，供给侧结构性改革就是用改革的办法推进经济结构调整、矫正要素配置扭

曲、扩大有效供给、提高供给质量、提升供给结构对需求变化的适应性和灵活性，促进经济持续健康发展，提高全要素生产率。国内学术界对于供给侧结构性改革这一概念展开了诸多探讨，对于供给侧结构性改革的含义也产生了一些代表性观点。

胡鞍钢认为，供给侧结构性改革的核心是经济结构调整和经济发展方式转变，通过提高供给结构的适应性和灵活性，提高全要素生产率。① 黄群慧认为，供给侧结构性改革是针对供给结构不适应需求结构变化的结构性矛盾而造成的全要素生产率低下问题所实施的结构调整和体制机制改革。② 贾康认为，供给侧结构性改革是在市场化、全球化、民主法治化取向下，于改革的深水区推进经济社会转型升级，以有效的制度供给支持结构优化，激活全要素生产率。③ 由此可见，国内学者基本认为供给侧结构性改革的概念是促进经济结构和经济发展方式改变的供给侧经济政策。

对于日本供给侧结构性改革的含义，国内的学者分析较少，而国外学者也较少对这一问题展开讨论。吴敬琏认为，国外的经济学家很少使用“供给侧”这一提法，通常使用“供给学派经济学”这一说法，日本也是如此。经过文献查阅，日本很少使用供给侧结构性改革④这一说法。日本没有直接表明其政策为供给侧结构性改革，为此就需要明确日本供给侧结构性改革范围和内涵，以便展开研究。

基于战后日本经济发展的实际情况，笔者认为日本供给侧结构性改革的范围包括除了财政政策、货币政策等宏观经济政策外的其他作用于经济供给侧的相关经济政策，如产业政策、结构改革等，其时间跨度涵盖整个战后日本经济

---

① 胡鞍钢等：《供给侧结构性改革——适应和引领中国经济新常态》，《清华大学学报（哲学社会科学版）》2016 年第 2 期，第 17—22 页。

② 黄群慧：《论中国工业的供给侧结构性改革》，《中国工业经济》2016 年第 9 期，第 5—23 页。

③ 贾康：《供给侧改革：理论、实践与思考》，商务印书馆 2016 年版，第 6 页。

④ 对应的日文说法为“サプライサイド構造改革”。

发展历程。

关于日本供给侧结构性改革的内涵，笔者认为，日本供给侧结构性改革包括“量”与“质”两个方面。从“量”的方面而言，日本供给侧结构性改革具有增加资本、劳动等生产要素供给、提高技术水平、增强供给能力的含义；从“质”的方面而言，日本供给侧结构性改革也具有消除资源配置扭曲，提高资源配置效率，促使供给结构与需求结构相符合，提高全要素生产率，提升供给质量的意蕴。

由此可见，日本供给侧结构性改革的目的在于提升供给能力、改善供给质量，促进经济增长。日本实施供给侧结构性改革主要的手段为优化要素资源配置，提升生产能力，改善生产结构等。同时，提升生产能力，调整经济结构，矫正要素错配需要较长时间，因此日本供给侧结构性改革的作用效果是长期而非短期的。因此，能够提升生产能力、技术水平，改善生产要素的组合配置效率，以及增加要素供给的经济政策均可被视为日本供给侧结构性改革的相关政策，具体而言包括“产业政策”与“结构改革”两类。一是促进产业发展的“产业政策”，如产业结构政策、产业组织政策、产业区域政策、产业技术政策等；二是改善劳动、资本市场资源配置扭曲的“结构改革”政策，如经济结构投资政策、劳动方式改革政策、改善生育环境等政策。

与此同时，不论是“产业政策”还是“结构改革”，均未超出战后以来日本所形成的“产业政策范式”，其利用后发优势，实现自身比较优势最大化，提升生产力的基本思想并未改变，“发展导向型”模式并未发生根本性改变。日本的产业政策范式具有对生产者友好、以企业为中心的特点，致力于产业结构的提升，这一点即便在20世纪90年代日本经济出现绩效逆转后也仍未改变，但日本政府依然在实施作用于企业等经济供给端的相关政策，试图修正市场失灵。

在实现工业化的过程中，日本供给侧结构性改革表现出以“量化”政策为主、以“质化”政策为辅的特点，致力于从总体上提升经济体的供给能力，虽然也包含改善供给质量的“质化”改革，但是相对较少。在实现工业化后，日本供给侧结构性改革则表现出以“质化”改革为主、以“量化”改革为辅的特点，以完善市场经济环境、释放生产者潜在能力为最主要目的。当前日本的供给侧结构性改革，在吸收此前经验教训的基础上，实施了“量质并举”的策略，既注重提升供给能力，也注重改善供给质量。

三、研究思路与结构安排

笔者首先分析了日本供给侧结构性改革的经济理论；其次分析了日本供给侧结构性改革的发展历程，重点分析“产业政策”和“结构改革”两个方面；最后分析了日本供给侧结构性改革的实施效果，并分析了其中的经验和教训。本书的内容和结构安排如下所示。

（一）研究内容

第二次世界大战以后，日本经济快速发展，其实施的产业政策增强了本国供给能力。20 世纪 70 年代受两次石油危机冲击以来，日本经济进入换挡期，增速下降。日本在这一时期积极动用产业政策等政策手段，积极推动产业的升级转型，消除过剩产能，维持了经济发展。泡沫经济崩溃后，日本经济陷入“失去的二十年”，日本开始实施规制改革措施，实现了结构改革的初步尝试。21 世纪初，日本政府进一步推动结构性改革措施，调整经济制度，推动不良债权处理，改善企业的生产经营情况。安倍第二次上台后，仍致力于推动名为“成长战略”的供给侧结构性改革措施。由此可见，供给侧结构性改革存在于日本经济的不同发展阶段，对于日本经济发展起到了较大推动作用，有着较为丰富的实践经验。

笔者的研究对象不仅局限于对日本供给侧结构性改革的历史轨迹与历史实施的描述，而且也关心日本供给侧结构性改革措施之间的内在关联性，试图通过促进经济增长这一线索将日本各个阶段的供给侧结构性改革措施联系起来。具体而言，本书将回顾供给侧改革有关经济理论、日本供给侧改革过程的基础上，分析日本供给侧改革的内在逻辑，从而剖析日本供给侧改革的经验与教训。本书内容主要分为以下几个部分。

本书第一部分为绪论，主要探讨本书的研究背景和研究意义，在探索供给侧结构性改革概念的基础上，明晰了所涉及的日本供给侧结构性改革的范围和内涵，并给出了本书的分析框架。

第二部分为理论（第一、二章）。主要内容为日本供给侧结构性改革相关理论的基础分析。在这一部分，不仅分析与日本供给侧结构性改革相关的一般经济理论，而且在详细分析经济思想发展脉络的基础上，指出日本供给侧结构性改革相关经济理论所具有的特点，并提出日本供给侧结构性改革发展阶段的历史划分。具体而言，第一章分析了与日本供给侧结构性改革相关的经济理论，包括产业政策理论、结构改革理论，以及供给侧结构性改革与经济增长之间的关系。第二章分析了日本供给侧结构性改革理论所具有的特点。在分析和对比西方供给理论与日本供给管理理论的基础上，指出日本供给侧结构性改革与欧美的不同，提出日本供给侧结构性改革的体系框架，给出日本供给侧结构性改革发展过程的阶段性分析。依照日本供给侧结构性改革的变化与特点，将之划分为日本供给侧结构性改革的起源、日本供给侧结构性改革的调整、日本供给侧结构性改革的深化和日本供给侧结构性改革的完善四个历史性阶段。

第三部分为实施历程（第三至五章）。分析日本供给侧结构性改革的历史过程变迁。梳理日本从战后至今的供给侧改革措施，不仅分析 20 世纪 50 年代至 70 年代的供给侧结构性改革政策，而且也分析日本进入经济增速换挡期后的 20 世纪七八十年代的供给侧结构性改革政策，以及 21 世纪初期泡沫经济崩溃后陷入经济长期低迷的供给侧结构性改革政策。在分析的过程中突破以往针对各时期供给侧改革政策局部分析的限制，以提高供给能力和提高全要素生产率作为分析日本战后供给侧改革政策分析的切入点和主线，研究日本战后供给侧改革的演进过程，以清楚地彰显二战后日本供给侧改革的内在逻辑关系。在这一部分，笔者着重分析这些时期实施供给侧结构性改革的基本经济发展背景、政策的基本思路、所取得的效果及其原因，以及这一时期日本供给侧结构性改革的特征，从而对日本供给侧结构性改革问题形成整体把握。具体而言，第三章探讨20世纪50年代至80年代的日本供给侧结构性改革，分析其实施背景、主要政策措施和特点。这一时期的日本供给侧结构性改革，对于促进日本实现经济转型起到了重要的推动作用。第四章分析20世纪90年代至21世纪初期的日本供给侧结构性改革，主要探讨泡沫经济崩溃后日本政府所实施的结构改革政策，如规制改革、桥本龙太郎的“六大改革”以及小泉内阁的“结构改革”等，并分析这一时期日本在推行供给侧结构性改革过程中所遇到的问题。第五章分析作为完善时期的安倍经济学的供给侧结构性改革政策，在探讨安倍经济学的主要政策内容的基础上，侧重分析安倍经济学中的供给侧结构性改革措施及其有效推动的原因。

第四部分为实施效果（第六章）。主要分析日本供给侧结构性改革的实施效果。通过第一部分至第三部分的研究，厘清了日本供给侧改革的经济理论基础，掌握了日本供给侧改革的历史过程，因而需要着重分析日本供给侧改革政策的实施效果，深入剖析日本供给侧结构性改革对促进日本经济发展的作用。第六章从正面效应和负面效应两个方面展开对日本供给侧结构性改革实施效果的分析。首先，分析日本供给侧结构性改革的正面效应，分别从日本实现工业化之前和实现工业化之后两个时期分析日本供给侧结构性改革的效果，指出在实现工业化前，日本的供给侧结构性改革起到了提高日本供给能力、促进经济增长的作用，而在实现工业化之后则主要起到了改善资源配置效率、提升供给质量、提升全要素生产率的作用。其次，分析日本供给侧结构性改革的负面效应。不论是产业政策，还是其后的结构改革，虽然对日本的经济发展起到了一定的正面作用，但是同样也产生了一定的负面影响。笔者为此分别探讨了作为日本供给侧结构性改革政策重要组成部分的产业政策和结构改革的负面影响。

第五部分为具体措施（第七、八章）。本部分主要分析日本供给侧结构性改革在推行中的具体措施，主要聚焦于宏观经济政策协调配合以及科学技术政策实施两个问题。第七章主要分析日本供给侧结构性改革与宏观经济政策的协调问题。在供给侧结构性改革的实施过程中，需要配合宏观经济政策，而日本正好给出了这方面的经验和教训。笔者具体分析了20世纪90年代日本实施供给侧结构性改革时未配合宏观经济政策的教训，并使用经济模拟的方法，认为供给侧结构性改革的实施需要配合积极的宏观经济政策。同时，安倍在实施供给侧结构性改革时则吸取了这一教训，采用积极的宏观经济政策与之配合，并取得了一定成效。第八章分析日本供给侧结构性改革与科技政策之间的关系。供给侧结构性改革的目的在于提高供给质量，而日本自成为世界第二大经济体后，其技术与世界前沿水平之间的差距越来越小，为此日本开始实施积极的科学技术政策，以提高日本的科学技术水平，因此科学技术政策也是供给侧结构性改革的一种具体体现，日本科学技术政策的经验和教训值得参考。

第六部分为经验教训（第九、十章）。内容为日本供给侧改革的经验教训及其对我国的启示。在中国经济处于新常态的背景之下，面临着经济结构改革、产业结构升级换代、实现要素驱动向全要素生产率驱动的转型等一系列压力，因此日本供给侧改革实施的经验及其教训对中国而言具有重要的参考价值。第九章着重分析日本供给侧结构性改革的经验。强调对于后发展经济体而言政府在经济发展中所起到的引导与引领作用，指出供给侧结构性改革对于经济结构转型的推动作用，探讨供给侧结构性改革对于创新环境的完善作用，分析供给侧结构性改革与宏观经济政策配合的经验。第十章则着重分析了日本供给侧结构性改革实施过程中产生的教训，如供给侧结构性改革与宏观经济政策配合不足，需要消除产业政策实施产生的负面影响，需要注重供给侧结构性改革所导致的社会贫富差距扩大，以及人口老龄化等问题。

结语部分作为本书的收束，总结各章的主要观点，阐明本书的核心内容。

笔者系统性地总结了战后日本供给侧改革措施，分析了日本供给侧改革的特点，探讨了日本的供给侧改革措施对提高全要素生产率的作用，从而总结出战后日本供给侧改革的目标，指出其对中国现阶段供给侧改革的借鉴价值。

（二）思路方法

本书中，笔者的基本思路为：一是明确支持日本供给侧改革的经济理论基础，探究日本经济学界关于供给侧改革的经济思想，指出作为后发展国家日本在供给侧改革实施措施、目的等方面与西方供给学派的不同之处。二是分析日本供给侧改革的演变与历史变迁过程，从政策实施的目标、手段、方法、效果等方面开展全面且系统地分析。三是分析日本供给侧结构性改革的效果，不仅要分析日本供给侧结构性改革对于实现工业化前促进日本经济增长的作用，而且还要分析日本实现工业化后日本供给侧结构性改革的作用。四是全面总结日本供给侧改革的经验教训。

（三）主要创新点

在研究方法上，本书试图突破以往日本经济政策研究方面注重经济理论探讨而忽视实证数据检验的局限，采用经济理论与实证相结合的分析方法，分析日本的供给侧改革措施。笔者采用理论与实证相结合的研究方法，利用宏观经济学的研究方法与范式，探究全要素生产率与日本供给侧改革措施之间的关联，利用宏观经济模型分析日本供给侧结构性改革实施的内在逻辑，结合归纳演绎、案例分析过程追踪、经济模型模拟等分析方法，采用时间序列分析、面板数据分析等实证分析方法，在完整分析日本供给侧结构性改革历史演变的基础上，揭示日本供给侧结构性改革的内在逻辑，分析其中的经验和教训，得出可靠的研究结论。就研究材料而言，笔者尽力发掘日文、英文材料中的第一手材料，例如日本产业结构审议会编纂的《日本通商产业政策史（第1卷）》以及日本经济产业研究所编辑的《日本通商产业政策史（1980—2000）》，从而深入发掘日本供给侧改革的措施、方法与成效。

第一章　供给侧结构性改革的理论分析：一般回顾

为深入剖析日本的供给侧结构性改革问题，就需要梳理和探究与之相关的经济理论。笔者认为，与供给侧结构性改革相关的经济理论主要包括：产业政策理论、供给学派经济理论、结构改革理论等。本章最后探讨了供给侧结构性改革与经济增长之间的关系。

一、产业政策理论

战后日本经济快速发展，作为供给侧结构性改革政策相关的“产业政策”发挥了重要推动作用，引起了诸多经济学家对于日本经济发展模式以及产业政策的探讨。在这些讨论中，既有支持产业政策实施的观点，也有反对产业政策实施的观点。

（一）支持产业政策推行的观点

由于战后日本经济在产业政策的推动下出现了快速发展，有一些经济学家在新古典经济学的框架下，指出了产业政策能够得以实施的必要条件，即“市场失灵”理论。在一般情况下，市场可以通过价格机制完成资源的有效配置，达到“帕累托最优”，但是这需要市场满足信息完全对称、完全竞争、不存在外部性等一系列前提条件。但是，在现实生活中，达到这些条件的要求往往是苛刻的，因而就可能出现“市场失灵”的现象，从而导致资源分配的低效率，这时就需要政府的干预，纠正“市场失灵”。

在分析产业政策实施的必要性问题时，通常从以下几个方面对“市场失灵”问题展开剖析。其一，信息不对称性。在信息完全对称的情况下，买卖双方针对所交易的商品能够作出有效的判别，从而根据产品的质量对价格的高低实施调节，完成资源的有效配置。但是在信息不对称的情况下买家和卖家所具有的信息是不同的，因而容易发生“道德风险”和“逆向选择”问题，从而造成“欺骗”行为的产生以及出现“劣币驱逐良币”的现象。信息不对称问题降低了人们参与商业活动的意愿，因而造成了在信息不对称情况下市场机制的失灵。① 为此，政府应采取适当的措施防范市场失灵，实现资源有效配置。其二，市场的不完全竞争。在市场完全竞争的情况下，资源的流动不受到阻碍，生产者的价格维持在最低水平，消费者可以享受到最大的福利。但是在不完全竞争的状态下，处于垄断地位的厂商可以影响市场价格的决定，操纵价格的形成，进而攫取超额的经济利益，造成了消费者经济利益的损失，没有实现资源分配的最优化。为此，政府应致力于减少垄断厂商的资源垄断，促进市场资源的流动，增强经济效率。② 其三，外部性问题。市场机制能够发挥充分作用的前提条件在于，市场经济参与者的行为不会对其他人产生影响，但是这在现实生活中往往是难以成立的。一方面，正外部性的存在容易引发“搭便车”的行为，这是因为这项经济活动的生产者所获得的私人收益小于这项经济活动

---

① 古华琼：《信息不对称的两种政策建议比较》，《情报杂志》2011 年第 2 期，第 48—52 页。

② 江小涓著：《经济转轨时期的产业政策：对中国经验的实证分析与前景展望》，格致出版社、上海三联书店、上海人民出版社 2014 年版，第 17 页。

所带来的社会收益，从而造成这项经济活动的供给量减少，不利于经济体整体经济效益的提高。公共物品的提供就属于这类问题，由于提供者所得的私人收益要小于社会收益，私人很难提供公共物品，政府就应担起这方面责任，提供私人企业所不愿意提供的公共物品。科学技术等知识产品的生产具有正外部性，政府应实施科学技术政策，促进科学技术的研究与开发。另一方面，负外部性的存在则容易导致过度生产行为，因为负外部性的生产者所需要承担的私人成本要小于社会成本，从而导致负外部性产品的过量生产，为经济社会环境带来很大的负面影响。例如，企业生产所造成的环境污染就具有严重的负外部性，会影响周边居民的利益，降低市场资源的配置效率。为此，政府应该采取干预措施，增加负外部性生产者的私人成本，改善市场的资源分配效率。

根据配第－克拉克定理，产业结构的发展有规律可循，即随着国民收入水平的提高，劳动力会从第一产业转向第二产业，进而转移至第三产业。发展中国家在国家发展的过程中，可以吸收和借鉴发达国家的产业发展经验和科学技术成果，从而推动本国产业发展，因而发展中国家具有“后发展优势”。德国历史学派的李斯特认为，要让仍处于农业时期的德国与处于工业时期的英国实施自由贸易是不公平的，德国需要采取保护性关税措施，促进工业化发展。① 由此可见，在不同的经济发展阶段，国家应采取干预措施，促进产业发展。格申克龙提出了“后发优势理论”，认为一个相对落后的国家，国民具有强烈发展的愿望，以致形成一种社会压力。② 这一思想，深刻影响了战后日本的经济学家，产生了一系列与之相关的经济思想。小宫隆太郎指出：在战后负责日本产业政策制定的官员认为，为了赶上先进的工业国，提高日本的产业国际竞争

① ［德］弗里德里希·李斯特著，陈万煦译：《政治经济学的国民体系》，商务印书馆1961年版。

② 邹东颖著：《后发优势与后发国家经济发展路径研究》，经济科学出版社2009年版，第15页。

力，就必须实施产业政策。[①] 显然，这一思想是基于“后发展优势”理论的，而非新古典经济学理论的。南亮进进一步发展了日本的产业政策理论，提出了“最后一跃”问题，指出日本在技术差距消失后，应提升自主创新能力。[②] 由此，日本政府在日本的经济发展过程中，发挥了积极的推动作用。约翰逊将其总结为“国家推动发展论”，指出日本经济成功的秘诀在于：强势政府对经济的普遍干预弥补了发展时期所存在的市场缺陷问题，从而促进了市场繁荣，离开了政府的干预，则这一切都将难以实现。[③] 基于上述观点，日本逐渐形成了产业政策范式，即为了在国际分工中构建比较优势地位，需要完成本国产业结构的升级改造，由此所提出的一系列配套政策。[④]

（二）反对产业政策推行的观点

在有一些支持产业政策实施理论的基础上，也出现了一些反对产业政策实施的观点，指出了产业政策实施所能够带来的负面经济效应。指出产业政策所存在问题的最为知名的观点为“政府失灵”理论。“政府失灵”是指政府以市场失灵为由对市场实施干预，但是这一行为所造成的结果可能劣于政府自身解决问题的结果。也就是说，政府的干预所造成的结果可能会比市场自身运行所带来的结果更糟。造成这一问题的原因主要包括以下几个方面：一是信息的不对称性。产业政策的实施需要精准的信息，但是在社会分工日益复杂的背景下，政府不可能了解决策所需的全部信息，以此作为基础所实施的决策难免出现失效的情况。因为有效信息的缺乏，政府的决策始终无法替代市场的分散化

---

① ［日］小宫隆太郎、奥野正宽、铃村兴太郎编，黄晓勇、韩铁英、吕文忠、张舒英、张子镁、鲍刚译：《日本的产业政策》，国际文化出版公司 1988 年版，第 6 页。

② 邹东颖：《后发优势与后发国家经济发展路径研究》，经济科学出版社 2009 年版，第 17 页。

③ ［美］查默斯·约翰逊著：《通产省与日本奇迹》，吉林出版集团有限责任公司 2010 年版，第 18 页。

④ 平力群：《日本经济危机对策与产业结构调整——以产业政策范式的影响为视角》，《日本学刊》2011 年第 2 期，第 96—111 页。

决策。① 二是政府的决策可能受到利益集团的影响。在保护政策的实施下，可能会产生一些利益集团，而这些利益集团会对政府形成较强的影响力，促使政府实施有利于利益集团的相关政策，不利于经济结构的调整和国民福利的提高。此外，产业政策本身可能成为政府谋求自身利益的手段，为“寻租”创造了空间，不利于社会经济的有序发展。三是政府政策的执行并不一定能够发挥理想效果。首先，政府政策的实行面临着不同部门间的协调问题，政府负责实施产业政策的部门往往难以胜任协调诸多部门的工作，造成实际执行力度的下降。其次，政府的政策组合之间可能存在着矛盾。例如，鼓励特定产业发展的“产业政策”，与主张建立有效竞争秩序的“竞争政策”之间，往往就存在着一定的矛盾。如果推行“产业政策”则可能导致垄断现象的产生，造成资源使用效率的降低，而实施完全的“竞争政策”则难以确保特定产业的发展。因此，政府在政策决策的过程中可能会面临“两难”的境地。最后，政府干预的领域往往属于公共产品领域，这些领域往往具有投资大、回报率低的特点，从而造成政府投资的低效。

一些研究表明，日本的产业政策实施就存在着一定的“政府失败”问题。三轮芳朗等在《产业政策的误解》一书中分析了战后日本产业政策的实施效果，认为日本的产业政策并未对日本的经济发展起到关键的推动作用。三轮芳朗指出，日本产业政策缺乏有效性的原因主要包括两点：一是产业政策的实施部门不具备影响日本企业行为的政策手段。随着日本经济在20世纪60年代中期实现了贸易自由化和资本账户自由化，日本通商产业省对于企业的影响能力在不断下降，丧失了影响企业的政策权力。二是产业政策的政策目标与企业发展之间存在矛盾。政府所设立的产业政策的实施目标与企业对于未来的发展目标之间存在矛盾，不利于企业的进一步发展。②

---

① Buigues P., Sekkat K., “Industrial Policy in Europe, Japan and the USA: Amounts, Mechanisms and Effectiveness,” *Springer*, 2009, p. 10.

② 三輪芳朗、「産業政策の誤解」、東洋経済新報社2002年版、第6頁。

二、供给学派经济学理论

20 世纪 70 年代后，美国经济发生了“滞涨”现象，促使美国的经济学界反思此前一直实施凯恩斯主义的宏观经济调控政策，进而产生了“供给学派”相关理论，并对美国此后的经济政策产生了一定的影响。由于“供给学派经济学”与“供给侧结构性改革”的名称较为相似，在概念上容易产生混淆，为此笔者在此简单总结和分析美国的供给学派经济理论。此外，本书第二章详细论述了日本供给侧结构性改革理论与西方供给理论的区别。

供给学派的产生主要基于凯恩斯主义政策失灵。供给学派的主要观点包括以下几个方面：第一，否定凯恩斯主义，肯定萨伊定律。凯恩斯主义致力于通过安排预算赤字的方式增加总需求，消除经济体的总需求与总产出之间的缺口。萨伊定律认为，在完全竞争的市场条件下，商品和劳动的供给能够自动调节需求。供给学派认为，在凯恩斯主义的影响下，政府的经济政策忽视了经济供给的作用，但是只有生产商、企业家等“供给者”才是经济增长的源泉，主流经济学界对于需求的倡导导致了政府对于经济供给侧的忽视。吉尔德重新解释了萨伊定律，主张没有自愿的生产只能是一种虚假消费，不管外表如何都不能促进经济增长，政府不能通过税收和支出来影响经济的总需求。① 第二，供给学派认为，经济增长取决于生产要素的投入和生产率的提升，与此同时生产要素的变动并不是静止的，而是取决于市场中的各种激励，从而表现为一个相对的、动态的过程。芬克指出，供给学派的经济学讨论了改变消费与储蓄、休闲与工作的相对价格以提高投资和生产率的必要性。② 第三，降低税率能够促

① ［美］理查德·芬克编，沈国华译：《供给经济学经典评读》，上海财经大学出版社 2018 年版，第 29 页。

② ［美］理查德·芬克编，沈国华译：《供给经济学经典评读》，上海财经大学出版社 2018 年版，第 366 页。

进供给，而高税率则会阻碍投资。拉弗是供给学派的代表性人物，并提出了著名的“拉弗曲线”。“拉弗曲线”是指随着税率的上升，在初期税收的总量会持续上升，但是在达到某个临界点后，政府的税收收入则会下降。这是因为，随着税率的上升，人们会将更多的时间用于闲暇而非生产，从而导致政府税收收入的减少。① 基于上述的学术观点，供给学派提出了促进经济增长的政策主张，即减税、削减政府支出、降低福利支出，以降低政府对经济的干预，从而充分发挥市场机制的作用。

三、结构改革理论

泡沫经济崩溃后，日本经济进入了长期低迷之中，为了促使日本经济尽早走出经济长期低迷的状态，日本的经济学家开始反思日本采取并实施的经济政策乃至日本的经济体制，提倡具有供给侧政策特点的“结构改革理论”，支撑了此后日本政府的供给侧结构性改革政策，为此需要回顾和分析日本“结构改革”的相关理论。

第一，熊彼特的“创造性破坏”理论。熊彼得提出了“创造性破坏”理论，不仅指出了创新的重要性，而且还指出创新所具有的“破坏效应”。② 也就是说，创新这一过程是建立在对既有产品、技术和市场的破坏基础之上的。只有通过创造性破坏，不断推进研发和创新活动，才能促使国家的发展保持优势地位。这一思想反映在了日本 21 世纪初期的“结构改革”政策之中。2001 年的《今后经济财政运行以及经济社会结构改革基本方针》指出：“创造性破坏是经济增长的源泉，新产业、新产品不断产生并持续替代旧产业和旧产品，

---

① ［美］理查德·芬克编，沈国华译：《供给经济学经典评读》，上海财经大学出版社 2018 年版，第 190 页。

② ［美］约瑟夫·熊彼特著，吴良健译：《资本主义、社会主义与民主》，商务印书馆 1999 年版。

资源也相应从旧产业转移到新产业，经济由此得到发展。”①

第二，新古典经济学的“经济增长理论”。经典的索罗模型认为，资本积累对于促进经济起飞发挥了至关重要的作用，只要保证资本积累则国家的人均收入水平将会趋于收敛。另外，技术进步被解释为“索罗残差”的主要内容，只有促进技术进步才能实现经济水平的提升。此时，西方主流经济学界将技术进步解释为外生因素，将其作为一种外生变量处理，但是这会造成在要素收益递减情况下经济增长停滞的结论。为此，20 世纪 80 年代中期，罗默、卢卡斯等提出了“新古典内生增长”理论，对技术进步的原因展开了进一步的分析，将技术进步这一因素“内生化”，从研究开发、学习教育、人力资本等因素展开诸多探讨，从而得出在要素收益递减情况下能够实现可持续增长这一结论。例如，罗默提出了以“干中学”和资本积累所导致的技术溢出为基础的内生增长模型。② 卢卡斯则提出了人力资本积累在技术进步中的重要性。③ 新古典经济学家阿吉翁继承了熊彼特的“创造性破坏”的经济学说，并采用现代经济学的分析方法，进一步发展了“内生增长理论”，探讨了研究开发对于技术进步的作用。④

第三，关于全要素生产率的相关理论。根据新古典经济学的总量生产函数模型，经济增长主要由资本、劳动等生产要素和全要素生产率构成。由于要素投入存在报酬收益递减的情况，因而提高全要素生产率成为了实现经济长期增长的重要途径。影响全要素生产率增长的主要因素可以分为直接因素和间接因素。直接因素主要为科学技术水平提高，而间接因素则为消除资源要素的扭

---

① 首相官邸、「今後の経済財政運営及び経済社会の構造改革に関する基本方針」、https：//www. kantei. go. jp/jp/kakugikettei/2001/honebuto/0626keizaizaisei – ho. html。

② Romer, P. M. , “Increasing Returns and Long – run Growth,” *Journal of Political Economy*, 1986, (94), pp. 1002 – 1037.

③ Lucas, Robert E. , “On the Mechanics of Economic Development,” *Journal of Monetary Economics*, 1988, (22), pp. 3 – 42.

④ Aghion, Philippe, Peter Howitt. , “A Model of Growth Through Creative Destruction,” *Econometrica*, 1992, (60), pp. 323 – 351.

曲，促进生产要素从低生产率部门向高生产率部门移动。深尾京司的研究指出，20 世纪 90 年代日本全要素生产率下降的主要因素为资源配置的非效率性。因而就需要采取改革措施，消除影响资源配置的障碍因素。① 受到这种思想的影响，日本政府 2001 年的《今后经济财政运行以及经济社会结构改革基本方针》指出："资源从旧产业移动到新产业，能够促进新兴产业发展，带动经济水平进一步发展，为此就需要去除影响要素资源配置的障碍，从而加速经济增长。与此同时，新产业的增长也会伴随着新需求的产生，从而形成供给和需求的良好循环。"② 由此可见，消除资源要素配置障碍成为了日本"结构改革"的重要组成部分。与此同时，科学和技术水平的提高也在泡沫经济崩溃后愈发受到日本政府的重视，泡沫经济崩溃后，日本政府开始重点实施科学技术政策，以提升自主创新的技术水平，提高全要素生产率，促进经济发展。关于这一内容，笔者将在第九章展开详细探讨。

第四，关于调整日本经济制度的相关理论。由于泡沫经济崩溃后，日本经济增长处于长期低迷状态，促使日本的经济学家开始思考，是否是因为战后以来，特别是在经济高速增长时期所形成的日本型经济制度成为了阻碍资源要素有效配置的障碍。在 20 世纪 90 年代以后，有许多日本经济学家对这一问题展开了讨论。其一，政府规制造成了日本市场竞争的不充分，阻碍日本经济增长。一些日本经济学家认为，日本政府的经济规制，造成了日本经济与国外经济相比具有"内外价格差"，因而塑造了日本经济"高成本"的经济结构，从而导致日本企业无法开展充分竞争，市场机制无法充分发挥资源配置的作用。③ 为此，日本政府应该消除过多的经济规制，促使市场机制充分发挥资源配置的作用。其二，日本式的雇佣制度。日本式雇佣制度最大的特征是"长期雇佣"，

① 深尾京司、宮川努、「生産性と日本の経済成長：JIPデータベースによる産業・企業レベルの実証分析」、東京大学出版社 2008 年版，第 129 頁。

② 首相官邸、「今後の経済財政運営及び経済社会の構造改革に関する基本方針」、https：//www. kantei. go. jp/jp/kakugikettei/2001/honebuto/0626keizaizaisei – ho. html。

③ 小林慶一郎、「日本経済の罠」、日本経済新聞出版社 2001 年版、第 118 頁。

与此同时还具有“企业内工会”和“年功序列”等特点。① 这种做法虽然有利于培养员工从事专属工作的工作效率，但是也降低了劳动力市场的流动性，不利于劳动力市场上劳动力资源的流转。其三，战后日本金融体系所具有的“护送舰船”体系。一方面，日本的金融主管部门大藏省对于日本的金融体系实施严格管理，详细规定了金融机构的经营业务范围、分支机构的设立乃至存款利率的高低。另一方面，大藏省对处于经营危机状态的金融机构采取合并重组、注入公共资金等方式实施救助，从而维持日本金融体系的稳定。② 日本的企业与银行之间也形成了“主银行”的制度安排，企业主要通过“主银行”获得融资，而“主银行”同时也承担了监督企业经营管理的职责。这使得日本形成了以银行为主导的间接金融体系，导致以证券市场为代表的直接融资金融体系发展相对滞后，企业较难采用证券市场融资的方式获得推动研究开发活动的资金，抑制了日本企业的自主创新活动。

第五，有的日本经济学家指出，在实施“结构改革”时，同时也要注重实施需求政策，提高经济体的总需求，不能因为实施供给侧结构性改革而忽视总需求管理的重要性。例如，日本经济学家吉川洋认为，在实施供给侧政策时，不能忽视总需求管理政策，不能仅仅依靠新产业所形成的新需求，这是因为日本经济仍然处于长期低迷，需要政府实施积极的总需求管理政策，提升经济体的需求水平，如果仅仅是供给政策，则有可能引发经济总产出下降的结果。③

四、供给侧结构性改革与经济增长

不论是凯恩斯主义的宏观经济管理政策，还是供给侧结构性改革政策，其

① 岡崎哲二、「現代日本経済システムの源流」、日本経済新聞出版社 2003 年版、第 6 頁。

② 岡崎哲二、「現代日本経済システムの源流」、日本経済新聞出版社 2003 年版、第 13 頁。

③ 吉川洋、「構造改革と日本経済」、岩波書店 2003 年版、第 154 頁。

最主要的目的在于促进经济增长。中国实施供给侧结构性改革的目的在于实现经济的高质量增长。为此，就需要探讨日本实施供给侧结构性改革与促进经济增长之间的关系。主要包括以下几个方面：

第一，日本通过实施“量化”的供给侧结构性改革政策，改善经济体的供给能力，促进产业发展，促进经济增长。“量化”的供给侧结构性改革政策包括以下几个方面：一是产业扶植政策。扶植对国民经济发展具有重要推动作用的战略产业，克服国民经济发展中的主要薄弱环节，大力发展在产业链中具有较高产业关联效应的“支柱产业”，积极推动需要超前发展的“先导产业”。通过发展战略性产业，带动国民经济产出的整体提高。二是能够增加劳动、资本等要素供给的有关政策。在资本市场领域，构建“护送舰船”式的间接金融体系，引导金融机构加强对战略产业的资金供给，在后工业化时期则致力于提升投资效率，促进资本流向具有更高生产率的部门。在劳动力市场领域，日本推动形成终身雇佣制及相应的人事管理制度，加强人力资本蓄积，加强人才培养，在后工业化时期则注重提升劳动力的数量与质量，提升女性和老年人的就业意愿，同时改善劳动力市场的流动性，促进劳动资源的有效流动。

第二，日本通过实施“质化”的供给侧结构性改革政策，改善经济体的供给质量，促进产业结构升级转化，消除经济体的供给结构与需求结构之间的错配，促进经济增长。主要包括以下几个方面：一是实施促进产业结构高级化的相关政策。通过发展产品需求的收入灵活性较高的产业，以及劳动生产率水平上升幅度较大的产业，从而带动经济的整体发展。① 也就是说，消除重化学工业等资源密集型产业存在的产能过剩问题，积极发展信息技术、高端装备制造、生物医药等技术密集型产业，推动实现产业高级化。二是提升在国际产业链中的分工地位。促进日本产业在国际产业链中的地位，不断从低附加价值环节向高附加价值环节攀升，从而带动经济发展。三是实施科学技术政策，提升

① ［日］小宫隆太郎、奥野正宽、铃村兴太郎编，黄晓勇、韩铁英、吕文忠、张舒英、张子镁、鲍刚译：《日本的产业政策》，国际文化出版公司 1988 年版，第 9 页。

技术水平。科学技术水平的提升，能够带来全要素生产率的提高，而政府的科学技术政策，在科学技术提高中可以发挥补充市场投资不足的作用，起到消除“市场失灵”的功能，从而提升产业技术水平，提高经济发展水平。四是通过实施结构改革，完善市场环境，激发企业活力，消除资源配置的障碍，提升全要素生产率，实现经济体的可持续健康发展。实施结构改革的目的在于进一步完善市场环境，充分发挥市场在资源配置中的决定性作用，从而推动要素资源能够依照市场规制、市场价格以及市场竞争实现经济效益的最大化和经济效率的最优化，提升资源使用效率，提高经济发展质量，促进经济发展。一要进一步建立健全市场制度，消除资源配置的障碍。针对市场资源要素流动的体制机制障碍，根据社会经济发展需要实施相应调整，进一步建立健全市场经济体制。二要完善政府的监管职责，提升监管能力。更好地发挥政府作用，完善政府对市场的监管职责，提升监管服务能力，引导各类要素资源向具有较高生产率的部门集聚。三要激发微观主体活力，发挥企业家的主观能动性。在完善市场制度、建立良好监管的基础上，破除企业发展的障碍，激发市场主体活力，从而增强发展动力。四要在结构改革的实施过程中注重顺序，先实施产品市场的结构改革，再实施劳动力市场的结构改革，从而实现结构改革的有序推进。

第三，在实施供给侧结构性改革时，在短期内会形成“供给冲击”，为此需要采取积极的宏观经济政策与供给侧结构性改革有效配合，为供给侧结构性改革的实施创造良好的宏观经济环境，从而实现经济发展的目标。如果不实施积极的宏观经济政策，则会造成短期经济环境的迅速恶化，不利于供给侧结构性改革的实施。根据宏观经济学原理，如果实施供给侧性改革，会形成短时间的“供给冲击”，从而造成经济总供给曲线的左移，这时就需要积极的总需求管理措施与之配合，促进经济体总需求水平的提高，如若不然则会因为总需求曲线的同时下滑，对经济体的发展形成“供给”和“需求”两方面的严重冲击，对经济发展造成严重的不良影响，故此必须促进宏观经济政策与供给侧结构性改革相协调，实施稳健的宏观经济管理政策。

第二章 供给侧结构性改革的理论分析：日本的实践

日本供给侧政策的实施过程贯彻了整个战后日本经济发展历史，对战后日本经济发展、经济制度形成产生较大影响，日本实施供给侧政策的经验值得参考。为此，需要首先探究日本供给侧结构性改革的理论逻辑，从整体上把握战后日本供给侧结构性改革的主要框架，阐明日本供给侧结构性改革的主要思路。

一、西方供给经济理论的演变

“供给”问题是西方经济学中探讨的重要话题，在不同的经济发展阶段，不同经济学派对“供给”问题具有不同看法，从最初的古典经济学注重“供给”问题，到凯恩斯主义经济学强调“需求”问题，再到供给学派和新增长理论对于“供给”的重新重视，西方经济学对于“供给”问题的看法，走过了一条曲折前进的道路。另外，对于“供给”问题的认识，也伴随着战后日本经济的发展，涌现出了一批代表人物，提出了相应理论，同时也表现出了与西方经济学中的供给学派的差异，此外需要展开详细分析。因此，有必要首先分析和回顾西方经济学中关于“供给”的观点，从经济思想史的角度，探究西方经济学中关于“供给”的演变，为本书的研究内容作铺垫。

第一，“重农主义”与“古典经济学”关于“供给”的理论。18 世纪发源于法国的重农主义最早提出了自由竞争的重要性，以及政府实施自由放任政策的必要性。重农主义认为，自由竞争导致最优价格，如果每个个体都追求自己的私利，则社会将会从中受利。因此，政府的任务是实行自由放任的政策，对事物发展不加干涉。

兴起于 18 世纪英国的古典经济学继承了重农主义关于自由竞争和自由放任的主张。古典经济学始终强调市场竞争的重要性，并认为政府应当实施自由放任的政策。古典经济学的代表性经济学家亚当·斯密认为，人类是具有理性的，是有私心的，人类会受到利益的驱使，如果政府不对人们的行为实施干预，则人类都会追求自身私利，但是在追求私利的过程中，社会利益却会得到促进。[①] 私人的逐利行为，增进了社会财富，为此政府应当遵循自由放任政策，减少对市场经济的干预。古典经济学家旗帜鲜明地反对政府对市场的干预，认为政府干预侵害个人权利，而政府规制则会造成资源配置扭曲。

古典经济学侧重于分析供给问题，致力于发掘决定经济增长的力量，认为经济增长取决于劳动力的规模与效率、自然资源的数量与质量、制度结构和资本积累的数量。[②] 古典经济学提出了著名的“萨依定律”，认为供给会自动创造出自身的需求。古典经济学主张，在生产产品的过程中，同时会产生足够的购买力，并且按照合理的价格将这些产品带离市场。也就是说，供过于求的现象虽然可能在特定市场出现，但是一个行业的超额供给将会对应另一个行业的超额需求，因此整个经济体并不存在普遍的过量生产，经济体依靠自身的力量就能够实现资源的充分利用，自由竞争的经济体制将会自动实现资源的有效分

① ［英］亚当·斯密著，郭大力、王亚南译：《国富论》，商务印书馆 2015 年版。

② ［美］哈里·兰德雷斯、大卫·C. 柯南德尔著，周文译：《经济思想史》，人民邮电出版社 2011 年版，第 159 页。

配，同时实现较高的经济增长速度。李嘉图、穆勒以及萨依等古典经济学的代表人物均赞成这一观点。但是，古典经济学并未深入探讨如果最终产品的总需求小于总供给时经济的发展情况，也并未给出经济陷入衰退时的应对策略。

古典经济学对于供给能够自动产生需求的观点，在18—20世纪初期均具有很大的影响。虽然马尔萨斯对这一观点实施了反驳，但是因为对于“有效需求”的解释并不明晰，从而并未撼动“萨依定律”的坚实基础，直至20世纪30年代大萧条的出现才打破这一认识，并产生了“凯恩斯主义经济学”。

第二，新古典经济学进一步完善了古典经济学的供给理论以及对德国历史学派的批判。19世纪末到20世纪30年代初，古典经济学的主张仍被主流经济学界所认可，随着研究方法的不断完善，这一时期产生了新古典经济理论。新古典经济学家和古典经济学家均承认市场的重要作用，认为资源通过市场机制能够得到有效配置，同时也会被充分利用。与古典经济学家不同的是，新古典经济学家完善了经济学的分析方法，注重数学方法在经济分析中的使用，采用边际分析方法，建立家庭与厂商模型，从而分析家庭效用最大化和厂商利润最大化，同时将局部均衡分析扩展至一般均衡分析。基于上述的思想，新古典经济学家普遍认为，政府应当通过完善制度体系，从而实现完全竞争的市场体系。

但是新古典经济学家也有着与古典经济学家不同的主张。首先，在供给问题上，新古典经济学家清晰地给出了在短期和长期内经济体的供给曲线的区别。马歇尔指出，在短期内厂商将会表现出向上倾斜的供给曲线，而在长期内决定厂商供给曲线的要素为厂商规模的增加，即内部规模经济导致的成本的降低。① 其次，新古典经济学家认识到了需求在经济发展中的作用。杰文斯、门格尔和瓦尔拉斯认为，当经济体中的供给量给定时，需求的增减将会决定市场中的价格。

---

① ［美］哈里·兰德雷斯、大卫·C. 柯南德尔著，周文译：《经济思想史》，人民邮电出版社2011年版，第307页。

与此同时，德国历史学派的代表性人物李斯特提出了对古典经济学理论的批判。李斯特认为，古典经济学理论并不适用于所有时期和所有国家，古典经济理论固然适用于英国等国家，但是并不适用于落后国家。李斯特指出，虽然个人对于私利的追求有利于增进国家福利，但是对于落后国家而言，关税和贸易保护是促进落后国家经济发展的必要手段，政府的干预和指导是不可或缺的。德国历史学派的这一主张对日本的经济思想产生了很大影响。

第三，大萧条的发生以及“凯恩斯主义经济学”对“萨依定律”的否定。自由放任和自由竞争是经济学界在20世纪30年代之前的主要主张，同时也成为了政府政策来源的主要依据，经济学家普遍反对政府干预市场。但是，20世纪30年代发生的大萧条改变了经济学家对于市场的看法，并认识到古典经济学和新古典经济学对于市场认识的缺陷。古典经济学和新古典经济学均忽视对经济萧条的研究，认为萧条可以自我恢复，经济体只有在充分就业时才存在均衡，但是古典经济学的理论显然无法解释大萧条的发生，也无法给出针对大萧条的有力政策。在这种情况之下，经济学家开始意识到，自由放任的经济政策并不能保证充分就业，而这成为是否能维持经济发展稳定的重要问题，如何确保经济体的有效需求成为一个重要课题。

1936年凯恩斯提出了新的宏观经济学理论，强调总需求的重要作用。凯恩斯反对古典经济学的“萨依定律”，不认为经济体只在充分就业的情况下才存在均衡状态，而是在不充分就业时也会存在均衡，产生这一问题的原因在于经济体的有效需求不足。为此，在有效需求存在不足时，政府就需要积极开展货币和财政政策的控制和干预，以维持宏观经济目标。① 凯恩斯的这一理论主张此后逐渐形成了“凯恩斯主义经济学”。“凯恩斯主义经济学”与注重分析家庭、厂商的“新古典经济学”不同，更加注重经济体的总量分析，而非个体分析，提出了IS－LM模型这一分析宏观经济供需变化的有力工具，注重乘数分

---

① ［英］凯恩斯著，汪继红编译：《就业、利息和货币通论》，中国工人出版社2016年版。

析，同时承认政府在宏观经济发展中的作用。为此，“凯恩斯主义经济学”的政策主张是：为实现宏观经济目标，需要政府综合运用财政政策和货币政策，维持高就业、价格稳定以及经济增长。凯恩斯主义者认为，总需求水平过低会造成经济衰退和失业，为此政府应当采取刺激需求的扩张性财政措施；总需求水平过高会造成经济过热和通货膨胀，为此政府应当采取抑制总需求的财政措施。

在经济大萧条后，因为罗斯福新政的成功，“凯恩斯主义经济学”成为西方经济学界的主流。在20世纪50年代至70年代，西方发达国家普遍实行凯恩斯主义的经济政策，注重宏观经济调控，实施财政政策、货币政策等宏观经济需求管理政策，以实现经济增长稳定和就业持续增长这两项重要的宏观经济目标。

第四，“滞涨”的产生以及“供给学派”的出现。凯恩斯主义者认为维持经济稳定，政府需要审时度势，实行“逆经济周期”政策，主动采取财政措施，维持总需求水平，促使总需求接近物价稳定时的充分就业水平。20世纪40—60年代，西方国家遵循凯恩斯主义者的主张，提高有效需求水平，从而维持就业和经济增长。但是到了20世纪70年代以后，西方国家普遍出现了“滞涨”的现象，即经济体在出现通货膨胀的同时，也面临着经济增长停滞的问题。按照凯恩斯主义者的主张，通过实施财政措施，促进总需求的增加并不能有效应对“滞涨”问题，凯恩斯主义无法解释这一现象，而作用于总需求的政策措施也无助于解决“滞涨”问题。实际上，在20世纪70年代初，因为石油危机的发生，厂商生产成本上升，对西方形成了一次“供给冲击”，即总供给曲线左移，从而造成通货膨胀和经济停滞现象的并存，而这一问题仅靠作用于总需求的政策措施是无法解决的。凯恩斯主义的缺点在于其本质上是经济周期管理政策，而不是一个经济增长理论，对如何增加经济的供给无益。于是，在20世纪70年代，美国兴起了新古典革命，将经济学的研究重点从侧重于需求的经济周期，调整为侧重于供给的经济增长，并形成了“供给学派”。

由于“凯恩斯主义经济学”存在忽视经济供给端的弊病，在20世纪70年代至80年代，美国兴起了“供给学派”。供给学派承认被凯恩斯主义者所否定的“萨依定律”，认为供给能够自然地创造需求，这与古典经济学家的看法保持一致。20世纪70年代至80年代，美国所发生的“滞涨”问题主要是由于供给冲击所造成的，导致总供给曲线左移，为此必须实施供给侧政策，才能促使总供给曲线右移，只有这样才能够消除通货膨胀和经济停滞。因此，为促进供给能力提升，供给学派强调降低税率和减少政府干预的重要性。首先，供给学派支持降低税率。认为通过降低税率可以释放劳动者和企业家的工作热情，从而可以增加供给能力。[①] 与此同时，供给学派还赞同“拉弗曲线”，即当税率在一定程度以下时，提高税率能够增加政府的税收收入，然而税率超过一定限度时，则会导致政府税收收入的减少。因此，供给学派主张减税，特别是降低所得税最高边际税率，这对于改变个人经济行为的激励作用最为显著。其次，供给学派主张减少政府对经济的干预，提倡“小政府”。供给学派认为，减少政府干预，有助于提高个人和厂商的积极性，从而促使生产者以更低的价格提供更好的产品和服务。为此，供给学派提倡“小政府”，并要求政府放松经济管制，认为经济管制不利于经济体应对全球性的经济调整。

供给经济学派的理论对此后美国政府的经济政策产生了很大影响。其一，“里根经济学”的经济理念主要来自于“供给学派”，提出降低所得税和资本利得税，减少政府对经济的调控，减少政府的财政支出。里根经济学的政策促进了美国的经济复苏，与此同时还解决了困扰美国经济许久的通货膨胀问题。其二，小布什总统时期推行减税政策。小布什试图通过减税来激发个人的工作意欲，并促进投资。2003年，美国国会通过了小布什的减税计划，减税总额为3500亿美元。[②] 其三，特朗普减税。特朗普上台后，实施税收改革措施，其主

---

① ［美］罗伯特·阿特金森著，杨晓、魏宁译：《美国供给侧模式启示录：经济政策的破解之道》，中国人民大学出版社2016年版，第9页。

② 中国网，《布什减税法案的主要内容及潜在影响》，http：//webcache. googleusercontent. com/search? q = cache：EB9LzVGHdrAJ：www. china. com. cn/chinese/2003/May/337490. htm + &cd = 3&hl = zh – CN&ct = clnk&gl = hk&lr = lang_zh – CN%7Clang_en%7Clang_zh – TW%7Clang_ja。

要目的在于降低成本、增加就业、吸引资本回流，以促进美国经济的增长。特朗普在2017年推行了总额达1.5万亿美元的税改法案。不论是里根，还是小布什、特朗普等共和党总统，均以供给经济学派的理论为基础，推出了减税措施，并减少政府干预，以期实现经济增长。

第五，“理性预期革命”与新增长理论。针对“凯恩斯主义经济学”的理论缺陷，20世纪70年代卢卡斯、萨金特等新古典自由主义经济学家发起了“理性预期革命”。卢卡斯和萨金特认为，“凯恩斯主义经济学”忽略了预期对于经济体中个人行为的影响。“理性预期理论”主张，个人在做出影响其行为的经济事件预测时，是具有理性的，人们基于目前所有能够收集到的信息，尽可能理性地作出决策。因为个人具有理性，所以个人在做出经济决策时能够包括对于未来经济政策变化的预期。将理性预期引入宏观经济模型后，建立了具有微观基础的宏观经济模型，即随机动态一般均衡模型的分析方法。新古典自由主义经济学家发现，在引入理性预期后，由于重叠合约或者调整成本的作用，经济体会以某种速度达到“自然率”，也就是均衡，因而产出偏离经济增长的“自然率”水平是暂时的。由此，宏观经济学的研究重点出现了转换，从凯恩斯主义的经济周期政策逐渐调整为如何促进经济体在长期内实现经济增长。

进入20世纪90年代后，主流经济学的分析回归到了侧重于供给层面的经济增长的分析之上。在20世纪50年代至60年代时，提出了以索罗模型为代表的“新古典增长模型”，认为在资本与劳动之比固定的前提下，经济存在一条平衡增长路径，经济增长是稳定的，技术进步有助于提高经济增长速度。但是，此时的技术进步被假定为外生而非内生的。进入20世纪90年代，以罗默、卢卡斯为代表的宏观经济学家在新古典增长模型的基础上，提出了“新增长理论”，强调经济增长来源于内部理论，包括知识溢出、人力资本投资、研究开发、劳动分工和专业化、干中学等。新增长经济理论认为创新和知识是推动经济增长的重要因素，只有通过工人、公司、企业家、科研机构和政府的行动，经济增长速度和创造能力才会得到提高。① 在这种经济思想的影响下，政府的政策主张出现变化。发达经济体的经济政策愈发强调能够促进创新和技术发展的各种政策，包括：保护知识产权、促进教育、完善创新环境等。

二、日本供给管理的相关经济理论

战后日本政府始终重视对于经济的供给管理，其实施过程贯彻整个日本经济发展历程，并且与美国的供给学派表现出了明显的不同，其指导理论可以划分为20世纪50年代至80年代的产业政策理论阶段和20世纪90年代至今的结构改革理论阶段。笔者在分析日本供给管理理论与美国供给管理的差异的基础上，分析日本的产业政策、结构改革等供给管理理论。

首先，日本供给管理理论与美国的供给理论的不同之处。表2－1总结和对比了美国与日本在从20世纪50年代至今在宏观经济政策方面的差异。由表2－1可知，战后日本从20世纪50年代起就注重实施供给管理政策，这与美国表现出了极大的不同。在战后初期的20世纪50年代至60年代，美国实施的是注重经济需求侧的凯恩斯主义的经济政策，并不重视经济供给侧；而进入20世纪70年代后，因为“滞涨”的发生，导致美国的经济学界开始重新反思经济供给侧的重要性，从而在20世纪70年代至80年代形成了“供给学派”理论，以及20世纪90年代后所形成的“新增长理论”。这些重视经济供给侧的理论成为20世纪70年代后影响美国政府经济政策的重要经济理论。

---

① ［美］菲利普·阿吉翁、彼得·霍依特著，陶然译：《内生增长理论：增长与发展译丛》，北京大学出版社2004年版。

表2-1 美国与日本宏观经济政策实施对比

时间	美国	日本
20世纪 50年代至60年代	凯恩斯主义经济学 逆经济周期的需求管理政策 不重视经济供给侧	产业政策 平衡财政 保持国际收支平衡的货币政策 重视经济供给侧
20世纪 70年代至80年代	供给学派 减税 减少政府的直接干预 重视经济供给侧	有调整的产业政策 财政刺激政策 宽松的货币政策 重视经济供给侧
20世纪 90年代至21世纪初	新增长理论 注重促进创新 积极的财政、货币政策 注重经济供给侧	结构改革政策 财政刺激政策 宽松的货币政策 经济体制改革、完善市场化程度
安倍第二次上台以后	新增长理论 积极的财政、货币政策 注重经济供给侧	结构改革政策 灵活的财政政策 量、质并举的货币政策 量、质并举的供给侧改革 提高全要素生产率

但是，与美国形成鲜明对比的是，日本政府对于供给管理的重视，并非始于20世纪70年代，而是在此之前的20年就已经形成了重视经济供给侧的“产业政策”及其相关理论。而且，产业政策的经济思想，与美国“供给学派”及“新增长理论”深深植根于古典经济学及新古典经济学也完全不同。美国“供给学派”及“新增长理论”思想来源于古典经济学及新古典经济学，均强调市场机制的重要性，认为通过自由竞争就能够实现资源的有效分配，而经济体也会以一个稳定的速度实现经济增长，从而达到充分就业。但是日本产

业政策的思想则植根于战时乃至战前的“经济统制”思想，强调政府的干预，认为经济发展需要政府的干预和指导，而非自由放任。这一思想主张，也来自于日本作为“后发国家”的发展地位，具有在短时期内实现对欧美等发达经济体赶超的迫切需求。此外，美国的“供给学派”的政策主张与“产业政策”完全不同，“供给学派”强调减税和减少政府干预的重要性，试图通过上述措施激励经济体个人开展更加积极的商业活动，提升个人的工作意愿，从而间接地实现经济增长的目标，与此同时，“供给学派”的经济政策主张从更广的层面上看，是一种总量管理的经济政策，其政策实施涉及经济体中的每一个人，而非单独的某些团体和个人。日本“产业政策”的实施和主张与美国的“供给学派”表现出了极大的不同，日本的“产业政策”注重通过国家干预的手段，综合运用财政、税收、金融等措施，着重促进重点产业发展，积极推动产业结构的升级转型，从而在更短的时间内实现快速的经济增长。另外，从经济政策的实施对象上看，“供给学派”的经济政策并非偏向了某些团体和企业，而日本“产业政策”的政策对象却往往集中于某些团体和企业，财政、金融的政策利好更加明显地集中在这些团体和企业上，并非是涉及每一个人的总量性质的经济政策。由此，日本的“产业政策”虽然有助于在短时间内实现经济增长和对于欧美等发达国家的赶超，但是也会引发新的矛盾，如不利于实现市场的有效竞争，经济体中个人的创新意欲受到抑制等。

此外，在20世纪90年代后，日本经济陷入长期低迷之中，这促使日本的经济学家反思日本经济陷入长期低迷的原因。一方面，引发了日本经济学家对于“产业政策”的反思，重新思考国家干预对于经济发展的影响；另一方面，在20世纪90年代以后，随着美国“理性预期革命”的发生，美国主流经济学界对于经济增长的重视程度日益上升，并提出了“新增长理论”。“新增长理论”注重研究经济的供给侧问题，试图从劳动力、资本、全要素生产率等角度解释经济增长的决定因素，并对美国经济政策的实施产生了重要影响。受此影响，日本的供给管理的经济理论也发生了显著改变，从20世纪50年代至80年代所盛行的“产业政策”及其相关理论，调整为20世纪90年底开始并延续至今的“结构改革”及其相关理论。日本的“结构改革”理论注重接近美国“新增长理论”的相关政策主张，因而所实施的经济改革措施也逐渐与美国趋同。“结构改革”理论主张调整日本的经济体制，完善市场经济制度，消除要素配置扭曲，鼓励创新，以实现全要素生产率的提高，促进日本经济的长期增长。但是，“结构改革”实施时会触动既有的经济体制，一方面会造成短期内经济的总供给受到冲击，另一方面也会受到来自既得利益团体的抵制。此外，“结构改革”由于注重经济增长而不重视分配，也造成社会贫富差距悬殊、经济体区域内部经济发展不平衡等问题。

其次，日本供给理论中的产业政策理论。日本产业政策理论的形成深受德国历史学派的影响。19世纪末，日本实现明治维新后，建立了“富国强兵”的发展目标。为了发展经济，日本从西方国家引入了多种经济理论，其中最具代表性的两种力量为以亚当·斯密为代表的“古典经济学理论”和以李斯特为代表的“德国历史学派”的理论。如前所述，古典经济学主张自由竞争、自由贸易以及政府对于经济发展的放任。而德国的历史学派则鲜明地反对亚当·斯密的主张，认为“自由贸易论”存在严重问题，并且忽视了各个国家发展阶段的不同，认为亚当·斯密没有强调国家在经济发展中的作用。李斯特在《政治经济学的国民体系》中指出，反对亚当·斯密的自由贸易论，提倡关税保护论，认为采取这种方式可保护和扶植德国的近代工业，促进国内市场形成，设置统一的关税壁垒，防止英国的产业资本进入德国市场。① 此外，历史学派还反对亚当·斯密的“个人主义”，古典经济学派将个人的“利己主义”看作经济发展的动力来源，而德国的历史学派则强调，与“个人的私心”相比，“国家的任务”更具意义。基于日本当时迫切发展国内经济、实现工业化发展的目标，对比亚当·斯密的古典经济学派的自由放任主张而言，着重国家干预、培

① ［日］大河内一男：《过渡时期的经济思想——亚当·斯密与弗·李斯特》，中国人民大学出版社2000年版，第20页。

育国内工业发展的德国历史学派的主张显然更具吸引力。因此，自由主义思想也远不如保护主义思想受到日本的欢迎。大岛贞益赞同德国历史学派的主张，认为国家的比较优势是动态的而非静态的。大岛指出，如果日本要改变世界格局，实现近代工业国家地位，国家就必须对工商业实施干涉。① 受到这一思想的影响，日本在完成明治维新的初期，实施国家对于工厂的直接经营，但由于国营工厂存在生产效率低下问题，日本政府转而实施与私营企业合作的政策，以达到实现国家发展的目标。这一政策方针，影响了此后日本经济发展的历程。

20 世纪 30 年代至 40 年代，日本的目标是促进经济走出衰退、扩大军工生产，日本政府受此影响也注重了对经济的干预和管制。20 世纪 30 年代，日本面临着走出经济萧条的压力，而在 20 世纪 40 年代则因为发动全面侵略战争而产生了扩大军工生产的迫切需要。在这一时期，“总体战”思想、德国“产业合理化”思想以及苏联的“计划经济”等经济思想对日本产生了深刻影响，日本出现了“统制经济”的思潮，不断强调国家对经济发展干预的重要性。小岛精一提出了“计划经济论”，指出系统性开发日本国内资源以及制定经济计划的必要性。此外，吉野次郎、岸信介等政府官僚也提出了实施统制经济的必要性。岸信介指出：“鉴于国内处于极端无政府状态，有必要贯彻此次企业统制。”② 由此，日本政府开始建立战时的统制经济体制，日本在 1938 年颁布了《国家总动员法》，对日本国民经济的各个领域实施经济统制，包括产业结构、产业组织、财政、金融等，国家运用计划、法律等手段对资源配置实施干涉，着重发展重点产业，从而维持军工生产。野口悠纪雄认为，日本的战时体制对战后日本经济体制的形成产生了巨大的影响。野口将这种体制称为“1940 年体制”，其特征包括：间接金融体制、日本式的企业制度、政府与企业之间的紧

① ［美］泰萨·莫里斯－铃木著，厉江译：《日本经济思想史》，商务印书馆 2000 年版，第 69 页。

② 原彬久、「岸信介権勢の政治家」、岩波書店 1997 年版、第 47 頁。

密关系等。[①] 冈崎哲二提出了“日本经济体制”的“战时起源说”，认为战后日本经济体制源自战时经济统制时期。[②] 查默斯·约翰逊的研究指出，日本通产省在战前和战后的人员配置上，具有连续性，战后的清洗整肃运动没有从根本上触及通产省。[③] 因此，国家对经济需要实施干预这一思想从战时延续到了战后，对于日本产业政策的形成产生了重要影响。

战后初期，日本政府的目标是促进日本战后经济的恢复和整顿。战后初期的日本经济思想深受马克思主义思想的影响。有泽广巳提出了“倾斜生产方式”，主张将劳动力投入基础原材料部门，并采用国家干预措施，重点发展原材料产业，从而刺激全体经济的扩大再生产。

20 世纪 50 年代至 60 年代，在日本具有影响的西方学派是萨缪尔森的新古典综合学派。在新古典综合学派的理论中，凯恩斯理论适用于高失业率的状态，而新古典经济学理论则可以用于解释充分就业条件下的经济运行。但是，日本在实际的经济运行过程中，主要采用的却是基于供给侧的“产业政策”，在 20 世纪五六十年代所使用的凯恩斯主义政策较为有限。在经济生产能力得到一定的恢复后，20 世纪五六十年代的目标则调整为追赶欧美等发达国家，而所采取的经济政策是“产业政策”。产业政策主要有两个经济理论基础。一是“市场失败”理论。该理论认为，由于不完全信息、外部性和不完全竞争的存在，导致市场机制没有充分发挥作用，无法实现资源配置的最优化，为此就需要政府采取措施，纠正“市场失灵”所造成的效率损失。[④] 二是发展型国家理论。查默斯·约翰逊在《通产省与日本奇迹：产业政策的成长》一书中提出了“发展型国家理论”，指出日本作为工业化起步较晚的国家，政府承担了发展的

---

① 野口悠紀雄、「戦後日本経済史」、新潮社 2008 年版、第 254 頁。

② 岡崎哲二、「現代日本経済システムの源流」、日本経済新聞社 1993 年版。

③ ［美］查默斯·约翰逊著，金毅、许鸿艳、唐吉洪译：《通产省与日本奇迹：产业政策的成长（1925—1975）》，吉林出版集团有限责任公司 2010 年版，第 35 页。

④ Buigues P., Sekkat K., “Industrial Policy in Europe, Japan and the USA: Amounts, Mechanisms and Effectiveness,” *Springer*, 2009.

职能，致力于促进国家实现工业化。为此，日本政府十分重视完善产业结构，促进产业国际竞争力的提升，而其为达到这一目的的手段就是“产业政策”。查默斯·约翰逊还指出，日本所实践的产业政策与被称为“经济国家主义”或“重商主义”的德国历史学派是一脉相承的。①

大来佐武郎和下村治等“官厅经济学家”在战后日本产业政策理论的形成中发挥了重要作用，大来佐武郎在战后日本经济计划的制定过程中也发挥了重要作用。大来佐武郎强调国家干预对纠正资本主义固有的自我破坏倾向的重要作用，但并不主张实施凯恩斯主义的宏观需求管理政策，而是主张实施具有供给特征的产业政策，从而促进日本经济的长期发展。下村治则运用凯恩斯主义经济学的分析方法，提出了“下村理论”，指出日本的高速经济增长是可持续的，为日本制定“国民收入倍增计划”提供了理论基础。下村治指出，企业扩大的设备投资可以提升生产率，从而带来供给的扩大，与不断扩张的需求一起，促使日本经济实现更高水平的均衡。虽然下村治使用的经济理论是凯恩斯主义经济学，但是其政策主张则偏向于供给侧，主张在产业结构中提高重化学工业的比重。此外，筱原三代平作为一桥大学的著名经济学者也提出了针对产业政策的重要理论。筱原三代平提出了“动态比较优势”学说：在某一时间段上一些产品可能处于劣势，但是在更长的时期内这些产品可能会处于优势，比较优势是动态变化的，而非静态稳定的，为此国家可以培育具有带动国家经济发展的幼稚产业，即便在现阶段尚未具有国际竞争能力。筱原三代平还给出了选择重点扶植产业的两个标准，即“收入弹性值”指标和“劳动生产率增长”指标。对收入弹性较高的商品予以特殊的对待，就可以得到较高的出口增长率，从而促进经济发展。②

① ［美］查默斯·约翰逊著，金毅、许鸿艳、唐吉洪译：《通产省与日本奇迹：产业政策的成长（1925—1975）》，吉林出版集团有限责任公司2010年版，第27页。

② ［日］小宫隆太郎、奥野正宽、铃村兴太郎编，黄晓勇、韩铁英、吕文忠、张舒英、张子镁、鲍刚译：《日本的产业政策》，国际文化出版公司1988年版，第524页。

20世纪70年代至80年代，两次石油危机对日本的形成了供给冲击，与此同时在需求方面也出现了需求不足的问题，由此引发了日本国内对于产业政策的反思。随着20世纪80年代日美贸易摩擦的加剧，进一步引发了对日本产业政策理论的思考。基于对国家干预经济效果的反思，一些新古典经济学家提出了新的思考。新古典经济学派的小宫隆太郎自20世纪60年代中期起就开始提出对产业政策的批判。小宫隆太郎对通产省所积极推动的产业政策的效果始终表示怀疑。小宫隆太郎对于政府干预市场经济持否定态度，认为政府的干预违背市场经济的规律，从而影响生产者和消费者的行为。① 鹤田俊正提出了对日本产业政策的反思，鹤田俊正指出日本产业政策的"官民协调方式"是对日本企业经营的"掣肘"，不利于发挥市场的自主调节能力，而日本产业政策所着力解决的"过度竞争"问题则正是日本实施产业政策所带来的结果。② 受此影响，20世纪70年代至80年代的日本产业政策开始不断调整，在实施对新兴产业重点扶植的同时，也开始推动对经济体制的"结构改革"，以完善市场经济制度。20世纪70年代后，对日本经济思潮影响较大的西方经济理论为以弗里德曼为代表的"货币主义"经济学，主张建立完善的自由竞争体制。为此，日本也受到了这一影响，开始推行市场结构改革。例如，在日美贸易摩擦日趋激烈的背景下，20世纪80年代，日本政府开始推动"行政改革"，开始追求"小政府"，着手实施国有企业私有化，以及放宽对电信、金融等部门的管制。

最后，日本供给理论中的结构改革理论。日本基于发展型国家理念，推动了产业政策，以期尽快实现对欧美地区国家的赶超。但是在20世纪80年代后，日本已经逐渐实现了对欧美等发达国家与地区的赶超。在高速增长时期所形成的经济体制，被认为已经不再符合日本的经济发展需求，为此要对日本的经济体制实施改革，以促使日本经济进一步发展。高速增长时期形成的日本的经济

---

① ［英］泰萨·莫里斯－铃木著，厉江译：《日本经济思想史》，商务印书馆2000年版，第184页。

② 鶴田俊正、「戦後日本の産業政策」、日本経済新聞社1982年版、第92頁。

体制的特点为：通过设置产业准入限制和竞争限制，来实现对经济领域的管制，并且通过通产省的各个部门与产业团体之间形成协调，共同实现经济发展目标。进入20世纪90年代后，日本开始对经济高速增长时期形成的经济体制进行反思，认为这种经济体制不再符合日本的经济发展需要，为此将从20世纪80年代开始实施的规制改革的范围不断扩大，拓展为20世纪90年代的“经济结构改革”。“经济结构改革”是从反思日本经济体制的结构性问题入手，通过调整日本经济体制，为日本的经济增长重新注入活力。①

美国供给学派的减少对政府干预的主张，在世界范围内产生影响，同时也影响到了日本。尤其是进入20世纪90年代后，日本经济陷入长期低迷之中，失业率长期高企，通货紧缩现象发生，迫使日本重新审视高速增长时期形成的经济体制，开始实施“结构改革”，调整日本固有的经济制度。受到美国供给学派和新增长经济学的影响，日本开始逐渐重视市场的作用，减少政府对经济的直接干预。日本经济学家植草益指出：实施“结构改革”可以促进经济层面的企业竞争，降低产品的生产价格，提高生产率，促进技术革新以及产业间资源的有效配置，并提升消费者福利。②“结构改革”注重发挥市场的主导作用，强调促进竞争会带来效率上升，主张减少政府干预。20世纪90年代至21世纪初期，日本政府致力于推动“结构改革”，并在广阔的范围内实施了“结构改革”。日本实施“结构改革”的对象包括：企业、金融、雇佣、劳动、社会保障、行政、司法、教育等方面。③“结构改革”这一主张贯穿了20世纪90年代至21世纪初期日本的经济结构改革的整个过程。竹中平藏作为主张新自由主义的经济学者，在小泉内阁的结构改革过程中发挥了重要作用。“结构改革”成为日本供给侧结构改革的主要内容。

---

① 武田晴人、「世紀転換期における通商産業・経済産業政策の転換」、RIETI Discussion Paper Series、2016年3月。

② ［日］植草益著，朱绍文等译：《微观规制经济学》，中国发展出版社1992年版。

③ 寺西重郎、「バブル/デフレ期の日本経済と経済政策 - 構造問題と規制緩和」、慶應義塾大学出版会2010年版。

在安倍第二次上台后，美国“新增长理论”对于日本经济界的影响日趋增大。以深尾京司、宫川努为代表的日本经济学家认为提高全要素生产率是日本实现经济长期增长的主要因素，日本实施的结构改革应围绕着提高全要素生产率这一目标展开。这一理论的基础是：日本在资本和劳动力等要素投入面临瓶颈，且资本收益率面临下降趋势，为此提升全要素生产率成为促进日本经济增长的最主要因素。深尾京司指出，日本经济陷入长期低迷的原因在于日本经济的全要素生产率增速长期低迷。① 宫川努认为，提高全要素生产率是一个长期的课题，需要实施进一步的结构改革，以提升全要素生产率。② 在这些理论的影响下，安倍第二次上台后，推出了一系列经济政策，其中既包括结构改革措施，如劳动力市场改革等，也包括量化宽松的货币政策和积极的财政政策等，试图在推动供给侧结构性改革时，缓解对经济的冲击，以实现长期和短期目标的统一。日本的供给侧结构性改革进入了完善的阶段。

在战后日本经济发展的过程中，供给政策始终占有重要位置，不同于战后美国从20世纪70年代起才开始注重经济的供给层面问题，战后日本始终重视经济的供给侧问题，并在不同的发展阶段实施了有针对性的供给政策。在20世纪50年代至80年代，日本的供给政策主要表现为产业政策。日本的产业政策是日本基于后发展国家地位所提出的供给政策，通过实施财政税收的优惠措施，促进重点产业发展、培育产业国际竞争力、促进产业结构升级转换。日本在20世纪50年代至80年代所实施的以产业政策为代表的供给政策，促使日本在短时间内实现了对欧美等发达国家与地区的追赶。但是，在20世纪80年代日本完成了对欧美等发达国家与地区的赶超后，日本的供给政策也出现了转向，着力于从改善日本经济制度的角度促进日本供给水平提升。近期，日本政府更注重从提升全要素生产率的角度，提升日本的供给水平和供给质量，并以

---

① 深尾京司、宮川努、「生産性と日本の経済成長：JIPデータベースによる産業・企業レベルの実証分析」、東京大学出版社2008年版、第5頁。

② 宮川努、「生産性とは何か」、筑摩書房2018年版、第10頁。

此作为日本供给侧结构性改革的主要政策目标。

三、战后日本供给侧结构性改革的历史阶段分析

日本供给侧结构性改革的历史较长，从战后初期一直延续至今，其内涵涉及“供给侧”“结构性”“改革”等供给侧结构性改革的主要方面，在不同的历史时期，实施了不同措施，可以作为参考。

（一）战后日本供给侧结构性改革的历史阶段划分

与欧美等发达国家与地区不同的是，日本作为一个后发展国家，自一开始就将解决供给问题放在了突出位置。日本的经济政策从一开始就多侧重于增加供给的方面，而不是增加需求。日本重视供给端，以及所采取的供给政策可以追溯到战后初期，为此，日本实施了诸多的供给侧政策，以及结构改革措施，具体可以分为以下几个阶段。

第一，“以量为主，以质为辅”的阶段。其中包括 20 世纪 50 年代至 60 年代以及 20 世纪 70 年代至 80 年代两个主要时期。首先，在实现工业化过程中，日本在 20 世纪 50 年代至 60 年代所施行的产业政策，是日本供给侧结构性改革的开端，这一时期的政策措施主要着重于“量”，其政策目标为改善供给能力。战后初期，日本的经济受到了严重破坏，日本经济当时所面临的最主要困难在于供给不足。为此，在日本政府的主导之下，以通商产业省作为最主要的推动机关，同时以金融机构作为配合，针对日本的企业实施了一系列的产业政策，所采用的措施包括财政金融、税收优惠、补助金等，以促进日本产业发展，提高日本产业的供给能力。产业政策实施的结果奠定了日本经济发展的产业基础，同时所采用的诸多促进产业发展的措施也为此后的供给侧政策所继承，成为战后日本经常使用的供给侧政策。其次，在 20 世纪 70 年代至 80 年代，日本逐渐实现了工业化，日本的供给侧结构性改革政策有所调整，开始实施“质

化”改革措施。20 世纪 70 年代后，日本面临着一系列内部和外部经济条件的变化，日本经济不仅结束了自 20 世纪 50 年代中期以来的高速增长，进入中高速增长，而且日本的供给结构逐渐不再适应需求结构所发生的变化，在高速增长时期形成的以重化学工业为中心的产业结构不再符合经济发展的需要，日本经济结构面临着调整与转型的压力。为此，在 20 世纪 70 年代至 80 年代，在继承此前产业政策的基础上，日本的产业政策出现了一定程度的调整与转型，鼓励新兴产业发展，同时注重调整衰退产业，促进日本经济结构转型升级。此外，日本在 20 世纪 80 年代中期开始实施规制改革措施，减少对市场的直接干预措施，这体现为一种“质化”改革。

第二，“以质为主，以量为辅”的阶段。20 世纪 90 年代到 21 世纪初期，日本推行以结构改革为主的供给侧结构性改革措施。20 世纪 90 年代初期，日本泡沫经济崩溃，日本经济陷入长期低迷时期，经济增速长期处于 0%—1% 左右，同时面临通货紧缩和失业率上升等问题。在这一时期，日本的经济思想深受新古典自由主义经济思想的影响，主张减少政府对经济的干预，推动经济结构改革，完善市场机制，从而纠正要素配置扭曲，促进具有高生产率的产业发展。在这种思想的影响下，日本实施了诸多的改革措施，如规制改革，90 年代中期桥本龙太郎内阁的经济结构改革以及小泉政府的结构改革。不论是规制改革，还是结构改革，其主要目的均为创造出能够让市场中的强者发挥实力的市场环境，试图通过这种措施促进日本经济的再生。① 日本在 20 世纪 90 年代至 21 世初期所实施的经济结构改革，其目的在于纠正要素资源配置扭曲，提高资源的使用效率，而所实施的政策手段依然是基于供给端的，主要措施也是针对日本企业的。日本政府希望通过实施经济结构改革，达到“提升供给质量”的效果。但是，在 20 世纪 90 年代中期，日本并未重视供给侧改革对经济带来的冲击，由此导致供给侧结构性改革推行受阻。与此同时，虽然这一时期日本政

① 西田達昭、「日本における経済政策研究と構造改革」、国際教養学部紀要 2006 年 3 月号、第 167—178 頁。

府直接作用于产业的产业政策措施受限，但是日本政府仍然没有完全摆脱“后发展国家”的思想影响，对于信息技术产业实施了重点培植措施，但是在这一时期的改革措施中并不占主导地位。

第三，“量质并举”的阶段。2012 年安倍上台后以提高全要素生产率为目的，着力实施了供给侧结构性改革措施。“安倍经济学”中除了积极的财政和货币政策之外，“成长战略”也是安倍经济学中的一项重要组成部分。“成长战略”的重要目标是实现从要素驱动向创新驱动转型，激发民间企业活力，完善商业环境和创新环境，提高全要素生产率，这属于从“质”的层面改善日本的供给质量。除此以外，安倍的“成长战略”还包括增加要素供给的内容，例如促进女性和老年人就业等，从而增加日本劳动力的供给，这属于从“量”的层面增加日本的供给能力。由此可见，这一时期日本的供给侧结构性改革的内涵不断深化和拓展，既包含“质”也包含“量”。

（二）战后日本供给侧结构性改革的主要体系

战后日本供给侧结构性改革形成了完整的体系，从战后初期一直延续至今。日本供给侧结构性改革包含两条主线，一是以产业政策为主的时期，二是以结构改革为主的时期。日本供给侧结构性改革的体系可以用下图来概括（见图 2－1）。

如图 2－1 所示，根据战后日本供给侧结构性改革的两个内涵，可以划分为三个主要阶段。这三者既有共同之处，也有不同之处。这三者的共同之处在于：均为着眼于经济供给端的经济政策，同处于产业政策的范式之下，主要作用对象为产业与企业。不同之处在于：20 世纪 50 年代至 80 年代的的供给侧改革措施，主要着重于“量”的提升，而“质”的改革相对较少，这一时期日本供给侧结构性改革的政策资源与手段也比较丰富，能够对战略性部门实现资源重点配置，从而实现产业结构的改善与供给能力的提升。与此同时，随着日本经济实力的提高，20 世纪 80 年代后日本和美国的贸易摩擦不断升级，日本

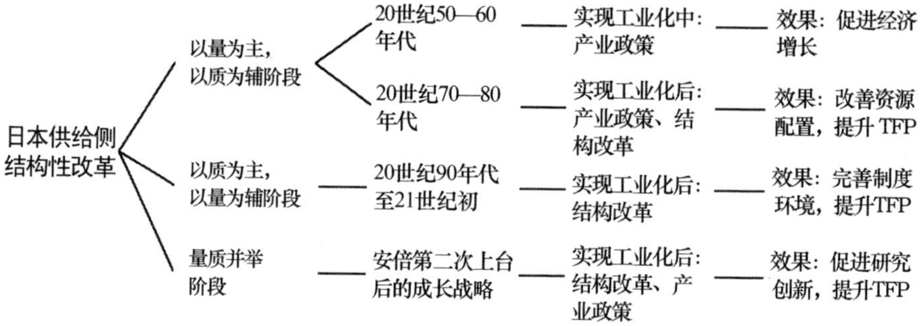

图2-1 战后日本供给侧结构性改革体系

在外部压力下不得不实施一定的“质化”改革，初步推动了一定程度的规制改革。20世纪90年代至21世纪初期的日本供给侧结构性改革措施，主要呈现出“以质为主，以量为辅”的特点，注重减少政府对经济的干预，强调市场在资源配置中的重要地位，完善市场环境，充分发挥企业的自主能力，分别实施了规制改革、经济结构改革等一系列措施，产业政策的政策资源则大为减少。2012年安倍上台后，进一步推动供给侧结构性改革措施，并体现出了“量质并举”的特点，既注重提升供给能力，也注重改善供给质量，注重推动创新，提高全要素生产率。同时在推进市场导向的改革措施的同时，也没有放弃采用产业政策的方式支持重点产业发展。

由上可见，纵观战后日本供给侧结构性改革七十余年的历程，日本供给侧结构性改革可以分为三大板块展开分析，即20世纪50年代至80年代、20世纪90年代至21世纪初，以及当前的日本供给侧结构性改革阶段。其中，20世纪50年代至80年代，还可以细分为实现工业化过程中的20世纪50年代至60年代，以及日本完成工业化后的20世纪70年代至80年代。本书依据上述思路，对日本供给侧结构性改革的各历史发展阶段展开详细分析。

（三）日本供给侧结构性改革的分析框架

单纯的总需求管理不足以支撑长期的经济发展，为此就需要实施供给侧结构性改革，不断调整供给结构，提升供给质量，促使经济体的供给结构适应需求变化。在明确了日本供给侧结构性改革所涵盖的政府政策范围，以及日本供给侧结构性改革的历史阶段划分的基础上，需要进一步分析每个历史阶段日本供给侧结构性改革的具体经济政策，着重从供给侧的角度分析这些经济政策，从而为中国供给侧结构性改革的实施提供经验和教训。

为此，针对日本在每个不同的历史时期所实施的供给侧结构性改革政策，需要从以下几个维度展开分析（见图2－2）。

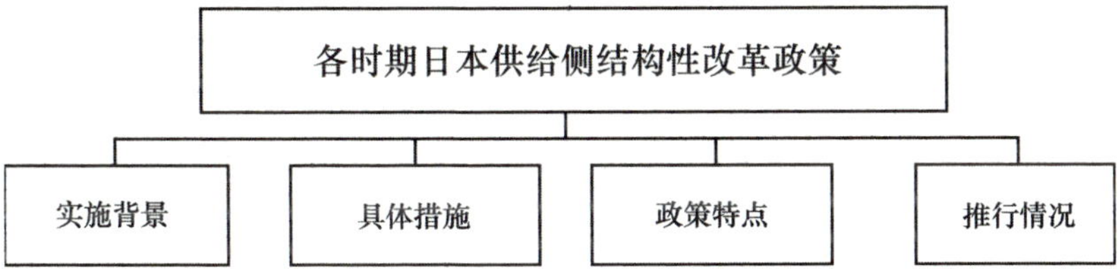

图2－2　战后日本供给侧结构性改革分析框架

如图2－2所示，针对各个时期的日本供给侧结构性改革政策需要从以下几个方面展开分析：一是政策的实施背景。各个不同的经济发展阶段有着不同的经济发展情况，供给侧结构性改革的实施也需要符合不同经济发展情况的要求。详细分析日本每个历史阶段的经济发展情况，为供给侧结构性改革的分析做一铺垫。二是供给侧结构性改革的具体措施。探讨每个历史阶段日本在供给侧结构性改革方面所采取的不同措施。三是供给侧结构性改革的政策特点。在分析每个阶段供给侧结构性改革措施的基础上，总结和分析这些政策所具有的特点。四是探讨日本供给侧结构性改革的推行情况。给出每个阶段日本供给侧结构性改革的实施情况，特别注重从与宏观经济政策配合的角度，分析各个阶段供给侧结构性改革是否得到有效推行以及其原因。

第三章　20 世纪 50 年代至 80 年代的日本供给侧结构性改革：以量为主，以质为辅

探讨日本的供给侧结构性改革问题，就需要梳理日本历史上的供给侧政策。产业政策是供给侧政策的一个重要组成部分，而战后日本的供给侧政策也正是发端于产业政策。本章节以产业政策为主线，探讨 20 世纪 50 年代至 80 年代日本供给侧政策的形成背景与思路、主要的政策措施及其特点，并探讨这一时期供给侧政策的实施效果。20 世纪 50 年代至 80 年代，日本的供给侧结构性改革表现出了“以量为主，以质为辅”的特点。

一、20 世纪 50 年代至 80 年代日本供给侧结构性改革实施的主要背景

第二次世界大战结束后，日本经济发展受到严重打击，此时日本政府面临的首要问题是如何在短期内实现经济重建。自第二次世界大战开始以来，日本就形成了以发展为导向的经济意识和经济计划的管理手段。着重于提高供给的产业政策是这一时期主要的供给侧政策措施。20 世纪 50 年代至 60 年代日本经

济发展面临着严峻的战后经济秩序重建问题。20 世纪 70 年代至 80 年代，日本经济所面临的经济环境出现剧烈变化，日本经济从高速增长转为中高速增长，经济结构面临着调整与转型的压力，促使日本产业政策的实施方向出现调整。

（一）战后严重破坏了日本供给能力

首先，战后初期日本的经济发展百废待兴，日本政府致力于在短时间内恢复日本的经济发展。1945 年 8 月 15 日，日本宣布无条件投降，日本发动的侵略战争，为中国人民和亚洲地区人民带来了严重灾难，与此同时，日本的生产能力也受到了极大破坏。1946 年日本的生产能力指数仅为 1941 年时的 19.6%，到 1950 年时也只有 1941 年的 49.5%。分行业看，战后日本的工矿业生产能力降至战前最高峰的53%，农业生产能力降至战前的60%，作为主要出口产业的纤维纺织产业，其生产能力甚至下降到 6%。① 日本经济发展受到战争重创。日本的实际 GDP 从 1937 年的 1.43 万亿日元下降至 1946 年的 1.03 万亿日元，直到 1951 年才恢复到 1937 年的水平。② 由此，如何处理战后经济的混乱局面，在短期内重建日本经济，成为日本政府战后初期所面临的主要问题。

其次，战后初期日本经济面临的主要问题，不是“需求不足”，而是“供给不足”的问题。战后初期，受到战争影响，日本的工厂、道路、运输设备等均被严重破坏，极大削弱了日本的生产能力，造成日本经济供给能力下降。与此同时，基于战后复苏的需要，食品、生活用品、工业原材料、能源的需求不断攀升。经济中的总需求远远大于总供给，形成了供给不足的问题。生产能力的不足引发了战后初期日本剧烈的通货膨胀。根据日本银行的调查数据显示，以 1934—1936 年的物价水平为基准，1954 年的消费者物价水平是此前的 301.8

① 通商产业政策史编纂委员会编，日本通商产业政策史编译委员会译：《日本通商产业政策史第 1 卷》，中国青年出版社 1997 年版，第 6 页。

② 深尾京司、「日本経済の歴史第 5 巻」、岩波書店 2018 年版、第 282 頁。

倍。[1] 另外，工业原料和能源产品的不足也引发了批发零售价格的上升。1949年的批发零售价格是1934—1936年的220倍。[2] 由此可见，战后日本经济发展所面临的不是“需求不足”的问题，而是“供给不足”的问题。在此时，如果采用提高需求的政策则会引发进一步的通货膨胀，为国民经济带来负面影响。石桥湛山于1946年推行的积极的宏观经济政策不利于平抑快速上涨的物价，所受评价不佳。为此，基于供给端的供给政策则被纳入了日本政府的视野。日本政府开始发力实施供给侧政策，着眼于经济的供给端，致力于提升日本经济的供给能力。这与战后欧美各国着眼于需求端的凯恩斯主义政策产生了巨大差异，成为战后日本经济的重要特点，为此后日本经济发展埋下伏笔。

最后，战后初期日本实施了“民主改革”，为此后日本的经济发展奠定基础。战后的日本实际处于美国占领之下，由“对日占领军司令部”（GHQ，又称对日占领当局）掌握对日占领的权力。对日占领当局致力于实现日本的非军事化和民主化，推动了涉及政治、经济、教育等多个领域的一系列民主改革，奠定了战后日本经济的基础，其中涉及经济领域的改革主要包括以下三点：其一，财阀解体。对日占领当局认为，“财阀”的存在构成了日本军国主义的基础，财阀组织成为了日本军事侵略的手段之一，为了排除经济力量的过度集中，解散财阀十分必要。为此，对日占领当局采取了解散财阀家族总公司、排除财阀家族对企业的控制、分散财阀企业的股份所有权、拆分大型工业企业等。并在1947年制定了《禁止垄断法》，防止经济力量的过度集中，为日本企业开展竞争提供制度基础，成为战后日本竞争政策的起点。其二，农地改革。为了消除日本的半封建土地所有制，消除寄生地主对农民的剥削，改善农民生活，对日占领当局实施农地改革。以低廉的价格收购不在村地主的土地和在村地主的多余土地，并以较低的价格售卖给无地农民，推动了农村社会的民主

① 田中秀臣、「デフレ不况日本銀行の大罪」、朝日新聞出版2010年版、第135頁。

② 伊藤正直、「戦後ハイパー・インフレと中央銀行」、日本銀行金融研究所Discussion Paper. 2002－J－35、2002年11月号、第181—226页。

化，提升了农村生产积极性，改善了农业供给。① 其三，劳动民主化。对日占领当局认为，工人阶级受到的残酷压制，是日本走上军国主义道路的重要原因。为此，颁布《工会法》《劳动基准法》《劳动者灾害补偿法》等一系列法律，打破对劳动阶级的压制，改善工人阶级的地位和生活水平，同时促进了具有日本特色“企业内工会”的形成，成为战后日本式雇佣制度的一个特点。

（二）实现工业化后日本经济发展的约束条件产生变化

20世纪70年代至80年代日本经济发生了一系列变化，导致日本产业政策的实施条件日益减少。与此同时，日本经济的总需求开始小于总供给，导致日本政府开始实施积极的总需求管理政策予以应对。

第一，日本所面临的国际形势出现变化。一是1971年发生“尼克松冲击”。由于尼克松冲击的发生，结束了美元和黄金的兑换，日元与美元之间的固定汇率也宣告终结，迫使日本放弃了长期以来的1美元兑换360日元的固定汇率制度，而改为实行浮动汇率制度，从而导致日元迅速升值，致使日本企业的出口贸易条件恶化。由于日元升值不利于日本企业出口，日本的企业经营面临着严重压力。二是20世纪70年代，发生了两次石油危机。1973年发生了第一次石油危机，国际原油价格从1973年的每桶2.6美元上升到了1974年的每桶11美元，造成日本能源价格的迅速上升，同时也引发了日本国内消费品价格的迅速上升。② 为此，日本政府积极推动经济结构的转型升级，同时推动节能技术的研究开发。1979年发生了第二次石油危机，但是此时的日本因为实施了经济结构转型和节能技术的研发，从而降低了第二次石油危机对日本经济的冲击。两次石油危机的发生对自高速增长时期以来形成的日本产业结构造成了

① 杨栋梁：《国家权力与经济发展》，天津人民出版社1998年版，第32页。

② 武田晴人、「日本経済史」、有斐閣2019年版、第390頁。

严重挑战，促使日本调整经济结构，促进产业结构升级转型。① 三是 20 世纪 80 年代后，日本与美国之间的贸易摩擦日益激化。随着日本经济实力的持续增强，日本对美出口持续扩大，进入 20 世纪 80 年代后，日本与美国之间的贸易摩擦问题日趋严重。随着战后日本经济的快速增长，日本的产业竞争力迅速增强，进入 20 世纪 80 年代后日本的汽车产业以及高技术产业迅速发展，并在美国取得了越来越大的市场，从而导致日本和美国之间激烈的贸易摩擦。日本和美国的贸易摩擦产品类别扩大至电子产品、汽车、半导体等。美国不仅采取促使日元升值的措施，而且还出台相关贸易法案，运用“超级 301 条款”等，直接干预日本和美国之间的贸易往来。20 世纪 80 年代末，日美贸易摩擦扩大至经济结构方面，美国认为日本现有经济制度、商业惯例等阻碍了美国产品进入日本市场，要求日本实施经济制度改革。为缓和贸易摩擦，日本一方面采取措施，减少对美直接出口，增加对美直接投资，另一方面也开始认识到了既有的经济体制中所存在的保护问题。从 20 世纪 80 年代中期开始，日本开始推行规制缓和以及国企民营化措施，调整经济体制。1989 年日美两国建立了“日美结构协议会”，就两国的经济制度、商业惯例等问题展开磋商。为应对日元升值和美国要求日本扩大国内支出的压力，日本实施了积极的财政和货币政策，而这则引发了日本的泡沫经济问题。

第二，20 世纪 70 年代后，日本经济的高速增长时期结束，日本经济进入了稳定增长时期。如图 3－1 所示，在 1960—1970 年，日本的实际 GDP 增速维持在 10.1%，但是这一数值在 20 世纪 70 年代下降至 4.6%，在 20 世纪 80 年代也维持在 4.5%。日本的经济增速从高速增长调整为中高速增长。日本经济增速放缓，不仅有外部及经济环境变化的影响，而且还有日本经济内部因素的影响，也就是说此时的日本经济面临的主要问题不再是供给不足，而是需求的不足，日本经济内部出现需求下降，投资和消费下滑，导致日本经济

---

① ［日］滨野洁等著，彭曦等译：《日本经济史 1600—2000》，南京大学出版社 2018 年版，第 288 页。

增速出现下降。

图3-1 日本实际GDP增速（1960—1990年）

资料来源：内閣府，国民経済計算，https://www5.cao.go.jp/j j/wp/wp-je17/h11_data01.html。

第三，在实现工业化后，日本经济面临的主要问题从供给不足转化为需求不足。实现工业化前，日本经济的总需求旺盛，约束日本经济发展的主要是总供给不足。因此，自二战后至20世纪70年代初期，日本着力实施作用于供给侧的“产业政策”，以具体的产业和企业作为主要的政策调节对象，促进生产力发展，推动总供给增长，试图在短期内促进日本实现工业化。20世纪70年代中期后，日本实现工业化，面临的主要问题从总供给不足转为总需求不足。如果从更长时间段来看，1960—1975年，即日本经济处于高速增长期时，GDP缺口长期处于0以上，意味着经济体的总需求过剩，而总供给不足；但是20世纪70年代中期以后，日本经济的供需关系发生了变化，从总需求过剩转变为总需求不足，而且这一状态一直持续至今。①

此外，日本的经济结构还面临转型和调整的压力。石油危机的发生迫使日本调整工业化发展的重点，产业结构面临从过去的“重厚长大”向“轻薄短小”转变的压力。需要向节能型、高技术型和高附加价值型的方面促进产业结构转化，同时淘汰高耗能的产业，减少能源消耗，从而减少对石油的依赖。正是在上述经济社会背景的变化之下，日本的供给侧结构性改革进入了调整转型新阶段。

第四，日本开始实施积极的总需求管理政策。从总体上看，在20世纪70年代至80年代，日本实行的是积极的财政和货币政策。如前所述，在20世纪70年代后，日本经济所面临的主要问题不再是总供给的不足而是总需求的不足，为此日本政府开始实施凯恩斯主义的经济政策，采取宽松的财政和货币政策，提高经济体的总需求。首先，在财政政策方面，日本实施积极的财政政策。1965年，日本政府首次打破战后以来一直实施的“平衡财政”原则，开始发行赤字国债。进入20世纪70年代后，随着石油危机和“尼克松冲击”的发生，日本开始频繁使用财政政策，以提升经济体的发展水平。1973年第一次石油危机发生后，日本进一步扩大财政赤字规模，增加公共投资水平，在1975年发行了“特例公债”，以进一步刺激经济增长。② 进入20世纪80年代后，虽然有过“财政重建”的努力，但是为了落实“日美经济结构协议”关于扩大日本经济内需的要求，日本依然实施了积极的财政政策，扩大公共事业的投入。在货币政策方面，日本也实施了积极的货币政策。在20世纪70年代中后期，为了促进日本经济发展，日本央行在1975—1976年以及1977—1978年，连续四次下调“再贴现率”。③ 在20世纪80年代，为了对冲日元升值的影响，

---

① 村田治、「失われた10年の原因は何か：GDPギャップと潜在成長率の観点から」、経済学論究2010年3月号、第35－66頁。

② 深尾京司、「日本経済の歴史6」、岩波書店2018年版、第30頁。

③ 黒田晃生、「日本の金融政策（1970—2008）」、日本評論社2019年版、第299頁。

日本仍然实施积极的货币政策，不断调降“再贴现率”，在1987年日本的“再贴现率”达到了2.5%，这是战后以来的最低水平。由此可见，在20世纪70年代至80年代，日本实施了具有凯恩斯主义性质的财政和货币政策，从总体上着眼于提升总需求。

第五，日本贸易自由化和资本自由化的开展导致产业政策的实施条件逐渐缩窄。20世纪60年代以来，随着日本经济实力的不断增强，对外出口持续上升，国际社会对于日本贸易国际化的呼声日益提高。1960年日本政府出台了《贸易与外汇自由化大纲》，开始推行贸易自由化政策，逐步开放日本国内市场，同时阶段性地取消了对低附加值产品以及高附加值产品的进口限制（见表3－1）。日本的贸易自由化比率从1960年的41%迅速提高到了1972年的95%。与此同时，日本对于工业产品实施限制的品种数量则从1964年的69种下降到了1972年的9种，对于农业产品进口的限制则从67种下降至24种。贸易自由化的进展动摇了日本产业政策实施的基础，导致日本产业政策的实施作用日趋有限。这是因为随着贸易自由化的展开，企业的进出口和外汇兑换活动不再受到政府的限制，日本政府无法再通过限制进口数量和实施外汇分配来引导产业发展，导致日本政府的政策介入能力下降，日本产业政策的实施空间日趋缩小。

表3－1　日本贸易自由化的进展情况

时间/年	工业产品限制进口种类数量/种	农业产品限制进口种类数量/种	贸易自由化比率（%）
1960	–	–	41
1961	–	–	62
1962	–	–	73
1963	–	–	89
1964	69	67	93
1966	54	66	93
1970	35	55	94
1972	9	24	95

资料来源：武田晴人、「日本経済史」、有斐閣2019年版，第354頁。

除了贸易自由化外，日本还开始实施资本自由化。1967年日本政府制定了“资本交易自由化基本方针”。此后，日本分别在1967年、1969年、1970年、1971年和1973年逐渐实现了资本自由化，放宽了此前严格限制的外国公司对日本的直接投资，允许外国法人在日本设立公司，同时也允许外国公司对日本企业的收购行为。日本实现资本自由化的产业数量从1967年的17种上升到了1971年的228种。[①] 资本自由化的逐步实施，曾引起日本政府的高度紧张，认为实现资本自由化后，外国企业会主动收购低生产率的日本企业，从而不利于日本产业的发展。基于以上思路，日本政府采取了鼓励企业合并、成立企业集团的措施，并试图通过《特定产业振兴临时措施法》，将这些措施固定下来，但是因为受到了日本产业界的强烈反对，最终没有实现。由此可见，随着日本逐渐实现贸易自由化和资本自由化，政府直接干预经济发展的空间越来越小，日本供给侧结构性改革的思路开始调整和转变。进入20世纪60年代后，伴随着贸易自由化和资本自由化的进程不断加快，日本政府对外汇的控制能力大大减弱，丧失了进口配额权、引进设备审批等权力，实施过度干预政策的能力开始明显减弱，产业政策的实施越来越依靠企业及行业团体的自主执行。

二、20世纪50年代至80年代日本供给侧结构性改革的主要思路

20世纪50年代至60年代，困扰日本经济的主要是供给不足问题，为此基于“发展主义”的经济思想，日本政府开始实施作用于经济供给端的产业政策，侧重于供给侧结构性改革中“量”的方面。进入20世纪70年代后，日本逐渐完成了工业化，约束条件发生变化，日本不得不调整产业政策，同时也开始结构改革，初步涉及供给侧结构性改革中“质”的方面，逐渐体现出“以量

---

① 三和良一、「近現代日本経済史要覧」、東京大学出版社2010年版、第168頁。

为主，以质为辅”的特点。

（一）20世纪50年代至60年代：实现工业化前主要实施产业政策

日本自明治维新以后，提出“富国强兵”口号，致力于促进国家经济发展，其主要手段是积极扶植日本国内产业发展，采取了如积极引进外国设备、邀请外国专家传授生产技术、建立国营工厂、完善企业管理制度、构筑资本主义银行制度等措施。日本作为一个后发展国家，从明治维新时代起，就存在一种赶超西方发达国家的内在动力。基于这一思考，相对于以亚当·斯密为代表主张“自由放任”的古典自由主义经济学而言，以李斯特为代表主张提倡“国家干预”的德国历史学派更容易被日本所接受。李斯特认为，英国自由主义经济学没有意识到经济发展中国家的作用，生产是国家力量的主要来源，为谋求近代工业国家地位，政府就必须干涉工商业。[①] 李斯特的这一观点，符合了日本迫切希望发展近代工业的内在需要，对日本经济思想产生了重大影响，成为战前日本经济界的主导思想。

第二次世界大战开始后，日本实施了统制经济，日本经济发展的主要目标调整为如何满足军需生产要求，其所实施的一系列经济政策，对战后日本经济发展以及制度形成产生了重要影响。首先，形成于第一次世界大战时期的“总体战思想”对日本产生重要影响。“总体战思想”认为，在现代战争中，胜败是由制造武器的力量所决定的，为此必须使用各种经济工具，投入所有能够动员的物资。[②] 受此影响，日本政府认为必须将国家所能调动的资源和力量全部调动起来，应用于对外侵略战争之中。其次，马克思主义的计划经济思想也对日本产生了重要影响。马克思主义主张放弃自由放任的经济政策，有计划地开

---

① ［日］泰萨·莫里斯－铃木著，厉江译：《日本经济思想史》，商务印书馆2000年版，第69页。

② ［美］高柏著，安佳译：《经济意识形态与日本产业政策：1931—1965年的发展主义》，上海人民出版社2007年版，第20页

发国内资源，建立国家计划机关，在国家的统制之下制定合理的资源开发计划，推动国民经济发展。[①] 受到这些思想的影响，日本在 1938 年颁布《国家总动员法》，对国民经济实施广泛干预，形成了战时统制经济体系。战时统制经济从经济思想和经济政策两个方面对战后日本经济产生影响。从经济思想方面看，战时的统制思想削弱了企业对于经济利润的追求，而更加注重对于生产的协调和调整。从经济政策手段上看，“统制会”“商工省”“企划院”“产业报国会”等战时设立的经济管理机关和经济组织均对战后经济发展产生了影响。

受到战前和战时强烈的生产导向政策的影响，战后日本也形成了“发展主义”的思想，注重发展国家的生产能力，体现出了与欧美等发达国家与地区所不同的重视供给端的经济思想。战后初期为了克服物资短缺的问题，如何恢复生产、提高生产能力得到进一步的重视，日本在继承此前经济思想的基础上，战后日本形成了具有强烈生产导向的“发展主义”。高柏指出：强烈的生产导向是日本“发展主义”的显著特征，这一理论强调国家需要提高生产力以增加财富，对于国家发展生产的偏好甚至超过了保护消费者利益以及环境保护等。[②] 查默斯·约翰逊指出，日本属于“发展型国家”，与新古典自由主义主张的自由市场不同，“发展型国家”强调国家对经济的干预，其经济制度介于资本主义与社会主义之间。[③] 因此，日本基于“发展主义”的供给经济政策具有不同于欧美“供给学派”的特点。20 世纪 80 年代在美国和英国等国出现的“供给学派”是对此前 20 世纪 50 年代至 70 年代欧美所实施的凯恩斯主义经济政策的反思，强调自由市场的重要价值，主张减少国家干预，因而需要实施大规模减税、削减福利、提升市场活力等经济政策。[④] 由此可见，日本的“供给侧政

---

① 雷鸣：《日本战时统制经济研究》，人民出版社 2007 年版，第 8 页。

② ［美］高柏著，安佳译：《经济意识形态与日本产业政策：1931—1965 年的发展主义》，上海人民出版社 2007 年版，第 36 页。

③ ［美］查默斯·约翰逊著，金毅、许鸿艳、唐吉洪译：《通产省与日本奇迹：产业政策的成长（1925—1975）》，吉林出版集团有限责任公司 2010 年版，第 33 页。

④ 肖林：《新供给经济学》，格致出版社 2016 年版，第 19 页。

策”与欧美的“供给学派”所主张的经济政策是完全不同的，日本政府主张实施供给端管理，增加国家生产力，而欧美政府则强调纠正政府干预，强调市场作用。基于上述思想，日本政府在20世纪50年代至60年代形成了具有强烈生产导向的“发展主义”经济思想，强调政府对国家干预的重要性，为此日本政府实施了一系列着力于供给端的经济政策，这成为了日本供给侧结构性改革的发端。20世纪50年代至60年代的日本供给侧结构性改革，通过实施产业政策，致力于提升日本的供给能力，从而缓解日本供给能力不足的问题。

（二）20世纪70年代至80年代：实现工业化后开始实施结构改革

基于内外环境的深刻变化，20世纪70年代后日本的供给侧结构性改革面临着转型和调整的压力，表现在以下几个方面。

其一，在工业化实现之后，日本开始进入内需不足的状态，此时日本开始实施凯恩斯主义经济政策，目的是促进日本经济的总需求增长，而为配合凯恩斯主义经济政策的实施，日本开始调整“供给侧结构性改革”。凯恩斯主义经济政策的特点在于国家采用财政、货币等政策手段调节经济供需情况，具有较强的国家调控色彩。这一时期的日本供给侧结构性改革具有明显的国家调控的特征，可以视为战后及经济高速增长时期所实施的“产业政策”的一种延续，主要是从供给层面入手，着眼于对过剩产能的调整。其后，日本的供给侧结构性改革措施愈加注重激发民营经济主体的活力，侧重于通过经济制度改革，改善经济体制效率，促进技术创新。作为凯恩斯主义经济政策的一个重要补充，日本的供给侧结构性改革成为日本经济政策的一个重要组成部分。由此可见，日本完成工业化进程后，其经济发展面临的主要问题从总供给不足转变为总需求不足，实施凯恩斯主义政策不可避免；为配合凯恩斯主义政策的实施，日本推动了供给侧结构性改革，这就是日本实施供给侧结构性改革的最主要约束条件。

其二，这一时期的日本供给侧结构性改革从注重重化学工业发展，转移到促进新兴产业发展，同时注重引导萧条产业顺利退出，从而释放出其中的劳动力和资本。20 世纪七八十年代，产业政策仍然是最主要的日本供给侧结构性改革政策。经过经济高速增长时期的储备和蓄积，日本经济的供给能力得到了有效提升，但是以重化学工业为主导的供给结构不再符合日本经济内需的变化，因而产业政策的目标也随之调整。因此，这一时期，日本产业政策的主要目标为推进经济结构改善，减少和削减低端供给，扩大中高端产品的有效供给，增强供给结构对需求结构变化的适应性。在 20 世纪 70 年代至 80 年代，因为在高速增长时期形成了以重化学工业为主的产业结构，在石油危机来临后，此时日本的供给结构与需求结构产生错配，日本经济结构面临错配压力。在产业结构方面，虽然日本形成了以重化学工业为主导的产业结构，但是因为石油危机的影响，石油资源短缺，产业结构就需要从以基础性制造业为主向以加工组装工业为主调整，从而实现产业结构的升级。为此，这一阶段，日本产业政策的重点就在于引导萧条产业有序退出，同时促进新兴产业发展。

20 世纪 70 年代，在两次石油危机冲击下，日本面临产能过剩、环境污染、创新不足等问题，进入 80 年代后日美贸易摩擦激化，外部压力凸显。正是在这样的背景下，日本政府逐渐形成了这一时期的供给侧结构性改革思路。“尼克松冲击”和两次石油危机对日本经济产生巨大冲击，日本面临着经济结构转型的内在动力。为此，日本政府所需要解决的主要问题是如何促进日本经济结构顺利转型，发展重点从“资本密集型”产业转向“知识密集型”产业，促进企业自主技术创新，发挥市场的资源配置作用。这一时期日本供给侧结构性改革思想与此前忽视市场价格机制调节作用的“统制经济”思想不同，顺应了日本产业界“不过度干预企业经营”的要求。20 世纪 80 年代，日本在 70 年代的基础上，进一步推动“知识集约化”发展，提出了构建“创造性知识集约化产业体系”的口号，明确“科技立国”战略，促使产业结构进一步合理化，推动日本国内内需增长，加强国际协调。日本供给侧结构性改革的思想进一步发生转变，从以资源调控为主，逐步调整为以促进资源的产业间流动为主，并注重市场的资源分配机制。

由此可见，20 世纪七八十年代，日本的供给侧结构性改革不仅延续了 20 世纪五六十年代所实施的产业政策，注重促进新兴产业发展，引导萧条产业有序退出，同时也开始注重完善市场经济制度，完善市场的分配机制。但是，这一时期居于主导地位的仍然是侧重于“量”的产业政策，而非侧重于“质”的结构改革措施。因此，这一时期日本供给侧结构性改革的特征是“以量为主，以质为辅”。

三、20 世纪 50 年代至 80 年代日本供给侧结构性改革的主要措施

20 世纪 50 年代至 60 年代日本经济高速增长，此时所实施的供给侧结构性改革措施逐渐形成了日本的“产业政策范式”。在日本实现工业化后的 20 世纪 70 年代至 80 年代，随着约束条件的变化，日本的供给侧结构性改革更加注重促进新兴产业发展和衰退产业的有序退出，同时注重科技发展，并初步实施了规制改革。

（一）20 世纪 50 年代至 60 年代日本产业政策范式的形成

20 世纪 50 年代至 60 年代日本所实施的产业政策及其相应措施，是这一时期日本供给侧结构性改革政策的最具体的体现。20 世纪 50 年代至 60 年代日本形成了一套有关产业政策的体制机制，致力于促进日本经济结构改善、扶植幼稚产业，以提升日本经济的供给能力。关于日本产业政策的定义，南亮进指出：日本的通商产业省及大藏省等政府部门所实施的与产业相关的政策即为产业政策。①

---

① 南亮進、「日本の経済発展」、東洋経済新報社 2002 年版、第 109 頁。

第一，倾斜生产方式。虽然倾斜生产方式实施的时间段为战后初期的1946—1949年，但是“倾斜生产方式”既是探讨日本产业政策形成的重要起点，也是探究日本供给侧结构性改革政策不可或缺的重要组成部分。为了缓解战后日本物资紧缺的问题，日本政府在1946年设立了“经济安定本部”，负责经济计划的制定和经济政策的协调。日本著名经济学家、东京大学教授有泽广巳指出：在原材料紧缺的前提下，日本经济面临的根本问题是生产和物资供应的绝对不足，为此就需要将经济政策集中倾斜于基础性原材料煤炭的生产上。有泽广巳认为，应将战后初期日本过剩的劳动力资源投入到基础原材料部门，并投入金融资源予以支持，以此作为日本经济扩大再生产的基础。通过扩大煤炭的生产，带动钢铁产业的发展，从而再将钢铁产品投入到煤炭的生产活动中去，从而形成正向的经济循环，带动日本经济整体扩大再生产，提升供给能力。① 有泽广巳的这一主张为日本政府所接受，由“经济安定本部”负责倾斜生产方式的实施。

在实施倾斜生产方式时，日本政府首先制定了煤炭和钢铁增产的目标。为了实现这一目标，采用“经济统制”的方式，将人力、物力等资源集中到煤炭和钢铁部门，并忽视通货膨胀对居民消费的影响。对物资和劳动力资源实施倾斜分配，采用经济计划的方法协调物资和劳动力资源，使其着重于煤炭和钢铁的生产。另外，为保证煤炭和钢铁部门的发展资金，日本政府还设立了专门的金融机构“复兴金融公库”，按照日本政府所制定的计划为倾斜生产部门提供资金支持。② 在1946—1949年中，日本国家财政预算中约有20%—30%的资金被用于实施倾斜生产方式所需要的各类补贴和补偿支出。③ 倾斜生产方式对于

---

① 王新生：《有泽广巳经济思想及其对战后日本经济体制的影响——兼谈政府主导型经济发展模式对赶超型现代化国家的利与弊》，《日本文论》2019年第1辑，第181—197页。

② 杨栋梁：《国家权力与经济发展》，天津人民出版社1998年版，第41页。

③ ［美］查默斯·约翰逊著，金毅、许鸿艳、唐吉洪译：《通产省与日本奇迹：产业政策的成长（1925—1975）》，吉林出版集团有限责任公司2010年版，第200页。

促进日本煤炭和钢铁产业生产的恢复起到了明显效果。日本煤炭产量从1947年的2900万吨增加到了1948年的3470万吨。粗钢的生产在1946—1948年也增长了207%，达到172万吨。[①] 与此同时，煤炭和钢铁生产的恢复也带动了日本其他制造业的发展，改变了战后日本所面临的物资不足的问题。但是，倾斜生产方式的实施也引发了严重的通货膨胀问题。日本的GDP平减指数在1946—1949年提高了6.97倍，表明日本国内发生了严重的通货膨胀。[②] 倾斜生产方式采用经济统制的手段，重点扶植煤炭、钢铁产业发展，表现出了强烈的供给侧政策倾斜，着眼于提升和恢复日本的供给能力。其实施的目的在于提升日本的供给能力，而实施的方法为经济统制，这与战时的经济体制一脉相承。虽然倾斜生产方式并不是日本产业政策的主要政策，但是其政策理念依然对20世纪50年代至60年代的日本产业政策产生了重大影响。

第二，产业结构政策。基于国家“发展主义”的思想，日本政府实施产业政策，着力提高供给能力。从20世纪50年代开始，日本通商产业省[③]所实施的一系列政策，形成了日本产业政策体系。日本产业政策体系主要包括产业结构政策、产业组织政策、产业技术政策三个主要组成部分，在此主要探讨日本的产业结构政策。日本产业结构政策主要包括两个方面的含义，即“产业结构合理化”与“促进特定产业发展”。首先，日本政府注重通过实施“产业结构合理化”政策，优化日本的产业结构。日本政府自20世纪60年代开始，每十年左右发布一次产业结构展望，以此促进日本经济结构的升级转换。日本政府实施“产业结构展望”的原因在于发挥政府对经济发展的引领作用，促使日本产业按照最优的发展路线发展。20世纪50年代至60年代，日本政府最主要的产业结构目标是实现经济的“重化学工业化”，推动钢铁、石油化工等资本密集型产业发展，完成日本经济的产业结构从以轻工业为主向以重工业为主的转

① 杨栋梁：《国家权力与经济发展》，天津人民出版社1998年版，第42页。
② 深尾京司、「日本経済の歴史第5巻」、岩波書店2018年版、第282頁。
③ “日本通商产业省”为现在的经济产业省。

换。1961年日本成立了“产业结构调查会”，并于1963年提出了《60年代通商产业政策构想》，指出20世纪60年代日本产业结构的主要目标为实现“重化学工业化”，并提出了两个产业结构政策标准，即“收入弹性值指标”和“生产率上升指标”。[①] 这两个指标得分较高的部门，具有规模大、资本密集、吸纳就业数量多的特点，即为应重点发展的产业部门，以此为重点实施相应政策，推进日本经济结构升级转换。其次，促进特定产业发展政策。日本政府在20世纪50年代至60年代注重扶植重点产业发展。日本政府采取多种多样的手段，重点培育和扶植具有发展前途的产业。通过采用对个别产业立法的方式，以法律的手段规定产业发展方向，并通过制定“企业发展计划”的方式，诱导企业向着政府所推进的方向投资和发展。日本政府在这一时期重点发展的产业包括机械、电子、钢铁、化学等产业。为这些产业分别制定了相应法律，如《机械工业临时措施法》（1956）、《电子工业临时措施法》（1957）、《钢铁工业合理化计划》（1950、1956、1961）、《石油化学工业扶植计划》（1955）等。[②] 根据这些法律所制定的各个产业的“振兴标准”，日本政府对于这些产业的企业给予政府性金融结构的融资支持，提供贸易保护，同时允许一定程度的企业间协调，以促进特定产业的发展。此外，在注重促进特定产业发展的同时，日本政府还积极调整“衰退产业”，即针对一些衰退产业采取政策措施，积极引导资金和人才从衰退产业部门转移到处于成长时期的产业部门。例如，随着日本能源结构的变化，日本对于煤炭的需求逐渐下降，煤炭产业从20世纪60年代后开始逐渐下滑。为此，日本政府制定了《产煤地区临时振兴法》，维持产煤地区的就业，同时积极促进当地的产业转型。日本的纺织工业也是重要的衰退产业之一，日本政府采取提供补助金和优惠贷款的方式，促进过剩产能的化

① 孔凡静：《日本的产业政策（一）——产业结构政策》，《计划经济研究》1987年第3期，第58—64页。

② 植草益等著，锁箭译：《日本的产业组织——理论与实证的前沿》，经济管理出版社2000年版，第315页。

解以及企业人员的调整。

第三，产业组织政策。不同于注重经济发展结构的“产业结构”政策，“产业组织”政策更注重调整企业间的关系。日本政府基于“发展主义”思想，反对企业间的过度竞争，减少不必要的竞争，同时希望企业通过合并实现规模经济，提高生产效率，以此为手段，提高日本产业的国际竞争力。为此，日本政府实施产业组织政策，积极鼓励重点发展产业中的企业合并与兼并，并为此提供资金支持，以期实现规模经济效应。战后美国对日本的经济结构实施改造，日本政府基于此在1947年颁布了《禁止垄断法》，禁止垄断和不正当交易，促进企业自由竞争，防止经济力量的过度集中和财阀的死灰复燃。但是对这一基于自由主义经济的法律，却引起了具有“发展主义”特征的日本朝野的反对。日本发展国内产业、振兴日本经济、提高生产能力的内在需求，与《禁止垄断法》的规定形成冲突，为此日本政府试图不断突破《禁止垄断法》的限制，促进日本国内产业发展。1953年，日本修订《禁止垄断法》，放宽了对于设立卡特尔等垄断行为的限制。[①] 在20世纪60年代，日本政府进一步对《禁止垄断法》实施缓和性修改，消除企业联合限制，鼓励企业间通过相互持股的方式形成企业集团，以提高企业的经营规模。[②] 日本政府试图通过“官民协调”的方式，通过金融、税收、财政等方面的优惠政策措施，对企业的经营行为产生影响，促使企业实现“适当的规模与有效的竞争”，从而达到增强生产的目的。日本政府认为，企业间的竞争应该被“协调”所取代，企业的主要活动不是获得更高的收益，而是降低成本，服务于国家生产的目标。[③] 日本政府基于反对过度竞争和促进经济规模的力量，实施产业组织政策，主要采取了以

① ［日］植草益等著，锁箭译：《日本的产业组织——理论与实证的前沿》，经济管理出版社2000年版，第383页。

② 徐梅：《战后日本〈禁止垄断法〉的发展轨迹及其特点》，《日本学刊》2017年第2期，第118—134页。

③ ［美］查默斯·约翰逊著，金毅、许鸿艳、唐吉洪译：《通产省与日本奇迹：产业政策的成长（1925—1975）》，吉林出版集团有限责任公司2010年版，第119页。

下措施。其一，推动企业的合并与改组。在 20 世纪 60 年代，日本政府对于钢铁产业实施了以扩大企业经营规模和提高市场集中度为目标的产业合理化政策，促进了日本的八幡制铁和富士制铁两家公司合并为“新日本制铁公司”，在当时其规模处于世界前列。这一政策取得了一系列效果，如提高了钢铁产品在国内市场的销售价格，与此同时降低了其在国际市场的销售价格，增强了日本钢铁产业的国际竞争力。但是，日本政府推行的企业合并与改组政策并非一帆风顺，在一些产业领域也受到了一定阻碍。如，20 世纪 60 年代日本政府计划在汽车产业实施“集团化发展构想”，促进日本国内企业合并为三大企业集团，降低企业之间的过度竞争，提升经营规模。但是这一计划遭到了除丰田和日产两家公司以外其他日本汽车企业的强烈反对，最终未能顺利实施。① 其二，促进中小企业现代化。中小企业在日本经济中占有重要地位，其企业数量占据了日本企业的绝大多数，但是日本中小企业和日本大型企业在生产能力、生产效率方面存在巨大差距，被日本经济学家称为日本经济的“二重结构”。为了消除日本经济的“二重结构”，日本政府在 20 世纪 50 年代设立了专门针对中小企业的政策性金融机构，以缓解中小企业的融资压力。在 20 世纪 60 年代，通过实施财政、税收方面的财政措施，促进中小企业设备投资，以实现中小企业现代化。② 此外，需要注意的是，日本政府在 20 世纪 60 年代通过进一步强化“官民协调”，并推动“新产业秩序”，试图强化政府对经济的干预作用，引导企业间的协调与合作，促使日本企业按照政府的要求实施设备投资，但是这一做法遭到了日本经济界的强烈反对。《特定产业振兴临时措施法》成为“废案”说明了这一点。1963 年，日本通商产业省提出了《特定产业振兴临时措施法》，试图推动钢铁、汽车、石油化学产业的企业合并，但是由于受到了

---

① 白雪洁：《产业成长阶段的产业组织政策有效性分析——以日本代表性产业组织政策为例》，《社会科学辑刊》2008 年第 4 期，第 87—90 页。

② 孔凡静：《日本的产业政策（二）——产业组织政策》，《计划经济研究》1987 年第 4 期，第 66—72 页。

来自日本产业界的强烈反对，最终成为“废案”。这说明日本的经济界对日本政府强化“官民协调”的做法并不完全认同。

第四，产业技术政策。根据供给经济学理论，提升技术水平是提升全要素生产率、增加供给能力的一项重要影响因素。战后日本政府非常注重提升技术水平，20 世纪 50 年代至 60 年代日本政府在提升科学技术方面的政策主要体现在通商产业省所实施的产业技术政策上，体现出从实施技术引进到促进自主技术开发的发展过程。首先，20 世纪 50 年代日本的产业技术政策主要体现在促进技术引进方面的政策措施上。其一，对技术引进实施审批制度。1950 年，日本制定了《外汇法》，赋予日本政府在企业引进技术时的审批权利，企业在引进技术时，必须要使用外汇，为此不可避免地需要接受到日本政府的审查。在战后初期，日本的外汇资金较为有限，日本政府将宝贵的外汇资源倾斜于重点发展产业的技术引进。如：20 世纪 50 年代，日本政府集中引进了钢材、尼龙、电视机、半导体等领域的相关技术，带动了这些产业的发展。日本技术引进的件数从 1950 年的 27 件，增加到了 1960 年的 323 件。① 其二，对实施技术设备投资的企业给予财政、税收上的优惠。为促进日本企业对于使用先进技术的生产设备投资，免除其引进设备时所需要的进口税，提升日本企业引进技术的积极性，日本政府还积极开展人员赴海外技术交流，聘请国外技术人才、购买实验室的研究成果以及成果使用专利等方式提升技术水平。日本对于这些引进的技术，采取了积极消化的态度，努力将这些引进的技术应用于产品制造等领域。其次，在 20 世纪 60 年代后日本的产业技术政策致力于促进技术的消化吸收，同时促进自主技术的研究开发。经过 20 世纪 50 年代日本政府积极的技术引进措施，进入 20 世纪 60 年代，日本产业技术政策的重点逐渐转向了促进日本国内自主技术的开发。在这一时期，日本政府主要采取诸如提供补助金、实施优惠税制等方式，促进日本企业开展自主技术研发。对于使用先进设备的企

① 田正：《日本全要素生产率研究》，社科文献出版社 2018 年版，第 146 页。

业准予实施特别折旧措施，促进日本企业积极引进先进的生产设备。受此影响，在20世纪60年代日本技术引进数量持续保持增加趋势。技术引进合同件数从1961年的601件增长到了1970年的1768件。[①] 与此同时，日本在钢铁、石油化学工业等领域也实现了自主技术的创新。如：在钢铁产业的发展中，日本在引进纯氧顶吹转炉技术后，通过深入研究不断改进这一技术，改进炉衬耐火材料、改善炉气回收技术，促使日本成为氧气转炉技术最为先进的国家。[②] 在石油化学工业领域，日本积极引进世界先进国家的关于尼龙、聚酯以及丙烯的生产技术，并在此技术上不断开展技术研究开发，实现了自主技术创新。在20世纪60年代，日本的东丽、日东电工、东洋纺等企业实现了在“逆渗透膜”领域的技术突破，使得日本企业在这一产业领域保持了较高的国际竞争力。这三家公司在“逆渗透膜”领域的市场占有率达到了50%以上。[③]

（二）20世纪70年代至80年代日本产业政策的调整与初步的规制改革

进入20世纪70年代，随着“尼克松冲击”以及1973年第一次石油危机的发生，日本经济所面临的内外形势发生了巨大变化。一方面，随着燃料价格的提高以及日元的持续升值，纺织、钢铁、一般机械、化学等行业出现萧条；另一方面，设备投资与居民消费转向减少，经济增速从年均8%—10%逐渐下降至年均3%—4%，经济高速增长时期宣告结束。为应对这一时期所出现的经济形势变化，日本政府采取了一系列直接作用于企业（生产者）的改革措施，试图通过去产能和发展新兴产业等方式实现经济结构转型，改善资源配置扭曲

---

① 通商产业政策史编纂委员会编，日本通商产业政策史编译委员会译：《日本通商产业政策史第1卷》，中国青年出版社1997年版，第328页。

② 通商产业政策史编纂委员会编，日本通商产业政策史编译委员会译：《日本通商产业政策史第1卷》，中国青年出版社1997年版，第320页。

③ 藤原雅俊、青島矢一、「イノベーションの長期メカニズム」、東洋経済新報社2019年版、第17頁。

问题。进入20世纪80年代，日本供给侧结构性改革的政策实施重点从注重产业调整逐渐转向重视改善经济结构。与此同时，在日美贸易摩擦日趋激烈的背景下，日本也实施了初步的规制改革措施。这一时期日本的供给侧结构性改革的措施主要表现为以下几个方面。

第一，针对“结构性萧条产业”实施“去产能”措施，提高资源使用效率。受经济形势变化的影响，日本的基础原材料、纺织产业的生产停滞不前，企业收益持续下降，出现了结构性萧条。日本政府制定《特定萧条产业安定临时措施法》，为结构性萧条产业制定其过剩设备处置计划，并由日本开发银行提供资金支持，促进企业生产结构调整。① 日本政府于1978年制定了《特定萧条产业安定临时措施法》（简称“特安法”）②，将平炉电炉炼钢、炼铝、合成纤维、造船等产业认定为“结构性萧条产业”。针对这些产业普遍存在的设备投资过剩、出口缩减、供需关系不匹配等问题，日本政府采取了“去产能”的政策措施，针对各产业制定过剩设备处理计划，推进过剩设备的废弃与冻结，推动企业组成“卡特尔”③，实行生产和价格调整，以期减少库存、发挥企业生产经营转型的效果，进而达到恢复供需平衡、克服萧条的目的。截至1982年，日本政府指定的结构性萧条产业基本完成了设备处理目标，平均处理率为23%，处理目标达成率为95%。④ 在20世纪80年代，日本政府继续推动产业调整和“去产能”工作。20世纪80年代，日本政府相继制定《特定产业结构改善临时措施法》《产业结构转换圆滑化临时措施法》，进一步解决企业设备过剩问题。日本政府于1983年制定《改善特定产业结构临时措施法》，继续推动

① 岡崎哲二、「通商産業政策史 1980—2000 年第 3 巻」、経済産業調査会、2011 年版、第 38 頁。

② “特安法”的实施时间为1978年至1983年。

③ 日本政府允许因供需明显失调、商品价格降到平均生产成本以下的产业组织“卡特尔”，实施关于产量、销售量的限制。

④ 通产省通商产业政策史编纂委员会编，日本通商产业政策史编译委员会译：《日本通商产业政策史第14卷》，中国青年出版社1994年版，第35页。

产业调整与过剩设备处理工作。[①]除“特安法”早已确定的平炉电炉炼钢、炼铝等行业外，受第二次石油危机影响，石油化学工业也被日本政府认定为“结构性萧条产业”。根据这一法律，结构性萧条产业需制定“结构改善基本计划”，明确过剩设备处理目标及处理方式。1987 年，日本政府又通过了《产业结构转换圆滑化临时措施法》，以认定“特定设备”的方式鼓励企业淘汰落后的生产设备，涉及钢铁、纺织、石油化工等多个产业。[②]开展立法工作的同时，日本政府还设立了“特定产业信用基金”，从金融及财政层面推动企业实施过剩设备处理工作。截至 1988 年，日本共完成了平炉电炉炼钢 238 万吨、炼铝 148 万吨、石油化工 378 万吨的过剩设备处理任务。[③] 通过处理过剩产能，日本企业的资本收益率和生产效率均得到了较为明显的改善。此外，日本政府还将萧条严重的地区指定为特定萧条地区，制定了《特定萧条地区离职者临时措施法》，减少雇佣者因失业引发的矛盾。与此同时还制定了《特定萧条地区中小企业对策临时措施法》，从而加强特定萧条地区的中小企业发展，并为之提供资金支持。[④] 由此可见，日本政府应对萧条产业的措施逐渐从具体“企业”扩展到了“地区”，逐步实施对地区有利的相应措施。

第二，推动新兴产业和节能产业发展。在推动结构性萧条产业削减过剩产能的同时，日本政府采取提供开发补贴、增加政策性融资、实施特别折旧等方式，积极推动电子信息、核能发电、航空运输等新兴产业的发展。此外，日本政府还设立了产业技术审议会来主导产业技术的提升工作，采用注入国家资金、建设筑波科学城等办法，推动环境保护、新能源、电子信息、生物工程等

---

① 岡崎哲二、「通商産業政策史 1980—2000 年第 3 巻」、経済産業研究所 2012 年版、第 43 頁。

② 岡崎哲二、「通商産業政策史 1980—2000 年第 3 巻」、経済産業研究所 2012 年版、第 67 頁。

③ 岡崎哲二、「通商産業政策史 1980—2000 年第 3 巻」、経済産業研究所 2012 年版、第 54—55 頁。

④ ［日］滨野洁等著，彭曦等译：《日本经济史（1600—2000）》，南京大学出版社 2018 年版，第 289 页。

高新技术产业的发展，以带动日本经济的转型升级。日本政府致力于加快知识密集型产业发展。日本政府制定《特定机械信息产业临时振兴法》，根据收入弹性值、劳动率生产增长等指标，确定一般机械、电子机械、运输机械等产业为重点发展产业，采用一系列财税、金融措施实施倾斜性支持。20 世纪 80 年代，日本政府注重产业发展“技术集约化”和“高附加价值化”，并将“节省能源使用率”指标列为产业发展的标志之一，力促电子机械、精密机械等“知识密集型”产业的发展。此外，日本政府还注重发展节能产业。在石油危机后，日本政府认识到了能源的重要性，积极促进日本企业采用节能的技术和设备，同时积极开展替代能源的开发，推动日本产业向低耗能方向转变。

第三，积极推动科学技术创新和科学技术进步。20 世纪 70 年代后，日本加大微电子领域技术的研究与推广，对采用电子信息技术的企业给予财政金融上的各种优惠。日本政府注重采用官民协作的方式，由日本政府资助一些高科技企业，组成“研究开发小组”，致力于关键技术的研究开发与突破。日本政府制定了《特定电子工业及特定机械工业振兴临时措施法》，致力于实现电子工业和机械工业发展的高度化，规定了详细的实验计划和生产合理化计划。[①]为此，日本政府为支持这一计划的实施，采取了特别折旧、固定资产税减免、软件开发准备金制度等一系列措施。在 20 世纪 80 年代，日本提出“科技立国”口号，重点推进电子信息、生物、新材料、节能环保等领域的技术发展。[②]同时日本政府还建立“大型工业技术研究开发制度”，加大对科技发展的引领作用，并采用诸多措施促进科学技术创新。包括：提高研发投资支出、促进国有研究实验设施建设、提倡多学科技术融合发展、推动国际研发合作、积极推动产业“知识集约化”、促进产业技术高附加值化，以及采用财政金融措施助

---

① 陈建安：《产业结构调整与政府的经济政策》，上海财经大学出版社 2002 年版，第 21 页。

② ［日］小宫隆太郎、奥野正宽、铃村兴太郎编，黄晓勇、韩铁英、吕文忠、张舒英、张子镁、鲍刚译：《日本的产业政策》，国际文化出版公司 1988 年版，第 221 页。

推新材料、微电子以及生物工程等产业领域的发展。

第四，初步的规制改革措施。自20世纪80年代以来，日美贸易摩擦升级，对于日本调整经济体制的呼声日益强烈。受此影响，日本在1986年提出“前川报告”，指出需要调整日本的经济社会结构，缩小对外贸易顺差，推动进出口和产业结构的根本性转换，促进日本经济向着内需主导的方向发展。①“前川报告”提出，要依据市场原理实施经济政策，这说明自20世纪80年代中后期开始，日本政府的经济政策正在从政府主导，向市场主导转型。在20世纪80年代中后期，中曾根内阁的领导下，日本开始推行国有企业私有化改革，先后推动了日本国有铁路公司、电信电话公司、专卖公司的私有化改革。② 首先，日本在1985年制定了《电气通信事业法》，打破了自1952年成立的日本电信电话公司（简称“电电公司”）的行业垄断地位，在日本的电信领域引入了竞争机制。其次，日本国有铁路公司因为长期存在效率低下的问题，造成公司经营不善。为此，日本政府在1987年对日本国有铁路公司实施了拆分和民营化改革，拆分为JR东日本、JR西日本、JR东海等六家公司，从而提升了铁路公司的运营效率，改善了企业的经营情况。此外，在日美贸易摩擦的影响下，日本不仅推行了经济结构改革，减少政府对市场的干预措施。在日美贸易摩擦的影响下，日本和美国缔结了“日美结构协议”，着重实施了针对流通产业的规制改革，修改了《关于调整大型零售商店零售业务活动的法律》（简称《大店法》）。美国在谈判时指出，日本的《大店法》阻碍了外国产品的销售，需要取消阻碍自由竞争的限制。为此，日本政府从1990年放开对设立大型零售商店的限制，同时改善排他性商业交易惯例。③

---

① 池尾愛子、「グロバーリゼーションがわかる」、創成社2017年版、第166頁。
② 森川正之、「生産性：誤解と真実」、日本経済新聞出版社2018年版、第162頁。
③ 徐梅：《日本的规制改革》，中国经济出版社2003年版，第261页。

四、扶植半导体产业与调整钢铁产业的具体案例

实现工业化后，日本经济面临着转型升级压力，为此日本政府积极调整供给侧结构性改革政策，促进供给结构改善，使之符合需求的变化。日本政府对于半导体产业的扶植政策以及对于衰退钢铁产业的调整政策在日本经济转型时期具有代表性。以下详细论述日本政府对于半导体产业和钢铁产业的政策措施。

（一）扶植半导体产业发展

进入20世纪70年代至80年代，日本开始进入调整转型期，为促进产业结构升级转型，日本政府注重发展高科技产业，采取了一系列措施。其中，效果最为显著的是日本半导体产业的跨越式发展。

在这一时期，日本政府积极推动半导体产业发展，培育与扶持日本的半导体产业。主要措施包括以下几点：

其一，在1976—1980年，日本政府实施了“超大规模集成电路（LSI）研究计划”，为参与该计划的相关企业提供40%的研究开发经费补贴。与此同时，日本政府还为该计划提供了总计700亿日元的补助金。由此可见，日本政府主要采取对新增的研究开发项目实施税收减免以及提供补助金的方式，促进日本的高科技产业发展。

其二，由日本政府出面推动和协调，将日本的电子机械制造商集中起来，组成研究开发联盟。日本实施联合研究或者合作研究的做法源于1961年制定的《矿业和制造业联合研究协会法案》。日本通过成立研究协会的方式，促进某些特定技术问题的解决，加强技术基础。研究协会的成员主要是日本的大企业，同时还有日本政府的研究机构，共同构成研究开发联盟。日本设立的研究开发协会，在大多数情况下完成既定研究目标后就会解散，从而避免参与企业

无限制地将资源投入到这一项目中去。研究开发协会的研究工作，主要通过将研究任务分为几个子课题并将其分配给会员企业，每个会员企业在自己的实验室内展开研究。研究经费不仅由会员企业负担，同时日本政府也会给予补贴。“超LSI研究计划”正是基于上述的日本研究协会的方式展开的。① 1976—1981年，在通商产业省的推动下，设立了“超LSI技术研究联盟”，设立的目的是提升日本的集成电路技术。该联盟共组织了富士通、日立、三菱电机、东芝、日本电气、日电东芝信息系统等7家公司，同时通商产业省所管理的工业技术院电子技术综合研究所也参与了该联盟，形成了“官民并举”的研究开发协会。在技术研究开发领域，该联盟就计算机、集成电路、激光制造、电子元件等广泛的技术领域展开联合研发，以推动日本半导体产业的技术创新。该联盟在技术开发过程中着力探寻“基础的、共通的”的科学技术，而这些技术能够为联盟参与企业带来利益。“超LSI技术研究联盟”的技术研究开发成果奠定了日本在半导体制造装备领域以及半导体原材料领域的技术优势，实现了上述两个领域的技术突破。通过微细加工技术的突破，带动了日本半导体制造装备企业的发展，而通过硅片技术的提升则带动了日本半导体原材料产业的发展。②“超LSI研究计划”共产生了约1000件专利，为此后日本的半导体产业发展奠定了基础。受此影响，日本半导体产业的生产技术得到迅速提升，相关专利申请数量从1975年的100件增长到1985年的331件。③到1987年，与美国的高科技企业相比，日本的高科技企业已经在机电一体化、计算机硬件制造、大型集成电路、高度精密加工等技术方面占有优势。④ 由此可见，在日本政府的扶植与日本企业的努力下，20世纪70年代至80年代日本的半导体产业取得了较大进展，有利于推动经济结构的转型升级，促进经济发展。

---

① ［日］小田切宏之、后藤晃著，周超、刘斌、肖丹等译：《日本的技术与产业发展：以学习、创新和公共政策提升能力》，广东人民出版社2019年版，第60页。

② 泉谷涉、「日本半導体：起死回生の逆転」、東洋経済新報社2003年版。

③ 郭四志、「米中摩擦下の中国経済と日中連携」、同友館2019年版、第233頁。

④ 科学技術庁、「民間企業の研究活動に関する調査」、国立印刷局1987年版。

（二）促进钢铁产业调整

第一次石油危机发生后，随着原材料价格的持续上升以及出口的下降，日本钢铁产业发展面临危机。20 世纪 70 年代至 80 年代，日本钢铁产业出现了严重的过剩产能问题，阻碍了日本钢铁产业的发展。为此，日本政府为削减日本钢铁产业的过剩产能，采取了诸多措施，主要包括以下几个方面：

第一，设立法律法规，促进日本企业制定设备处理计划，给予融资援助，加速设备处理。在 1973—1983 年，日本政府制定并实施了《特定萧条产业安定临时措施法》（简称《特安法》），该法的适用对象就包括平炉电炉炼钢产业和铁合金制造产业。日本政府负责制定“过剩设备处理计划”，同时政府还会要求日本的钢铁企业在生产量和销售价格方面遵守“过剩设备处理计划”的要求。与此同时，日本政府通过日本开发银行为企业的过剩设备处理提供债务担保服务，并为企业的设备处理提供融资。在 1983—1988 年，日本政府又制定了《特定产业结构改善临时措施法》（简称《产构法》），该法律的主要调整对象为“特定企业”，在这些企业中就包括了铁合金、电炉等与钢铁产业密切相关的企业。与《特安法》相同，针对提出申请的“特定企业”，日本政府制定过剩设备处理以及业务整合的相关计划，并且指导企业实施统一行动，同时由日本开发银行提供低息贷款，以便企业经营活动的整合。

第二，在处置过剩产能的过程中，注重维持员工的雇佣稳定。在处置钢铁产业过剩产能的过程中，尽量避免解雇。在实施雇佣调整的过程中，日本钢铁企业所采取的方式包括以下几点：一是加强与具有长期交易关系的外包企业及合作企业的货物往来。通过这一方式，加强与这些公司的经济联系，从而促使被调整的员工能够在合作企业中寻找到新的工作岗位。二是增加从业人员的调职与调离。将被调整的员工调离母公司，调整至子公司等新的工作岗位。例如，在某大型钢铁公司中，在子公司从业的比率从 1981 年的 54.8% 提升到了

1991年的60.4%。① 三是为被调整的员工提供补充措施，以弥补其劳动收入的下降。日本的钢铁企业会为被调整的员工提供退职金，以抵消其工资下降所带来的影响。四是日本政府为企业提供雇佣调整补助金。当日本企业因经济原因导致经营活动范围缩小时，可以通过停业、教育训练、调职等方式维持企业员工雇佣，而此时日本政府也将支付相应的补助金，从而避免解雇的发生，维持雇佣的稳定。②

在上述措施的作用下，日本促进钢铁产业调整的措施取得了较好的效果，实现了削减过剩产能的目标，而且还维持了雇佣的稳定。在1978—1983年，日本的钢铁产业共实现处理过剩产能272万吨，而在1983—1988年共实现处理产能238万吨。③

五、20世纪50年代至80年代日本供给侧结构性改革的推行情况

实现工业化前，日本经济发展的主要约束条件为供给不足，因此实施提升供给的产业政策取得了良好的效果。在完成工业化后，日本实施了积极的宏观经济政策，与供给侧结构性改革相配合，取得了良好的效果。但是，在完成工业化后，日本政府的政策在相当程度上为生产者所绑定，为泡沫经济的产生和破灭埋下了伏笔。

（一）20世纪50年代至60年代日本供给侧结构性改革的推行情况

战后日本供给侧结构性改革发端于20世纪50年代至60年代的产业政策。

---

① 日本鉄鋼連盟、「鉄鋼統計要覧」、1996年。

② 経済産業省、「産業活力再生特別措置法の概要及び認定実績について」、http：//www.meti.go.jp/policy/economy/keiei_innovation/sangyoukaturyoku/index.html。

③ 岡崎哲二、「通商産業政策史1980—2000年第3巻」、経済産業研究所2012年版、第39頁。

战后初期日本的生产能力遭受严重破坏，发展生产力、提高供给能力成为日本战后初期所要解决的最重要的问题。战前和战时的日本产业的发展经历，导致日本在战后形成了“发展主义”的经济思想，与欧洲和美国的自由主义经济思想不同，具有强烈的发展生产的导向。以20世纪40年代末期的“倾斜生产方式”为开端，日本在20世纪50年代至60年代，实施了以恢复生产力为导向的产业政策，采取了产业结构政策、产业组织政策、产业技术政策等，通过发展重点产业、优化产业结构、提升技术水平等方式，促进日本的供给能力提高。在20世纪50年代至60年代所实施的产业政策中，形成了一系列重要的特点，包括：注重国家引导、采用财政税收方式促进产业发展、采用补助金的方式鼓励产业发展、建立财政投资贷款的方式推动产业发展、实行限制性竞争政策等。通过上述措施，旨在增强日本的供给能力，因此20世纪50年代至60年代，日本所实施的产业政策是日本供给侧政策的开端。

20世纪50年代至60年代日本产业政策的实施起到了良好的效果，发挥了修复战后日本经济混乱秩序的作用，提升了日本经济的供给能力。在与宏观经济政策的关系方面，这一时期日本的宏观需求管理主要发挥了配合日本产业政策实施的作用。在财政政策方面，为了抑制日本战后初期剧烈的通货膨胀，1948年日本实施了“道奇计划”，削减财政赤字，实施平衡财政政策，为此日本由此时至1965年一直维持着“平衡财政”的原则，以紧缩的财政政策控制通货膨胀，并未采取积极的财政政策促进这一时期的经济增长。① 在货币政策方面，在财政政策作用受限的情况下，日本政府主要采取扩张性的货币政策促进经济增长，日本中央银行为都市银行提供信贷资金，由这些银行提供给需要实施设备投资的日本企业，从而促进经济增长。总体而言，由于这一时期日本经济的总需求旺盛，通过实施提升供给能力的产业政策，确实起到了推动日本经济增长的作用。为此，这一时期的日本供给侧结构性改革也得到了较好的

---

① 张季风主编：《日本经济概论》，中国社会科学出版社2009年版，第124页。

推行。

20世纪50年代至80年代，日本实行产业政策，同时日本具有较强的总需求，总需求大于总供给，在这种情况之下取得了快速的经济增长。以下使用宏观经济学中的AD－AS模型，分析20世纪50年代至60年代日本供给侧结构性改革取得有效成果的原因。

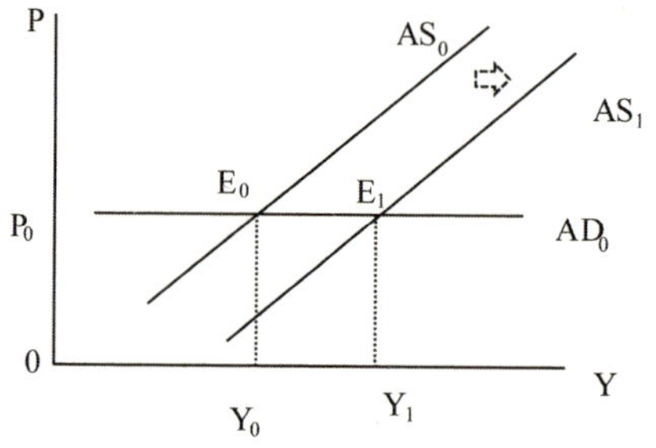

图3－2　AD－AS模型（20世纪50年代至60年代）

如图3－2所示，横坐标代表经济产量，纵坐标代表经济体的物价水平。在初始时，经济体的总供给曲线AS_0和总需求曲线AD_0在E_0处实现均衡，均衡时的产出为Y_0，而物价水平为P_0。如果推行增加供给能力的供给侧结构性改革，会增强经济的供给能力，从而造成总供给曲线右移，即从AS_0调整为AS_1。此外，在战后初期，日本经济具有较高的总需求水平，故此时日本经济的总需求曲线表现为水平的状态，即为总需求曲线AD_0。在这种状态下，推进着重于提升供给能力的供给侧结构性政策，也就是产业政策，会促使经济体在E_1点形成新的均衡，此时经济体的产出为P_1。如上图模型所示，在新均衡点E_1的产出水平均要大于原均衡点E_0的产出水平。也就是说，在此时实施推动供给增长的供给侧结构性改革，会提升经济的总产出。

20世纪50年代至60年代日本实施的产业政策促进了经济总产出的上升。这一时期的供给侧结构性改革措施，注重推动提升经济的总供给能力，注重培育支柱产业发展，从而增强了经济体的供给能力，导致经济体的总供给曲线右移。与此同时，此时的日本由于具有较高的总需求水平，为此不必采用积极的总需求管理政策。在这一时期，日本的财政政策遵守严格的“平衡财政”原则，没有实施凯恩斯主义的积极的财政政策。另外，货币政策主要致力于为新兴的支柱产业提供资金支持，而非侧重于提高经济体的总需求。正是在这样的双重作用下，20 世纪 50 年代至 60 年代日本供给侧结构性改革的实施导致经济体产出增加，促进了日本经济的发展，起到了较为良好的经济效果。

（二）20 世纪 70 年代至 80 年代日本供给侧结构性改革的推行情况

20 世纪 70 年代至 80 年代日本的供给侧结构性改革得到了良好的推行，取得了明显的效果，主要包括以下几个方面。首先，20 世纪 70 年代至 80 年代的日本供给侧结构性改革措施，推进了日本产业结构的升级。在 20 世纪 70 年代至 80 年代，日本的产业出现了升级和转型，实现了制造业内部的升级和转型，即从高速增长时期的以钢铁、化学产业为主导，转向了以加工组装工业为主导，增强了产业国际竞争力。在“尼克松冲击”和石油危机发生后，由于能源价格和工资价格的上涨，以钢铁、化学为代表的高速增长时期的重化学工业失去了竞争力。日本政府致力于实施结构性改革措施，推动产业结构转型。在日本政府的一系列政策措施的努力下，在 20 世纪 70 年代后半期到 80 年代，日本的汽车、电子等加工组装行业成为日本新的主导产业。汽车、电子等行业的对外出口迅速增加，汽车、电子产品等成为日本出口的主要产品。如表 3－2 所示，加工组装产业在日本经济中所占比重从 1970 年的 23.7% 提升到了 1980 年的 32.9%，汽车产业从 10.8% 提升到到了 11.9%，而电子产业则从 3.2% 提升到了 14.8%。

表3-2　日本经济的产业结构变化

产业类别	1970年	1973年	1975年	1980年	1985年	1990年	1995	2000年
食品	15.5	16.1	17.0	14.4	11.8	10.4	11.3	10.1
纤维	5.4	4.4	5.3	3.8	2.7	1.4	14.0	0.9
造纸	3.0	3.2	3.0	2.7	2.5	3.3	3.0	2.6
化学	4.1	4.8	5.0	5.9	7.4	7.8	8.5	8.1
石油	6.2	5.4	6.6	4.1	4.1	4.5	4.7	4.6
制陶	5.4	6.0	5.0	3.8	3.6	3.9	3.9	3.3
粗金属	10.2	11.5	10.8	11.6	8.3	7.8	7.1	6.4
金属制品	6.4	7.2	5.0	4.7	4.9	5.9	5.9	4.7
一般机械	8.8	7.7	7.8	10.7	12.5	11.8	9.9	8.7
电子机械	3.2	4.6	4.3	8.5	14.8	12.6	17.0	26.2
运输机械	10.8	10.2	11.7	11.9	10.6	9.3	9.5	9.4
精密机械	0.9	1.1	1.0	1.8	2.0	1.8	1.4	1.4
其他	20.0	17.7	17.5	16.1	14.8	19.6	16.5	13.6
原材料产业	26.1	29.5	25.8	26.0	24.2	25.4	25.4	22.5
加工组装产业	23.7	23.6	25.0	32.9	39.9	35.5	37.8	45.7

资料来源：青木健、「日本の産業構造変化とその対外的発現」、http：//www.iti.or.jp/kikan54/54aoki.pdf#search=%27日本+輸出構造変化%27。

其次，20世纪70年代至80年代的日本供给侧结构性改革措施，促进了资源的有效利用，消除了过剩产能。以日本钢铁产业为例，20世纪70年代至80年代的日本政府处置过剩产能的做法，有效消除了日本钢铁产业的过剩产能。以日本钢铁产业为例，日本高炉和转炉的过剩产能从20世纪70年代到80年代初期开始不断扩大，但是此后则开始减少，至21世纪初期则趋于消失。在世界金融危机爆发的时候，又再一次引发了过剩产能问题，但是在很短时间内就消失了。而电炉的过剩产能于20世纪70年代开始产生，进入80年代以后趋于消失，甚至出现了生产能力不足的状态。由此可见，日本政府对于钢铁产业过剩产能的处理措施取得了积极的效果，释放了钢铁产业中过剩的劳动力和资金，从而提升了资金的使用效率。日本供给侧结构性改革措施有效化解了结构性萧条产业的过剩产能问题。

最后，20世纪70年代至80年代，日本推动供给侧结构性改革，同时采取了积极的货币和财政措施，取得了促进经济体转型、提升资源使用效率的作用，稳定了日本的经济增长。以下使用宏观经济学中的AD－AS模型，分析20世纪70年代至80年代日本供给侧结构性改革取得良好效果的原因。

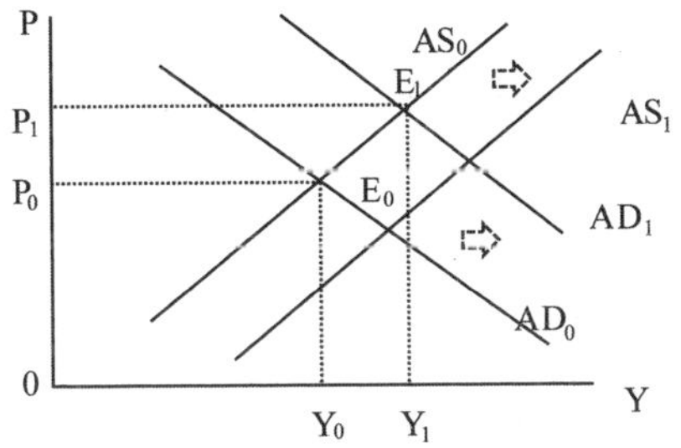

图3－3　AD－AS模型（20世纪70年代至80年代）

如图3－3所示，横坐标代表经济产量，纵坐标代表经济体的物价水平。初始时，经济体的总供给曲线AS_0和总需求曲线AD_0在E_0处实现均衡，均衡时的产出为Y_0，而物价水平为P_0。如果推行增加供给能力的供给侧结构性改革会增强经济的供给能力，从而造成总供给曲线右移，即从AS_0调整为AS_1。此外，如果此时采用积极的总需求管理政策，则会造成总需求曲线AD_0出现右移的情况，即从AD_0调整为AD_1，从而经济体会在E_1点形成新的均衡，此时经济体的产出为Y_1和P_1。如上图模型所示，在新均衡点E_1的产出和物价水平均要大于原均衡点E_0的产出和物价水平。也就是说，在实施推动供给增长的供给侧结构性改革和积极的总需求管理政策后，会出现经济总产出上升和通货膨胀的现象。

20世纪70年代至80年代日本实施的政策组合实现了经济总产出的上升。这一时期的供给侧结构性改革措施，注重推动产业升级转换、消除结构性萧条产业，从而增强了经济体的供给能力，导致经济体的总供给曲线右移。与此同时，从20世纪70年代开始，日本政府开始实施凯恩斯主义的总需求管理政策，采取了积极的财政政策和货币政策，实施逆经济周期的总需求管理政策，属于积极的总需求管理政策范畴，从而促使总需求曲线右移。正是在这样的双重作用下，20 世纪 70 年代至 80 年代日本供给侧结构性改革的实施导致经济体产出增加，促进了日本经济的升级转型，收到了较为良好的经济效果。

此外，虽然 20 世纪 70 年代至 80 年代的日本供给侧结构性改革收到了较为良好的经济效果，但是也存在一些问题。这就是：日本在完成工业化后，日本政府在相当程度上为特殊利益集团所绑定，与生产者的同盟关系并没有改变。① 在完成工业化后，日本的技术水平已经达到世界前沿水平，技术水平的进一步提高有赖于市场的有效竞争，为此在完成工业化之后，日本政府大力推行市场导向的“结构改革”，加强市场竞争。但是，在 20 世纪 80 年代日本的供给侧结构性改革仍然在既定的产业政策的传统轨道上运行，注重维护生产者的利益而忽视消费者的利益，从而成为日本泡沫经济产生的一个重要原因。20 世纪 80 年代中期，日本在美国的压力下，实施了初步的规制改革，但这些改革措施涉及的产业范围不广、深度不够，没有发挥加强市场竞争的作用，在这一时期起主导作用的供给侧政策仍然是产业政策。面对完成工业化后的经济发展新格局，日本政府为了生产者的利益，没有对供给侧结构性改革实施根本性调整，从而引发了 20 世纪 80 年代中后期日本泡沫经济的产生，为此后日本经济的长期停滞埋下了隐患。

六、20 世纪 50 年代至 80 年代日本供给侧结构性改革的特点分析

以下分别从 20 世纪 50 年代至 60 年代、20 世纪 70 年代至 80 年代两个时

① 莽景石：《成功是失败之母：日本缘何陷入“供给侧政策陷阱”》，《现代日本经济》2020 年第 4 期，第 1—12 页。

期，分析在此期间日本供给侧结构性改革的主要特征。

（一）20世纪50年代至60年代日本供给侧结构性改革的特征

20世纪50年代的日本经济，虽然采用了自由市场经济体制，但是实际上与美国的经济模式大不相同。基于“发展主义”的思想方法，日本实施了产业政策，成为日本供给侧政策的发端，需要探讨日本在以产业政策为主的时期，其供给侧政策的主要特征。

第一，着眼于增强供给能力。战后日本基于“发展主义”的经济思想，实施一系列具有生产导向的经济政策。20世纪50年代至60年代所实施的产业政策是这一时期最具有代表性的“供给侧政策”。在宏观经济学中，“需求政策”主要包括促进有效需求增长的“财政政策”和“货币政策”，而供给侧政策则体现着经济的供给层面，包括促进资本、劳动等生产要素投入，以及通过提高技术水平、优化要素配置提高全要素生产率。由于20世纪50年代至60年代，日本经济所面临的主要问题是严重的供给不足，基于“发展主义”考量，日本政府实施了产业政策，正是从经济供给端发力的一种供给侧政策。

从产业政策实施的目的来看，其主要目的在于提升日本经济的供给能力，并获得在国际贸易竞争中的优势地位。如上所述，战后日本经济面临主要问题在于如何在短时间内实现日本经济的重建。为此，日本在20世纪50年代至60年代所实施的产业政策正式从这一目的出发，根据日本经济发展的内在要求，从提高供给总量入手，改善供给质量，提升供给能力。并且基于日本“发展主义”的经济思想，日本并未遵循“静态比较优势”的看法，而是提出了“动态比较优势”理论，认为一国经济的资源禀赋会随着经济的发展而不断变化，而非由初始的资源禀赋所决定。基于这一看法，日本的产业政策在提升供给能力的同时致力于培育具有发展潜力的产业，提升产业竞争力，从而在国际贸易竞争中占据优势地位。

从产业政策的手段层面看，日本所实施的产业政策主要是调整经济供给端的宏观经济政策，而非调整经济需求端的宏观经济政策。日本的产业政策手段主要包括了产业结构政策、产业组织政策、产业技术政策等方面，这些政策的共同点在于通过作用于生产者的活动，来调整经济发展的供给层面。通过产业结构政策和产业组织政策，将资源投入于重点发展产业，优化产业结构，改善企业之间的协作状态，减少不必要的竞争，从而从提高生产要素投入和改善生产要素资源配置两个方面提升了供给能力。通过实施产业技术政策则能够促进技术引进以及自主创新研发，提高技术水平，提升全要素生产率，提高供给能力。因此，不论是从政策目的的角度，还是从政策手段的角度，战后日本在20世纪50年代至60年代所实施的产业政策均属于“供给侧政策”，产业政策是日本供给侧结构性改革的发端。

从20世纪50年代至60年代日本产业政策在日本供给侧结构性改革中的地位来看，关于供给侧结构性改革的概念，笔者认为供给侧结构性改革是从提高供给质量的角度出发，用改革的办法推进结构性调整，矫正要素配置扭曲，扩大有效供给，提高供给结构对需求变化的适应性和灵活性，提高全要素生产率，促进经济社会的持续健康发展。① 由此可见，“供给侧结构性改革”包括“供给侧”“结构性改革”两个性质，分别具有不同内涵。20世纪50年代至60年代的日本产业政策，着力于提高日本的供给能力，因此可以认为这一阶段的日本产业政策归属于“日本供给侧结构性”改革中的“供给侧”阶段，即以提高供给能力、提升供给质量为主导，是战后日本供给侧结构性改革的先河。

第二，强调国家对产业发展的引领。战后日本所采取的产业政策，是日本供给侧结构性改革政策的发端。其重要特征在于国家对于产业发展的引领。这一点不论是在最开始的“倾斜生产方式”还是此后所形成的“产业政策”中均表现得极为明显。在倾斜生产方式中，日本政府注重将有限的资金资源优先投入于煤炭、钢铁等基础产业发展，通过带动基础产业发展的方式，促进日本

① 龚雯、许志锋、王珂：《七问供给侧结构性改革——权威人士谈当前经济怎么看怎么干》，《人民日报》2016年1月7日。

的其他制造业恢复生产。在产业政策的实施过程中，日本政府同样注重对经济发展的引领。一是日本政府注重推动实施“产业结构政策”。日本政府通过信息收集，决定在一个时期内所要重点发展的产业，促进日本的产业结构优化升级。二是日本政府还注重实施“产业组织政策”。采用“官民协调”的方式，推动行业内部企业的合并，从而扩大生产规模，实现规模化生产。三是日本政府还注重实施“产业技术政策”。通过使用外汇管制的方式，引导企业的技术引进行为，从而提升日本的产业技术水平。由此可见，在战后日本经济发展初期，政府在推动产业发展方面发挥了重要的引领作用，日本政府非常注重从供给的角度提升日本产业的生产能力，并积极为产业发展实施规划，同时采用多种多样的政策措施促进产业发展，以期实现产业发展的“动态优势”。

第三，注重采用财政税收措施推进产业发展。日本政府在实施产业政策时，注重采用财政税收措施以促进企业投资，从而带动产业发展，提高供给能力。首先，推行“特别折旧制度”。折旧制度是指对于企业跨年度使用的设备机械，按照法定的使用年限，从各个年度中扣除相应费用，从而将企业的设备投资作为一种经营费用反映到企业的财务报表之中。日本在1951年建立了针对重要机械设备的“特别折旧制度”，即针对政府指定的特殊机械设备予以“特别折旧措施”，设备的折旧率在3年之内可以提高50%。① 这一项措施可以促进日本企业的设备投资转换为企业的经营费用，从而促进企业对于新设备的投资和引进。1961年，日本政府进一步修改了折旧制度，将机械设备的法定使用时间缩短了20%。与此同时，针对政府制定的产业机械设备，将第一年度的折旧比率扩大为设备投入时价格的1/3，从而进一步扩大了“特别折旧制度”的实施力度。为此，日本政府通过实施“特别折旧措施”引导重点产业发展，1960年时日本的钢铁产业的特别折旧额占总折旧额的比率达到了50%，汽车

① ［日］小宫隆太郎、奥野正宽、铃村兴太郎编，黄晓勇、韩铁英、吕文忠、张舒英、张子镁、鲍刚译：《日本的产业政策》，国际文化出版公司1988年版，第130页。

产业的特别折旧额占到总折旧额的比率也高达42%。① 这说明，日本政府积极运用“特别折旧措施”引导重点产业发展，提升产业的供给能力。其次，降低法人税税率，促进企业发展。1950年，日本政府将法人税税率定为35%，但是当日本经济发展陷入萧条的时期时，日本政府会通过使用降低法人税税率的方式来减少日本企业的负担，从而起到促进日本企业发展的作用。例如1965年，日本经济出现萧条，日本政府将法人税税率降低了1%，1966年时进一步将法人税税率调降了2%，以促进日本企业走出经营困难的局面。此外，日本政府在实施产业政策时，还积极为企业营造宽松的金融环境，为企业提供充足的金融资源。通过产业政策对资源进行战略性调配，减少私人投资风险。主要采取的方式包括：“护送舰船”式金融体制；日本央行为都市银行提供稳定的资本借贷信用；通商产业省给各大公司平均分配外汇配额。通过这些政策措施减少企业投资风险，促使大公司和银行扩大生产能力和技术引进。②

第四，注重采用产业补助金的方式鼓励产业发展。在注重采用财政金融等措施促进产业发展以外，日本政府还通过给重点产业发放补助金的方式促进日本产业发展。笔者以日本国家预算中的通商产业省的“矿工业对策费”为中心，探讨20世纪50年代至60年代日本产业补助金的发放情况。“矿工业对策费”主要用于推动工业发展振兴、推动企业工业化等方面，能够反映出日本政府对于工业发展的补助情况。为促进日本产业发展，日本政府在20世纪50年代至60年代发放了大量的产业补助金，以促进日本产业发展。如图3－4所示，日本政府所发放的“矿工业对策费”从1950年的3.9亿日元，迅速增加至1966年的210.4亿日元，但从1967年开始“矿工业对策费”数额有所下降，到1970年时为51.4亿元。由此可见，在20世纪50年代至60年代，日本的产

① ［日］小宫隆太郎、奥野正宽、铃村兴太郎编，黄晓勇、韩铁英、吕文忠、张舒英、张子镁、鲍刚译：《日本的产业政策》，国际文化出版公司1988年版，第133页。

② ［美］高柏著，刘耳译：《日本经济的悖论：繁荣与停滞的制度性根源》，商务印书馆2004年版，第21页。

业补助金出现了一个先增加后减少的现象。从“矿工业对策费”占通商产业省的一般会计预算总额的变化比率，也可以看到相同的趋势。1950 年日本矿工业对策费占通商产业省一般会计预算总额的比率为 9%，但是到了 1966 年这一比率就提升到了 26%，说明日本政府致力于推动产业发展。但是此后这一比率开始出现下滑，到 1967 年时下降为 12%，到 1970 年时则进一步下滑至 5%。①

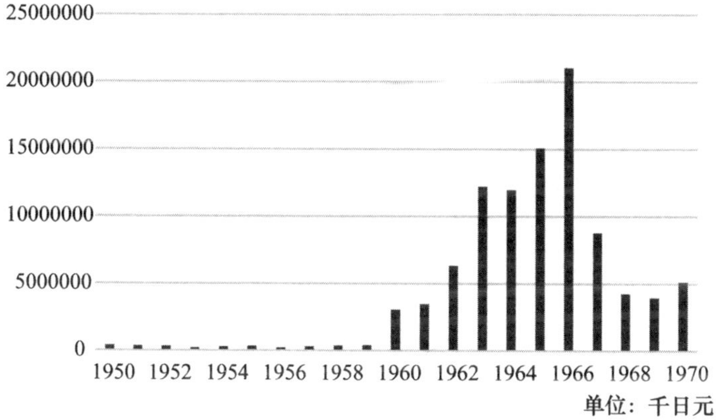

图 3－4　1950—1970 年日本矿工业对策费变化情况

资料来源：根据「國の予算」、「概算要求書」、「通商産業省年報」测算得出。

从细分类别上看，在这一时期“能源对策与调查费用”增长最为迅速。从 1950 年的 3.9 亿日元增加到了 1966 年的 204.1 亿日元。与此同时，从 20 世纪 60 年代开始，日本的“运输机械开发改善费”开始增加，从 1967 年的 5.1 亿日元增加到了 1971 年的 51 亿日元。说明这一时期的日本政府正在致力于推动经济结构的转型。与此同时，促进纤维产业转型的“纤维工业结构改善费”也从 1966 年的 5.5 亿日元增加到了 1968 年的 10.7 亿日元，说明日本政府也在积

① 経済産業省、「通商産業省年報」、https：//www. meti. go. jp/policy/newmiti/mission/msn00001. html。

极调整具有劳动密集型特征的纤维产业转型。

除了从总额的角度考察日本补助金的变动情况外，还需要从产业补助金发放的部门角度对日本产业补助金的发放情况展开分析。表 3－3 反映了 20 世纪 50 年代至 60 年代日本产业补助金分行业的发放情况。①

表 3－3　20 世纪 50 年代至 60 年代日本产业补助金的发放情况

单位：10 亿日元

年度	海运	煤炭	中小企业	尖端技术	农林水产	补助金总额
1955 年	3.5	0	0.5	0.5	65.7	70.2
1956 年	3.2	0	0.7	0.5	59.4	63.8
1957 年	0.05	0	1.9	0.4	64.2	66.6
1958 年	0.04	0	3.1	0.6	70.3	74.0
1959 年	0.5	0	2.2	0.5	81.9	85.1
1960 年	1.7	5.8	2.6	0.5	86.1	96.7
1961 年	1.5	5.8	4.6	0.6	95.2	107.7
1962 年	1.6	10.8	9.1	0.7	126.2	148.4
1963 年	2.1	18.0	11.8	0.8	146.0	178.7
1964 年	10.1	18.3	16.6	0.9	167.5	213.4
1965 年	13.6	20.1	21.8	0.8	190.1	246.4
1966 年	14.5	24.0	29.8	1.9	246.0	316.2
1967 年	15.4	37.7	36.2	4.2	277.0	370.5
1968 年	15.7	42.3	39.3	5.5	318.6	421.4
1969 年	15.2	69.9	43.6	6.4	351.4	486.5
1970 年	15.4	78.8	51.6	7.7	510.7	664.2

资料来源：［日］小宫隆太郎、奥野正宽、铃村兴太郎编，黄晓勇、韩铁英等译：《日本的产业政策》，国际文化出版公司 1988 年版，第 122 页。

① 由于统计口径不同，产业补助金的数额与上文所述的“矿工业对策费”并不完全一致。

表3－3反映了日本财政向私人企业发放补助金的情况。由此可见，向农林水产业发放的补助金占补助金总额的80%以上，其次是对于中小企业的补助金，占到总额的5%—10%左右。在20世纪50年代至60年代，对于煤炭、纤维等逐渐步入衰退产业的产业补助金要大于针对尖端技术发展的补助金，显示出日本政府进行结构性调整的一面。

第五，建立财政投资贷款制度推动产业发展。战后日本建立了“财政投资贷款制度”，这是促进日本产业发展的一个重要手段。财政投资贷款制度是指：使用日本邮政储蓄、养老基金等社会性资金作为资本，投入到完善社会基础建设的过程之中，从而完善社会的技术设施建设，间接起到促进产业发展的作用。日本财政投资贷款的资金主要来自以下几个方面：大藏省资金运用部的资金、邮政储蓄部门简易保险资金、产业投资特别会计等。其中，大藏省资金运用部可使用的资金包括：邮政部门的储蓄存款、国民年金、福利年金等。大藏省资金运用部所占有的资金数量巨大，已经可以被视为一座大型的金融机构。基于数量庞大的公共资金，日本在20世纪50年代至60年代开始积极实施“财政投资贷款”，其数量也在持续增加。如图3－5所示，日本“财政投资贷款”从1950年的1339亿日元迅速增加到了1965年的1.6万亿日元，增长了12倍。

财政投资贷款的方向主要包括国营公司、事业团体、政府性金融机构等。其一，国营公司。国营公司包括：日本国有铁道、日本电气电话公司、日本专卖公司，以及日本道路公团、日本水资源公团、日本住宅公团等。由此可见，财政投资贷款的对象为与日本国计民生密切相关的、国营的、具有垄断性质的公共服务型企业，主要用于完善社会基础设施的建设工作。其二，事业团体。包括：帝都高速交通营团、煤炭矿业合理化事业营团、日本广播协会等。这一类与上一类别相似，也主要是用于完善社会基础设施建设类的投资。其三，政府性金融机构。主要包括：中小企业金融公库、农林渔业金融公库、住宅金融公库等。这一类政府行金融机构具有其鲜明的服务特点，如中小企业金融公库

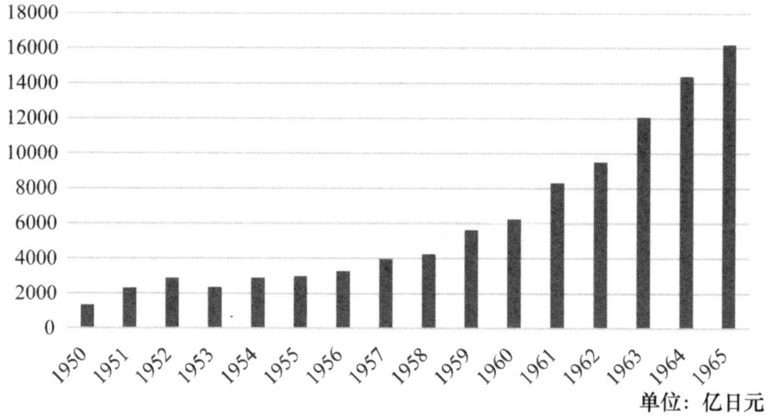

图3－5　日本财政投资贷款金额变化

资料来源：杨栋梁著：《国家权力与经济发展》，天津人民出版社 1998 年版，第 217 页。

是以中小企业为主要的服务对象，而农林渔业金融公库则主要是用于扶植农业、林业和渔业等产业发展。此外，政府性金融结构还包括“日本进出口银行”和“日本开发银行”两家大型的金融机构。[①] 其主要目的分别为促进日本企业出口以及扶植重点产业发展。其中，日本开发银行与重点产业扶植发展的关系最为紧密。20 世纪 50 年代，日本开发银行的投资对象主要包括煤炭、电力、海运造船等重点发展产业。20 世纪 60 年代后，随着日本政府产业发展重点的转向，日本开发银行的投资对象也随之转变，调整为石油化学、原子能发电、机械工业等。由此可见，日本政府所建立的“财政投资贷款”措施也是用于提高生产力、提高日本供给能力的，其主要手段为完善社会基础设施建设、推进对重点产业投资等，是日本供给侧政策的重要一环。

第六，实施限制性的竞争政策措施确保产业发展。日本虽然在 1947 年建

① 杨栋梁：《国家权力与经济发展》，天津人民出版社 1998 年版，第 220 页。

立了《禁止垄断法》，但是在20世纪50年代至60年代，日本并未完全遵照这一法律，实行彻底的自由主义市场经济，而是实行了具有限制性特征的竞争政策。高柏指出：通产省的竞争政策鼓励市场制度的寡占化，实施竞争寡占的策略。① 日本政府鼓励日本企业开展限产、限价、限售等行为，促进企业集团的形成，导致日本的竞争政策也在这一时期服务于日本政府提高生产力、提高供给能力的目标。主要体现在以下两点：一是推动企业合并，成立卡特尔。通过这种方式扩大企业的经营规模，同时有利于企业间设备投资的联合调整。二是成立出口卡特尔和中小企业卡特尔。为了鼓励企业出口，日本政府与“公平交易委员会”协商，成立出口卡特尔，以促进日本企业的出口产品生产；而成立中小企业卡特尔的目的则在于确保中小企业不倒闭，以及维持日本的就业。由此可见，日本政府在20世纪50年代至60年代，因为注重在短期内实现生产能力的提高，基于“官民协调”的思想，通过多次的限制措施限制了《禁止垄断法》的完全实施。创造出口卡特尔、中小企业卡特尔等多种垄断机构，促使达成日本政府发展生产的目的。②

（二）20世纪70年代至80年代日本供给侧结构性改革的特点分析

20世纪70年代至80年代的日本供给侧结构性改革措施具有如下的特点，以下展开具体的分析。

第一，20世纪70年代至80年代日本产业政策通过间接引导方式促进新兴产业发展。日本在20世纪70年代和80年代均制定了“通商产业政策展望”，明确了未来产业发展的方向和目标，从而引导日本企业的创新发展。对于重点发展产业，日本政府主要通过基于企业税制上的优惠措施或提供补助金的方式，促进新兴产业发展，其措施相较此前更为间接。此外，政府引导企业实施

① ［美］高柏著，刘耳译：《日本经济的悖论：繁荣与停滞的制度性根源》，商务印书馆2004年版，第103页。

② 和田聰子、「産業経済の発展と競争政策」、晃洋書房2016年版、第70頁。

技术创新。日本政府对研究开发的重视程度持续上升，不再满足于此前“吸收创新型”技术发展模式，积极向“自主创新型”发展，大力加强基础研究，特别是尖端技术的研究开发。在研究开发领域，注重政府引领作用，设立大型的研究开发项目工程，并采用财政、金融措施促进日本企业的研究开发。在技术创新发展方面，日本政府注重引导产业技术发展，采用国家资金支持的方式支持企业的自主技术研发，其措施包括：补助金、税制上的优惠、低息贷款等。日本政府还设立了“新能源产业技术综合开发机构”等政府主导的创新机构，设定大型科研项目，通过政企业合作方式，促进技术突破发展。另外，注重平衡产业政策与竞争政策关系，注重发挥市场的资源分配作用。20 世纪 70 年代以后，日本的市场经济体制日趋成熟，日本政府逐渐认识到了竞争政策的重要性，修改了《禁止垄断法》，加强了对限制竞争、滥用经济优势地位等行为的惩罚力度，削弱了日本国内的垄断势力。① 20 世纪 70 年代以后，日本政府愈发重视维持自由竞争的市场制度，通过市场手段实现资源有效分配，在市场失灵的地方则通过政府介入的方式维持产业活力。日本产业政策逐步从直接性的干预转向了间接性的诱导。产业政策的实施重点也从经营资源的分配，转向了对“个别企业”的调整。

第二，20 世纪 70 年代至 80 年代日本产业政策积极引导萧条产业退出市场，提升资源使用效率。其一，为过剩设备处理制定计划。从 20 世纪 70 年代的《特定萧条产业稳定临时措施法》开始，日本政府在推动处置过剩产能时，注重制定“时间表”和“路线图”。日本企业须遵循这些计划有序推动去产能工作。其二，有效消除过剩产能，促进日本经济转型。日本应对结构性萧条产业措施，有效消除了日本企业的过剩产能，促进资源的产业间流动，优化日本产业结构，促进日本知识密集型、技术密集型产业发展。其三，产业补助金下调，助力新兴产业发展和萧条产业转型。20 世纪 70 年代“矿工业对策费”与

① 徐梅：《战后日本〈禁止垄断法〉的发展轨迹及特点》，《日本学刊》2017 年第 2 期。

通产省预算总额的比率下降至7%，在20世纪80年代更是进一步下降至4%，表明日本政府对于产业的直接扶植资金在逐渐收缩。这一时期，日本产业补助金中增速较快的种类为“新型技术企业开发育成费”“ 运输机械开发改善费”“产业区域及配置优化费”。由此可见，这一时期日本政府致力于通过使用产业补助金促进新兴产业发展和衰退产业的资源重新配置。另外，“能源对策费”在日本通商产业省预算中增速较快，说明这一时期日本政府致力于解决因能源紧缺所导致的能源不足问题（见图3－6）。

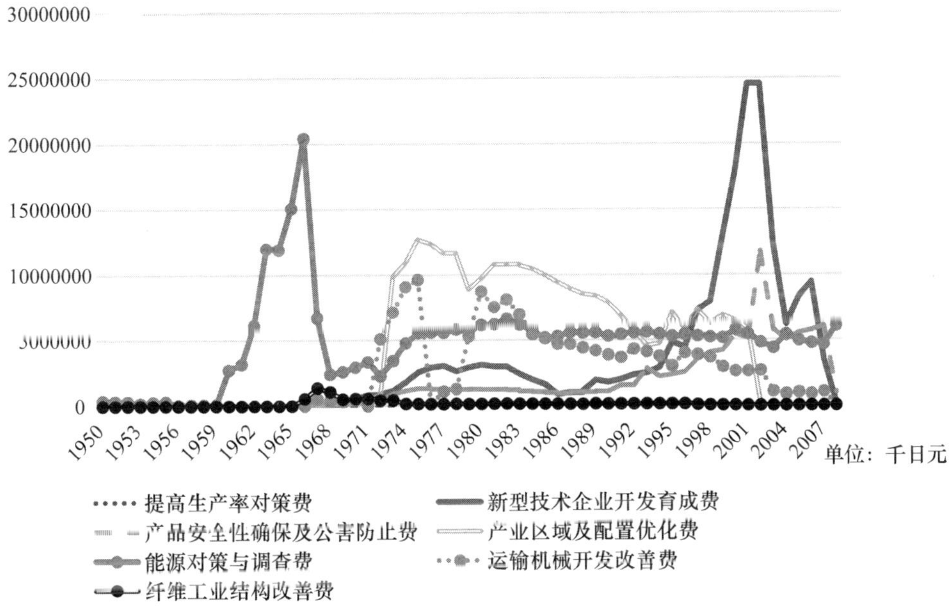

图3－6　1950—2008年日本矿业对策费变化明细

资料来源：根据「國の予算」、「概算要求書」、「通商産業省年報」测算得出。

第三，日本的产业政策逐渐从选择性产业政策向功能性产业政策转化。20世纪70年代至80年代日本的产业政策以及日本的供给侧结构性改革因为受到了内外经济环境的变化，促使其在思想上出现调整与改革。20世纪50年代至60年代的产业政策着重通过政府干预的手段，提升日本的供给能力，但是也引发了一系列问题。首先，20 世纪 50 年代至 60 年代日本产业政策所引发“过剩投资”问题。日本政府通过干预企业的投资行为，促成“投资召唤投资”的现象，提高了日本经济增长速度。但同时也促使日本企业争先恐后地开展超过企业资本总值的大笔投资，引发了“过剩投资”问题，为日本经济发展埋下隐患。① 其次，日本政府的过度干预引发了日本民间企业的“反弹”，促使日本政府调整产业政策。作为提升国际竞争力的手段，日本政府在这一时期积极通过“官民协调”方式推进日本产业发展。日本政府沿着这样的思路，推动日本钢铁产业的规模化。但是，日本政府在推动日本汽车企业重组时遇到了困难，不仅引发了强烈反对，而且还使得丰田、日产两大企业集团的竞争有增无减，此政策以失败告终。1963 年日本通商产业省向国会提交《特定产业振兴临时措施法》，意图将“官民协调”方式通过法律的形式固定下来，但是受到来自产业界的强烈反对，最终成为“废案”。②由此，迫使日本政府重新审视政企关系，推动政策转型。

自 20 世纪 80 年代中期以后，由于受到来自美国等国家的外部压力，以及日本经济内部企业界的呼吁，日本的产业政策开始转型，逐渐从“选择型产业政策”向“功能型产业政策”转化。选择型产业政策是指主动扶持战略产业和新兴产业的发展，缩减产业结构的演进历程，加速实现经济赶超的目标。③ 20 世纪 50 年代至 60 年代日本的产业政策属于选择性产业政策。这一政策的理论基础在于“赶超理论”，认为后发展国家可以从发达国家吸收经验和技术，在短时间内制定产业扶植政策，确定优先发展产业，从而实现国家赶超的目标。经过 20 世纪 70 年代至 80 年代中前期产业政策的实施，日本已经在很大程度上

---

① ［美］高柏著，刘耳译：《日本经济的悖论：繁荣与停滞的制度性根源》，商务印书馆 2004 年版，第 90 页。

② ［日］小宫隆太郎、奥野正宽、铃村兴太郎编，黄晓勇、韩铁英、吕文忠、张舒英、张子镁、鲍刚译：《日本的产业政策》，国际文化出版公司 1988 年版，第 192 页。

③ 江飞涛、李晓萍：《直接干预市场与限制竞争：中国产业政策的取向与根本缺陷》，《中国工业经济》2010 年第 9 期，第 26—36 页。

实现了对发达国家的赶超，可以赶超的空间日益缩小，为此日本的产业政策逐渐从80年代中后期开始向着功能性产业政策的方向发展。功能性产业政策是指政府通过加强物质性、社会性以及制度性基础设施建设，推动创新和人力资本投资，降低交易成本，创造有效市场环境，促使市场功能能够得到有效发挥的产业政策。日本在逐渐实现追赶目标后，产业政策的方向逐步调整为创造有利于企业发展的大环境，而非直接干涉企业的生产，此方针表现在从20世纪80年代中后期开始日本实施的规制缓和措施上。

第四章　20世纪90年代至21世纪初日本供给侧结构性改革：以质为主，以量为辅

20世纪90年代至21世纪初期日本在泡沫经济崩溃后陷入了长期的经济低迷，促使日本政府从供给的角度，实施“以质为主，以量为辅”的供给侧结构性改革措施，促使日本经济实现自律增长，而日本政府在这一时期所依据的经济思想主要是西方的供给学派和新古典经济学派的新自由主义经济学的相关主张，但是这一时期日本政府所推行的供给侧结构性改革政策组合内部存在着严重的矛盾，造成了产出下降和通货紧缩等严重的经济后果，从而阻碍了日本供给侧结构性改革的实施，并不利于日本经济的恢复。

一、泡沫经济崩溃后日本经济绩效逆转

20世纪90年代至21世纪初期，日本发生了泡沫经济崩溃、金融危机等事件，对日本经济的发展造成了严重的影响，日本经济的发展绩效出现逆转。为此，笔者将20世纪90年代至21世纪初期日本经济的发展历史分为三个主要问题展开讨论：泡沫经济的发生与应对、1997年的日本金融危机、小泉内阁的经

济政策，从而为此后的分析奠定基础。同时分析20世纪90年代至21世纪日本供给侧结构性改革的主要思想背景和主要政策思路。

（一）泡沫经济崩溃后的日本经济发展情况

第一，泡沫经济的发生和应对。20世纪80年代中后期到20世纪90年代初期，日本发生了严重的泡沫经济，而泡沫经济的崩溃对此后的日本经济发展产生了严重的影响。如图4－1所示，日本的资产价格从20世纪80年代中后期开始迅速上升，资产价格上升表现在股票价格和房地产价格的迅速上升上。日本的股票价格从1987年1月的2万日元达到了1989年末38915日元的历史最高值。但是在1990年日本的股票价格迅速回落，在1990年10月达到了2万日元，重新回到了1987年的水平，日本股票市场出现了泡沫的发生和崩溃的现象。同样，与股票市场类似，日本的房地产市场也产生了"泡沫经济"现象。在1983—1991年，日本的土地价格上涨了4倍左右，而从1992年开始，日本的土地价格也出现了迅速的下滑，日本的土地泡沫也出现了崩溃。

日本出现泡沫经济的原因在于日本政府实施了错误的宏观经济政策。为了应对1985年广场协议签订后，日元升值给日本出口型企业所带来的成本增加压力，日本政府实施了积极的财政和货币政策。其一，基于刺激国内内需和消解日美贸易摩擦影响的考虑，日本政府实施刺激内需的财政政策，在1985年日本政府实施了总额3.12万亿日元的公共投资，主要用于促进民间住宅投资、都市开发等。日本政府积极的财政政策措施刺激了日本国内对于房地产需求的增加。其二，日本政府实施积极的货币政策，日本央行不断下调存款准备金率，为市场注入了充足的流动性，从而刺激了资产价格的上升。日本的存款准备金率从1986年的4.5%下降到了1987年的2.5%。①

日本泡沫经济的产生和破灭所造成的资产价格剧烈变动引发了一系列严重

---

① 小峰隆夫、「平成の経済」、日本経済新聞出版社2019年版、第23頁。

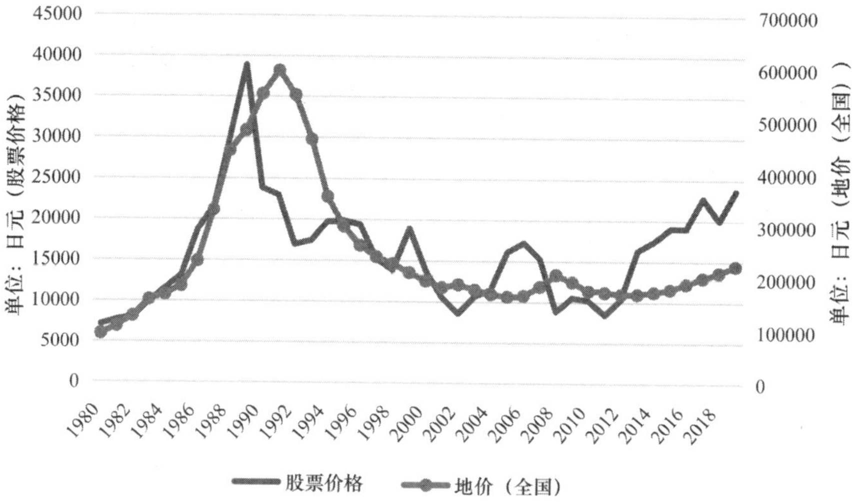

图4－1　日本股票市场和房地产市场的价格变化

资料来源：①日経平均株価、https：//indexes. nikkei. co. jp/nkave；

②地価公示、http：//www. mlit. go. jp/totikensangyo/totikensangyo_fr4_000043. html。

的经济问题。首先，导致贫富差距的扩大。在泡沫经济发生的过程中，持有较多资产的高收入阶层更容易从资产价格的上升中获得资产收益，而低收入阶层则相反，泡沫经济的发生造成了贫富差距的扩大。1993 年日本政府的《经济白书》指出，泡沫经济的发生，加大了资产分配的不公平性，扭曲了资源配置，为日本的经济发展带来了很大的负面影响。其次，泡沫经济崩溃所造成的资产价格下滑，导致企业的资产负债情况恶化，从而引发了日本金融机构不良债权的持续增加，而这成为困扰 20 世纪 90 年代日本金融体系的一个重要问题。最后，泡沫经济的崩溃还引发日本企业的“三过剩”问题。由于泡沫经济崩溃后，日本国内需求出现下滑，为此日本企业面临着“过剩债务”“过剩设备”和“过剩雇佣”的问题。也就是说，相对于日本国内的供给而言，泡沫经济崩溃后，日本的国内需求迅速下滑，从而造成了日本企业的“三过剩”问题。

为了应对泡沫经济崩溃对日本经济需求的冲击，日本政府实施了积极的财政和货币政策措施。如表 4－1 所示，1992—1995 年，日本政府实施了一系列综合经济对策措施，采用增加公共投资的方式，扩大日本的国内需求。历次实施综合经济对策措施的财政政策规模总计达到72.6万亿日元。与此同时，日本政府也实施了积极的货币政策，不断调降存款准备金率，从1991年的6%下调至1995年的0.5%。① 但是，虽然日本政府在不断调降存款准备金率，但是实施的规模和时机则存在一定问题，仍然担心调降存款准备金率是否会再次造成泡沫经济，而非认识到泡沫经济崩溃所造成的严重后果，导致日本在泡沫经济崩溃后的货币政策措施不仅幅度有限，而且时间较为滞后。

表4-1　1992—1995年日本的财政政策措施

时间	历史时期	经济政策名称	经济对策规模	经济效果
1992年8月	宫泽喜一内阁	综合经济对策	10.7万亿日元	将GNP提升2.4%
1993年4月	宫泽喜一内阁	综合经济对策	13.2万亿日元	将GNP提升2.6%
1993年9月	细川护熙内阁	紧急经济对策	6.2万亿日元	将GNP提升1.3%
1994年8月	细川护熙内阁	综合经济对策	15.3万亿日元	将GNP提升2.2%
1995年2月	村山富市内阁	紧急日元升值及经济对策	2.8万亿日元	-
1995年6月	村山富市内阁	紧急日元升值及经济补强对策	14.2万亿日元	将GDP提升2%
1995年9月	村山富市内阁	经济对策	13.1万亿日元	-

资料来源：小峰隆夫、「平成の経済」、日本経済新聞出版社2019年版、第47頁。

第二，不良债权的增加与1997年日本金融危机。泡沫经济崩溃后，日本不良债权问题日趋严重，最终在内外部压力下，1997年日本爆发了金融危机。首先，泡沫经济崩溃后，日本金融机构的不良债权数量在不断上升。如图4-2所示，在1999年时日本不良债权数额为21.9万亿日元，并在2002年3月时达到顶峰，为28.3万亿日元，此后日本的不良债权数额则不断下降，至2012年3月时为4.9万亿日元。到2018年9月时，日本不良债权数量进一步下降至2.4万亿日元。与此同时，不良债权占日本金融机构贷款总额的比率也从1999

① 小峰隆夫、「平成の経済」、日本経済新聞出版社2019年版、第49頁。

年的6%上升到了2002年的8.7%，此后则逐渐下降，至2018年9月时达到0.7%。日本不良债权问题日益严重的原因主要包括两个方面：一是泡沫经济时，诸多企业均将房地产作为银行贷款的抵押物，但是随着泡沫经济崩溃后房地产价格的下降，房地产作为抵押品的价值也随之下降，不良债权由此产生；二是泡沫经济崩溃后，企业的经营状况也在迅速恶化，导致金融机构回收贷款的能力下降。

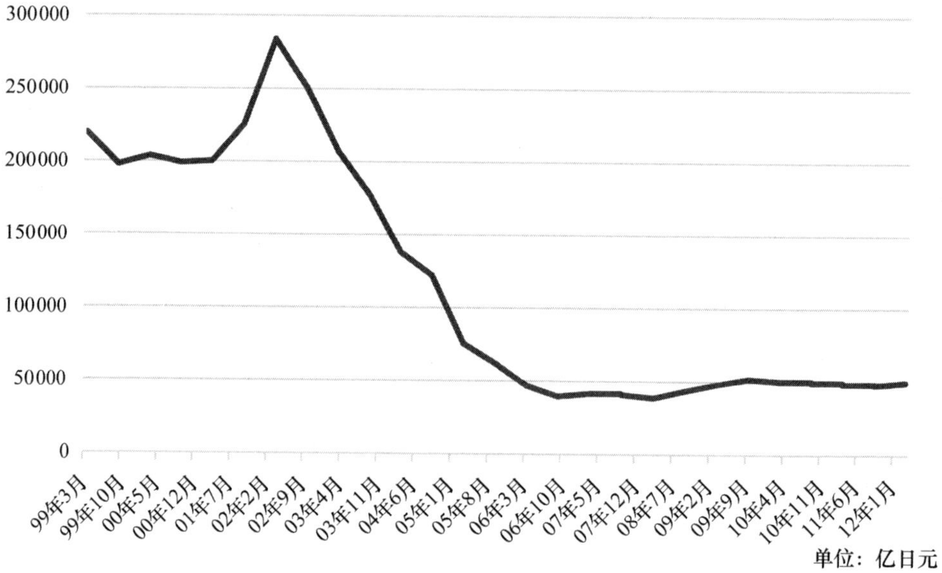

图4-2　日本金融机构不良债权数量变化图

资料来源：「金融再生法開示債権等の推移」、https://www.fsa.go.jp/status/npl/20190830.html。

不良债权对日本的经济产生了不良影响，并最终引发了1997年日本的金融危机。首先，日本金融机构出现“惜贷”，造成日本金融机构的金融中介机能下降。随着不良债权的增多，日本金融机构对于开展借贷业务的态度更趋审慎，导致企业更加难以从金融机构获得贷款。其次，日本金融机构的经营风险日趋增加。不良债权的持续增加也使得日本金融机构的经营情况出现恶化，很多金融机构面临着破产的风险。

在上述因素的作用下，日本于1997年爆发了金融危机。日本系统性金融风险的最初表现为小型金融机构的破产。1994年东京协和信用社和安全信用合作社两个金融机构出现了经营危机，为此日本银行、日本存款保险机构等共同出资设立了东京共同银行，以承接陷入经营危机的两家金融机构的业务，将其不良债权出售给负责债权回收的专业机构。此后，1995年，在泡沫经济时期大规模开展房地产贷款的住宅专门金融机构申请破产，为了减少对金融体系的冲击，日本政府为处理住宅专门金融机构注入了6850亿日元的公共资金。1997年爆发了亚洲金融危机，日本企业的出口受到严重打击，而这也进一步影响了日本金融机构的经营状况。1997年日本的三洋证券申请破产，而三洋证券的破产导致债务违约，从而导致银行间市场的不稳定，并进一步引发了北海道地区大型金融机构北海道拓殖银行的破产。1997年11月，日本四大证券公司之一的山一证券自主放弃经营使得日本金融系统进一步动荡。在这一系列的金融机构的破产过程中，日本的大藏省曾试图主导处于金融危机的金融机构和其他金融机构合并，从而减少对金融市场的冲击，但是这些努力并未奏效，这标志着战后以来形成的护送舰船式的日本式金融体系受到严重挑战。1998年日本长期信用银行和日本债权信用银行申请破产，对日本的金融市场形成了进一步冲击。为此，日本政府为了稳定日本金融市场，消除系统性金融风险，从而推动建立了《金融再生法》，对破产银行实施临时国有化，追究银行管理层的经营责任，为15家大型金融机构注入了7.5万亿日元的公共资金，以稳定金融市场。

为了应对金融危机的严重挑战，日本政府还实施了积极的财政和货币政策。首先，从1998年起，日本开始实行积极的财政政策，以增加日本的国内需求。日本政府在1998年和1999年分别实施了总计17万亿日元和18万亿日元的“紧急经济对策措施”，以提振经济增长。其次，日本政府还实施了积极的货币政策。日本通过修改《日本银行法》，增强日本银行的独立性，并在

1999年开始实施“零利率”政策，将银行间“无担保隔夜利率”控制在0.15%的水平，以此为市场提供足够的流动性。

在供给侧结构性改革方面，1996年桥本龙太郎内阁上台后积极推行供给侧结构性改革措施，提出了六大改革，即行政改革、财政结构改革、社会保障结构改革、经济结构改革、金融体系改革、教育改革。其中，财政结构改革、经济结构改革和金融体系改革与本书所探讨的“日本供给侧结构性改革”密切相关，将在本章第三节集中探讨。桥本龙太郎内阁的供给侧结构性改革措施同样是基于新自由主义的供给侧政策，但是在实施时并未配合积极的宏观经济政策，导致实施效果不佳。

第三，2001—2006年的小泉内阁积极推行结构改革措施。2001年小泉内阁提出“没有禁区的结构改革”，提出了“民间能做的事情由民间做，地方能自己做的事情由地方自主负责”的口号。小泉内阁的结构改革主要遵循新古典经济学的理论主张，强调自由竞争的重要性，在小泉内阁的政策措施上体现为：减少政府对市场的干预，促进日本政府向“小政府”方向转型。小泉的结构改革着重强调引入市场原理的重要性，认为需要让市场发挥资源配置的主导作用，要去除阻碍市场竞争的障碍，从而促进资源从衰退的产业向新兴产业移动，实现资源的有效配置。小泉内阁所实施的机构改革措施包括：民营化改革、规制改革、强化社会保障、增强知识产权保护、促进地方自治等。关于小泉内阁具体的政策措施将在本章第四节展开讨论。

小泉内阁积极处理在泡沫经济下所形成的不良债权问题，从而使日本的不良债权问题得到了有效处理。小泉内阁将不良债权处理作为最需要解决的问题，在2002年制定了“金融再生计划”，具体采取的措施包括：审查银行的不良资产数额、充实银行的自由资本、强化企业的监督管理机制等。此外，日本政府还设立了官民并举的产业再生机构，用以帮助处于财务困境中的企业走出困境。①

在小泉政府时期，日本政府财政政策并不积极。因为这一时期小泉政府采取了“财政改革措施”，试图减少政府的公共事业费用支出，以改善政府的财政状况。此外，在货币政策方面，为了应对日本经济所面临的日益严重的通货紧缩问题，2001—2006年日本银行实施了量化宽松的货币政策，将货币政策目标从“无担保隔夜拆借利率”调整为“日本银行存款准备金余额”，并提出实施这一政策直至日本的消费者物价增长率维持在0%以上，以期为市场注入更多的流动性。在上述政策的实施下，这一时期，日本的经济状况有所改观，日本经济实现了连续73个月的长期景气，而雇佣状况也有所改善。但是经济增速仍然较低，而非正式雇佣人数不断扩大也成为困扰日本经济发展的一个重要问题。

（二）“结构改革”形成的思想背景

基于泡沫经济崩溃后，日本经济长期停滞的现状，日本开始加大规制改革的力度，通过修改高速增长时期日本所形成的规制，促进经济发展。20世纪90年代后，日本开始兴起“结构改革”，其经济理论基础在于新自由主义经济学。新自由主义经济学创立于20世纪二三十年代，兴起于20世纪70年代，并在20世纪80年代后广泛传播至全世界，形成了强有力的影响。新自由主义经济学继承了古典自由主义经济理论思想，提倡自由经营和自由贸易，认为自由是效率的前提，私有化是经济发展的基础，而市场则是资源配置的有效手段。②哈耶克明确地强调自由化，强调自由市场和自主经营的重要性，认为私有制是

---

① 张季风、田正：《日本泡沫经济崩溃后僵尸企业处理探究——以产业再生机构为中心》，《东北亚论坛》2017年第3期，第108—118页。

② 中国社会科学院编：《中国社会科学院新自由主义批判文选》，中国社会科学出版社2016年版，第25页。

自由的根本前提。[①] 弗里德曼则认为，私人经济不需要政府的干预，应该让市场机制发挥充分作用。理性预期学派的代表人卢卡斯认为，理性的个人会根据可以获得的信息，按照自己的经验和认知，对未来的经济发展情况做出判断，因而市场机制能够保障充分就业的实现，政府对市场的干预是不必要的，甚至有可能加剧市场的波动。由此可见，新自由主义经济学主张减少政府对市场经济的干预，依靠市场机制这“一只看不见的手”，促使资源配置达到最优状态。

在新自由主义经济学的影响下，私有化浪潮席卷全球，越来越多的国家强调市场机制在资源配置中的基础作用，经济全球化进程愈发加快。新自由主义经济学的思想不可避免地影响了日本经济界的思想，在 20 世纪 90 年代以后越来越多的日本经济学者持有“新自由主义”经济学的观点，其中一些学者的观点甚至成为了政府实施经济决策的重要来源。例如，竹中平藏就是小泉内阁时期具有代表性的主张新自由主义的经济学家。竹中平藏为推动小泉内阁的结构改革提出了诸多的意见和建议。例如，竹中平藏原为日本庆应大学的教授，但是却在小泉内阁中担任大臣，负责金融改革和经济结构改革等工作，在不良债权处理、邮政民营化等问题的决策上发挥了重要作用。[②]

按照新自由主义经济学的观点，政府应该减少对经济的干预，让市场在资源配置中发挥主导作用，并给出了经济政策的具体措施，包括：国有企业私有化、贸易自由化、金融自由化、解除政府对市场的调控和监管、实行“大市场”和“小政府”。在这一基础上，自 20 世纪 90 年代以后，日本形成了“结构改革”的政策主张，积极推动经济自由化，减少政府对经济的干预。日本的“结构改革”主张，为了提升资源的分配效率，需要实施相关改革，给予企业生产激励，主要包括：规制改革、国有企业私有化、消除贸易管制措施、实施

① ［英］弗里德里希·奥古斯特·冯·哈耶克著，王明毅等译：《通往奴役之路》，中国社会科学出版社 1997 年版，第 101 页。

② 竹中平蔵、「構造改革の真実」、日本経済新聞社 2006 年版、第 3 頁。

反垄断政策等，从而推动经济体资本、要素等生产要素配置的合理化，提升经济的潜在增长率。①

也就是说，通过消除抑制资源配置的调节措施，优化生产要素资源配置，从而提升经济的潜在增长率。“结构改革”的实施可以通过以下路径促进经济增长：伴随着潜在增长率的提升，企业和个人的预期经济增长率也会随之提升，促进企业增加生产设备的投资，确保经济实现增长。

由此可见，“结构改革”并不是一种基于需求的宏观经济政策，而是着眼于供给侧、注重促进生产端企业发展的经济政策。通过减少政府对市场的干预，给予企业充分的制度保障，从而激励企业的投资以及创新活动，推动经济发展。虽然这一主张有利于供给端的企业的发展，但是忽视了作为劳动者的收益，也会导致贫富差距加大、地区经济发展不平衡等问题。

（三）20世纪90年代至21世纪初日本供给侧结构性改革的主要思路

泡沫经济崩溃后，日本陷入长期的经济低迷，迫使日本政府反思日本的经济体制是否阻碍了日本经济增长的恢复。此时的日本政府认为，既有的规制以及高速增长时期的经济制度束缚了日本经济发展的潜能，为此需要加大供给侧结构性改革的实施力度。20世纪90年代至21世纪初期供给侧结构性改革表现出“以质为主，以量为辅”的特征，即以注重完善市场经济制度、改善资源配置效率的相关措施为主，传统的产业政策则趋于弱化。

20世纪90年代初期，日本泡沫经济崩溃，日本政府开始推动具有新古典自由主义特征的结构改革措施。日本政府在20世纪90年代推动了规制缓和、经济结构改革、金融体系改革、行政改革等一系列制度改革，试图调整日本的经济结构，从而促进日本的经济发展转型，加大对外开放，推动日本的经济结构向着扩大内需的方向发展。与此同时，日本政府从20世纪90年代开始，不

① 野口旭、田中秀臣、「構造改革論の誤り」、東洋経済新報社2014年版、第18頁。

再实行针对“个别产业”的产业政策，产业政策的重心调整为全面的经济体制改革，以促进日本经济调整与转型。

日本在20世纪90年代以后，面临一系列严重的宏观经济问题，包括：失业率持续上升、不良债权数量增加、通货紧缩等。与此同时，还引发了一系列新的问题，如产业结构调整滞后、不良债权、企业雇佣过剩等。为此，当时很多的日本经济学者认为，这些问题的出现，是因为日本经济本身存在结构性问题，影响了资源从低生产率部门向高生产率部门的移动，从而必须实施“结构改革”。① 例如，野口悠纪雄就指出，以日本式雇佣、官民协调、间接金融为代表的日本式经济体制在追赶欧美等发达国家的进程中存在很重要的意义，但是在结束对欧美等发达经济体的赶超后，这种经济体制已经不再能够符合日本经济发展的需要，为此必须实施“结构改革”，促使日本走出经济长期低迷的状态。

与此同时，虽然在20世纪90年代日本实施了大规模的财政政策，但是财政政策的效果却越发不明显，对促进经济增长的作用愈发降低。此外，日本实施了宽松的货币政策，但是货币政策效果同样不明显。为此，日本的经济学家认为，此时日本经济的问题存在于供给方面，必须对日本经济的供给层面实施改革。②

21世纪初期，小泉上台后开始进一步推动“新自由主义”的“结构改革”。20世纪90年代，由于日本长期的经济低迷，导致日本企业的资本负债情况不断恶化，从而使得日本金融机构的不良债权数量持续上升，阻碍了日本经济发展。小泉内阁提出了“没有结构改革，就不能实现经济增长”的口号，认为结构改革能够促进日本经济增长。为此，在小泉内阁上台后进一步推动“结构改革”，其首要目标就是要削减日本的不良债权数量，从而提升日本生产要素的流动性，实现日本经济的再生。与此同时，小泉内阁上台后，进一步推动

① 野口旭、田中秀臣、「構造改革論の誤り」、東洋経済新報社2014年版、第9頁。

② 竹中平蔵、「構造改革の真実」、日本経済新聞社2006年版、第16頁。

对日本式雇佣体制的改革，试图改变自高速增长时期以来的日本式雇佣体制，改变长期雇佣和年功序列制，引入“成果主义”的评价方式，提升劳动力的流动程度，从而实现将劳动力资源从低生产率部门向高生产率部门转移的目标。通过实施结构改革，调整影响市场机制发挥的各种经济制度，促进资源要素的有效使用，从而促进消费和生产的均衡，促进经济的发展。

日本实施结构改革的主要目的在于通过提升资源配置的效率，提升企业生产的积极性，而结构改革的主要手段则是推动政府的规制改革，放宽政府管制的范围，促进民间企业的发展。在这种思想的指导下，日本在20世纪90年代至21世纪初期，实行了一系列具有“新自由主义”特征的经济政策，具体包括以下几个方面。

第一，规制改革。战后日本对经济领域的各个方面设置了诸多规制，通过这些规制对经济实现了一定程度的干预。此外，在21世纪初期，小泉内阁推动的邮政民营化也是日本一项重要的规制改革措施。

第二，金融体系改革。战后高速经济增长时期所形成的“护送舰船”式的金融体制不再符合日本经济发展需要，进入20世纪90年代后，日本政府积极推动金融体系改革。主要表现在以下两个方面：一是20世纪90年代中期的“金融大爆炸”改革，对日本的金融系统实施系统性改革，放松对银行业、证券业等金融行业的交易限制，扩大投资者的投资范围，提高金融结构的中介机能；二是21世纪初，日本政府积极推动不良债权处理，设立“产业再生机构”等组织，采用“官民合作”的方式，积极改善经营困难企业的经营状况，促进企业走出财务困境，从而削减日本的不良债权问题，以促进日本经济恢复增长。

第三，雇佣制度改革。为提高日本劳动力市场的灵活性，小泉内阁自上台后，开始推行“雇佣制度改革”。小泉内阁修改了《劳务派遣法》，促使日本企业以更加灵活的方式雇佣员工，允许制造业雇佣非正式员工，从而提高日本劳动力市场的灵活性。通过改革雇佣制度，调整日本自高速增长时期以来形成的，以终身雇佣制、年功序列制为代表的日本式的雇佣体制，使之符合经济发展的需要。

第四，推动日本经济结构改革。1996年桥本龙太郎上台执政，在日本经济增长陷入低迷的背景下提出了“六大改革”方案，包括行政改革、经济结构改革、金融系统改革、社会保障结构改革、财政结构改革、教育改革，试图通过实施这些改革，降低日本高企的生产成本，促进劳动、资本流动，促进创新，提高经济效率。

由于日本20世纪90年代至21世纪初期实施的结构改革措施较多，以下笔者分为三个部分对这一问题展开探讨，分别是20世纪90年代初期的规制改革、20世纪90年代中后期桥本龙太郎的“六大改革”以及21世纪初期小泉内阁的“结构改革”措施。

二、20世纪90年代初期的规制改革措施

在西方供给学派的影响下，日本自20世纪80年代中后期开始推行产业部门的规制改革。经济理论指出，通过实施规制改革，减少政府对经济的干预，可以增加消费者福利。20世纪80年代中后期，日本的规制改革主要集中于国有企业的民营化，而20世纪90年代则在诸多产业领域部门实施了规制改革措施。

第一，规制改革的经济理论基础。首先，通过规制改革，减少政府对经济的直接干预，确立市场在资源配置中的主导地位。新古典主义经济学主张政府在市场中应发挥监管作用，而非直接自由地进行经济分配，市场应在资源配置中发挥主导作用。而政府的市场监管作用则需要应用于存在“市场失败”问题的领域。这些领域包括：公共基础设施建设、消除外部经济问题、具有自然垄断性质的公共事业建设等。此外，政府还应通过实施财政和货币政策调整经济总需求，维持经济发展稳定，并建立合理的税收制度，促进收入的公平分配。

除此以外的领域，政府则应减少对市场的干预，由市场完成资源的分配和使用。其次，通过实施规制改革，可以增加消费者的福利。如图 4 - 3 所示，在政府的规制之下，存在一个垄断的市场，根据微观经济学理论，此时消费者剩余为 BCE_0。但是在撤销政府规制后，会促进其他厂商加入这个此前被限制进入的市场，从而收到两个经济效果。一是市场的均衡价格下降。因为更多的厂商参与到了市场的价格竞争之中，会促使市场均衡价格从 P_0 下降至 P_1。二是消费者福利会从此前的 BCE_0 扩展至现在的 BFE_1。由此可见，从经济理论上看，规制改革有助于增加消费者福利。

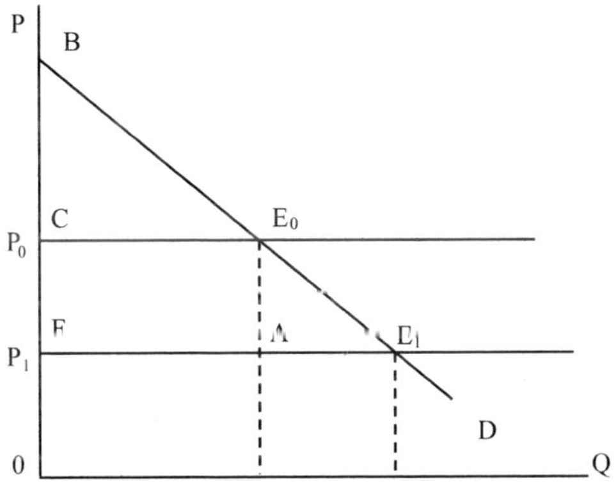

图 4 - 3　规制改革与消费者福利

第二，20 世纪 80 年代后，日本开始推行规制改革，放松对于加入退出、价格、投资等的规则限制，向受规制的产业引入竞争机制，从而促进产业内部竞争，能够为消费者提供多种新服务，并降低收费水平。日本的规制改革主要由日本总理大臣的咨询机关“临时行政调查会”（简称“临调”）所推动。① 20 世纪 80 年代中期，日本推动了日本国有铁路（JR）、日本电信电话公司

① ［日］植草益著，朱绍文、胡欣欣等译校：《微观规制经济学》，中国发展出版社 1992 年版，第 184 页。

（NTT）、日本专卖公司（日本烟草产业）三家国有企业的民营化工作。这些公司在实施民营化改革之前普遍存在经营效率低下的问题。这些公司因为具有政府规制的保护，导致其他企业难以进入这些产业领域开展竞争，形成了垄断经营，所提供的服务价格过高。日本通过国有企业的民营化改革，以提高这些企业的经营效率。① 此外，20 世纪 80 年代后日美贸易摩擦日趋激烈，美国的压力也是日本推动规制改革的一项重要因素。在 1989—1992 年，日本和美国就日本经济结构改革问题，总共开展了五次“日美结构协议”对话活动，美国要求日本实施结构改革，调整经济结构，开放国内市场。据此，日本进一步扩大了国内公共投资，同时修改了《大店法》，实施了规制缓和措施。

第三，20 世纪 90 年代初期日本的规制改革（1990—1997 年）。泡沫经济崩溃后，促使日本政府从经济体制的角度，思考阻碍日本经济增长的长期因素，为此没有放弃推动规制改革，而是进一步地推动规制改革的实施。通过实施“规制改革”减少政府管制，增加民间企业的经营活动空间。如表 4 – 2 所示，泡沫经济崩溃后，日本逐渐确立了推动规制改革的计划与方向。日本经济改革研究会在 1993 年提出了《平岩报告》，指出对于经济规制的设定原则上应遵循自由原则，同时应推动社会规则的简单化，从而明确了日本规制改革的基本原则。② 1994 年日本设立了“行政改推进本部”作为推动行政改革的主要机构，在 1994 年提出的《规制缓和推进纲要》，总共提出 1100 余项规制改革措施。1995 年，日本政府制定了《规制缓和推进计划》，给出了规制改革的具体措施，着力推动通信、交通、物流、能源、金融等领域的规制改革，为上述领域引入市场化的竞争机制。此后，在 1996 年和 1997 年则对《规制缓和推进计划》实施进一步的修订，持续推动规制改革。

---

① ［日］植草益著，朱绍文、胡欣欣等译校：《微观规制经济学》，中国发展出版社 1992 年版，第 258 页。

② 小峰隆夫编、「日本経済の記録－第 2 次石油危機への対応からバブル崩壊まで－（1970 年代～1996 年）」、佐伯印刷株式会社 2011 年版、第 513 頁。

表4－2　1990—1997年日本规制改革措施及动向

时间	规制改革措施	具体内容
1990年4月	第二次临时行政改革推进审议会最终报告	提出废止政府规制，推进规制缓和
1992年6月	第三次临时行政改革推进审议会报告	提出规制改革的方向在于确立国际标准，推动有利于消费者的措施
1992年12月	1993年行政改革大纲	确定推动规制改革
1993年11月	经济结构改革研究会中间报告（《平岩报告》）	经济规则应遵循自由原则，社会规则应遵守自主原则
1994年1月	设立行政改革推进本部	
1994年7月	制定《规制缓和推进纲要》	制定了涉及住宅、通信、市场流通、金融服务4个领域的1100项规制改革措施
1995年3月	制定《规制缓和推进计划》	在1995—2000年间，推动11个领域的规制改革，涉及住宅、通信、交通、物流、进口、金融、能源等产业部门，共计1091项规制改革措施
1995年4月	设立“规制缓和小委员会”	
1996年3月	提出《规制缓和推进计划》修订版	新增569项，总计实施1797项规制改革措施
1997年3月	《规制缓和推进计划》再次修订	

资料来源：小峰隆夫、「日本経済の記録－第2次石油危機への対応からバブル崩壊まで－」、佐伯印刷株式会社2011年版、第522頁。

三、20世纪90年代中期的“六大改革”措施

1996年，桥本龙太郎内阁成立后，推行“六大改革”，其主要内容为实施“结构改革”和“行政改革”。小渊惠三上台后，继续推行“结构改革”，设立“产业竞争力会议”，推动劳动市场改革以及规制改革，增强日本的供给能力。1997年，桥本龙太郎在国会的施政方针上提出了“六大改革”的政策口号。“六大改革”是指：财政结构改革、教育改革、社会保障结构改革、经济结构

改革、金融体系改革、行政改革。以下具体探讨这些政策内容及其所带来的经济效果。

第一，桥本龙太郎内阁基于供给的角度出发，认为日本的经济体制制约了日本经济发展。桥本龙太郎认为，当前的日本经济体制制约了日本经济的进一步发展，需要构筑能够充分发挥日本经济实力的新型经济体制，为此要实施涉及行政、财政、社会保障、经济、金融、教育等领域的全方位的结构性改革，以促进日本经济活力的提升。① 这种政策思路来自于从供给角度对日本经济的反思。泡沫经济崩溃以来，日本经济增长持续低迷，即便采取了一系列的财政和货币政策措施，日本的经济增长速度仍然没有起色。为此，日本政府转而从经济供给的角度出发，从经济制度的角度，探究制约日本经济发展的制度因素，通过实施行政、财政、经济、金融等领域的改革，提升日本的供给能力，增强日本的供给质量，从而起到对经济发展的促进作用。桥本龙太郎的改革仍然基于新古典主义经济学，主张逐渐减少政府对经济的干预，包括减少政府对经济的财政刺激，试图从增强资源配置效率的角度，提升供给质量，从而实现长期经济增长。

第二，桥本龙太郎六大改革具体的政策措施。其一，行政改革。1997 年行政改革会议的《最终报告》提出，将日本的 22 个省厅削减为 1 府 12 省厅，同时强化内阁府的行政机能，减少政府的规模，提高行政效率。② 提出设立“经济财政咨问会议”，增强首相对于经济社会政策的决策能力，改变了日本过去以官僚为主的决策模式，但是这一机构发挥实际作用则是在小泉内阁成立之后。其二，社会保障结构改革。桥本龙太郎内阁认为，随着日本的人口老龄化进程不断加快，社会保障支出也会随之增加。为了减少未来年轻人的社会保障

---

① 山家悠紀夫、「日本経済 30 年史バブルからアベノミクス まで」、岩波書店 2020 年版、第 74 頁。

② 小峰隆夫编、「日本経済の記録－金融危機、デフレと回復過程（1997 年—2006 年）」、佐伯印刷株式会社 2011 年版、第 101 頁。

支出负担，就需要实施社会保障支出改革，减少社会保障支出，以实现社会保障收支的平衡，建设具有效率的社会保障体系，预计在1998—2001年将社会保障支出减少5000亿日元。① 其三，经济结构改革。通过实施规制改革措施，进一步完善资金、人才、技术等领域的市场制度建设，促进具有高附加价值的产业发展，重点提升能源、物流、信息通信、金融等领域的服务效率。1996年桥本龙太郎内阁提出了《规制缓和推进计划（修订版）》，实施规制改革事项1797件。此外，在1997年桥本龙太郎内阁的《规制缓和推进计划（再修订版）》中又提出了2823件规制改革事项。经济结构改革注重发挥市场的主导作用，强调经济的自由原则，规制只应存在于特殊场合，因而需要撤出诸多的经济规制，促进企业间的自由竞争。其四，金融系统改革。桥本龙太郎内阁在1996年仿照英国的“金融大爆炸”改革，提出了日本版“金融大爆炸”这一金融系统改革措施，计划在2001年前将东京金融市场建设成为与伦敦和纽约并驾齐驱的“自由”“公平”“国际化”的国际性金融市场。日本金融系统改革的主要内容是：扩大投资者和筹资方的金融产品选择范围；提高金融机构间的竞争从而提升金融中介服务质量；改善金融市场环境；建立可信赖的公正透明的交易框架和交易规则。② 通过实施这一改革扩大了日本证券业、银行业的经营范围，也增强了日本金融产业内部的竞争程度，提升了金融服务效率。其五，教育改革。桥本龙太郎内阁的教育改革，注重人才培养，提出在尊重每个人个性的基础上，培养富有正义感和创造性的国际化人才，并以此为目标推进教育改革。其六，财政结构改革。桥本龙太郎上台后，将日本的财政政策从积极的财政政策调整为紧缩的财政政策。1997年成立了“财政结构改革会议”，制定了“财政结构改革”的五项基本原则：（1）到2003年时，将财政赤字占

---

① 佐橋克彦、「社会保障構造改革の意味すること」、帯広大谷短期大学紀要 1999年3月号、第81—91頁。

② ［日］鹿野嘉昭著、余熳宁译：《日本的金融制度》，中国金融出版社2003年版，第41页。

GDP 的比率调整为3%，并不再发行赤字国债；（2）将1997—2000 年指定为集中改革时期，实施削减政府财政支出的措施；（3）将 1998 年的预算数额控制在 1997 年财政预算数额之下；（4）不再制定大型的公共投资基本计划；（5）将国民的税收负担率控制在 50% 以下。[①] 由此可见，在桥本龙太郎内阁时，执行紧缩的而非扩张性的财政政策，试图通过减少政府支出来增加企业的生产和经营活力。

第三，桥本龙太郎“六大改革”存在的问题。一是此时的日本政府尚未认识到经济结构性改革会在短期内对经济形成“供给冲击”。虽然实施经济结构性改革有利于改善资源配置，促进经济资源的有效利用，从长期看能够从供给的角度增强日本经济的供给能力，实现更高水平的产出。但是，经济结构性改革的实施伴随着剧烈的制度调整，不仅经济体中的个人与厂商需要一定的调整与适应时间，而且在短期内也会对个人与厂商的经营活动起到一定的冲击作用，形成短期内的“供给冲击”，从而造成经济的总供给曲线的左移，不利于维持短期内经济的稳步增长。二是桥本龙太郎内阁在实施经济结构改革时，主要注重供给侧政策的实施，忽视了经济需求侧的宏观经济管理，政策组合内部存在严重的矛盾。桥本龙太郎内阁的经济政策组合配合不佳。在桥本龙太郎的六项改革中，行政、教育、金融、经济体制、社会保障改革均属于经济供给侧政策，而这些政策的实施则会在短期内形成“供给冲击”，造成总供给曲线左移，从而不利于经济增长。但是其中的财政结构改革措施，并没有对冲经济结构改革所造成的冲击，反而实施了紧缩的财政改革措施，进一步造成总需求的下滑，从而导致短期内日本经济发展受到严重冲击。加之，1997 年时日本发生了系统性金融危机，一系列金融机构相继破产，日本金融体系受到严重干扰。在外部环境不利的条件下，桥本内阁的经济结构改革措施也并未得到有效实施。

---

① 小峰隆夫编、「日本経済の記録－金融危機、デフレと回復過程（1997 年—2006 年）」、佐伯印刷株式会社 2011 年版、第 63 頁。

四、21 世纪初期的结构改革措施

2001 年小泉内阁上台后，着力推进“结构改革”，具体包括：金融体系改革、邮政民营化改革、劳动力市场改革、规制改革等。① 从 20 世纪 90 年代中期开始，日本政府逐渐推行结构性改革政策措施，试图通过提高生产效率，从供给层面拉动经济增长。2001—2006 年小泉内阁实施了具有新自由主义经济政策性质的“结构改革”措施，涉及广泛领域，为此需要详细探讨其理论依据、具体措施和政策效果。

第一，小泉内阁实施结构改革的理论依据与来源。与桥本龙太郎内阁相似，小泉内阁也认为实施“结构改革”才是促进日本经济增长的根本方法。21 世纪初期距离泡沫经济崩溃时的 20 世纪 90 年代初期已达 10 年之久，但是日本经济仍然没有走出经济增速长期低迷的困境，甚至出现了通货紧缩等新问题。面对这一问题，日本政府自 20 世纪 90 年代以来实施积极的财政和货币政策，然而对日本经济的促进作用收效甚微，这使得日本政府认为要想长期改善日本经济的增长状况，就必须实施供给侧的经济政策，通过实施“结构改革”提升资源的使用效率。“结构改革”理论认为：日本经济长期低迷的原因在于日本的经济制度已经不符合日本经济发展需要，成为阻碍日本经济发展的因素，抑制了经济资源的有效利用，为此需要实施结构性改革，以提升经济体活力。“结构改革”理论为小泉内阁所接受，并成为小泉内阁实施“结构改革”的重要理论基础。小泉指出：“不实施结构性改革就不能够实现日本经济的再生，为此需要开展经济、财政、行政、社会、政治等领域的结构改革。”②

---

① 星岳雄、アニル・K・カシャップ著、「何が日本の経済成長を止めたのか－再生への処方箋」、日本経済新聞社 2013 年版、第 54 頁。

② 山家悠紀夫、「日本経済 30 年史：バブルからアベノミクスまで 」、岩波書店 2020 年版、第 160 頁。

小泉内阁的结构改革政策主张受到了英、美等国家实施的新自由主义经济政策的影响。美国的“里根经济学”主张减少政府干预并实施减税措施。英国则在撒切尔首相的领导下，实施了一系列国有企业的民营化改革，包括石油、电力、铁道、邮政等行业，为这些曾经被政府所垄断的行业引入了市场竞争机制。日本在英、美等发达国家新自由主义经济政策的影响下，也开始积极实施结构改革措施。在桥本龙太郎内阁时期，已经开始实施了具有新自由主义性质的结构改革措施，但是因为桥本内阁的政策组合配合失序，导致结构改革时间很短，并未得到有效且充分地实施。小泉内阁上台后，继承了桥本内阁时期结构改革的思路，继续实施涉及经济、财政、社会、行政等领域的结构改革措施，并扩大了结构改革的实施范围，在桥本内阁的基础上推动了进一步的结构改革。

小泉内阁的结构改革政策主张受到了日本国内经济界的影响。减少政府干预、减少法人税收等西方供给学派的主张同样获得了日本国内经济界的欢迎。日本的经团联就曾多次向日本政府建言，要求实施“税制改革”，并放松对劳动力市场的管制。关于税制改革，经团联向日本政府建言，要求减少法人税而增加消费税。针对劳动力市场改革，日本经团联主张，要调整长期雇佣方式，增强劳动力市场灵活性。小泉内阁的结构改革措施无疑受到了日本国内经济团体的影响，所实施的政策多有暗合经团联的建言之处。

第二，小泉内阁实施结构改革的具体措施。小泉内阁的“结构改革”吸取了桥本内阁时期的教训，并没有在一个时期内集中开展所有的结构改革措施，而是对政策实施了优化组合，确定了结构改革政策的先后实施顺序：一是实施金融体系改革，优先解决日本的不良债权问题，为结构改革的实施创造良好的宏观经济环境；二是实施民营化改革，将民间能够完成的工作交由民间完成，减少政府的干预；三是实施规制改革，进一步完善市场制度环境。由此可见，与桥本龙太郎时期急风骤雨般的集中性结构改革不同，小泉时期的结构改革实现了政策组合优化，实现了有顺序的结构改革措施，即首先创造有利于改革的宏观经济环境，而后再施行作用于供给侧的结构改革，以减小对经济的冲击。此外，小泉内阁始终秉持“小政府”主张，减少政府支出，以减少经济体中个人和民间企业的负担。以下具体分析小泉内阁的结构改革措施。①

其一，行政改革。为了强化首相对于经济政策的控制能力，小泉内阁通过改革进一步强化了桥本内阁时设立“经济财政咨问会议”的作用，并使之成为日本首相实施经济财政政策的重要资讯机构。“经济财政咨问会议”的主要成员包括日本政府官员、日本经济产业界人士以及相关专家学者。小泉内阁时期“经济财政咨问会议”在经济财政政策领域发挥了重要作用，其提案往往会成为日本首相的施政依据。2001 年“经济财政咨问会议”通过了“经济财政运营及经济社会结构改革基本方针”，成为了小泉内阁实施结构改革的基本指导方针政策。其二，金融体系改革。金融体系改革是小泉内阁结构改革的重要组成部分，而金融体系改革重点则是处理20 世纪 90 年代以来形成的不良债权问题。不良债权问题的存在导致日本金融系统的金融中介机能下降，不利于日本经济增长的恢复。2002 年日本政府制定“金融再生计划”，加速处理不良债权问题，所采取的措施包括：严格审查银行的既有资产、金融厅审查日本金融机构所持有的不良债权、通过注入公共资金的方式改善银行的资本金情况、制定不良债权处理计划等。通过实施以上措施加快了日本金融机构处理不良债权问题的进程。其三，邮政民营化改革。小泉内阁认为，通过实现邮政企业民营化，有助于提升日本的经济活力。2004 年日本政府提出了“邮政民营化基本方针”，将日本邮政公社拆分为六家机构，即一家控股公司、四家子公司②、一家法人机构。邮政民营化改革受到日本部分国会议员的反对，小泉纯一郎不惜解散国会以推行邮政民营化法案。邮政民营化改革有助于精简日本的政府机构，通过加强竞争的方式，提升服务质量，此外还有助于提升邮政储蓄所吸纳资金

① 内阁府、「平成 17 年度年次経済財政報告」、https：//www5. cao. go. jp/j - j/wp/wp - je05/05 -00000. html。

② 四家子公司分别从事邮政业务、邮政储蓄、简易保险和邮政局等业务。

的使用效率，提升日本金融机构的竞争力。其四，劳动力市场改革。为了提高日本劳动力市场的流动性，小泉内阁还实施了劳动力市场改革，其主要措施为2003年实施的对《日本劳务派遣法》的修改。这次《劳务派遣法》修改主要包括以下几个方面：一是消除对派遣时间的限制；二是将制造业也纳入允许劳动派遣的范围；三是实现“介绍预定派遣”的合法化。① 小泉政府的劳动力市场改革，提升了日本劳动力市场的流动性，在一定程度上缓解了日本制造业用人不足的问题，但是也由此引发了正式雇佣与非正式雇佣间待遇差距扩大等新问题。其五，设立结构改革特区。日本的医疗、教育、照护等非制造业存在着诸多的经济规制，而此前的规制改革并未深入到这些非制造业领域。为了推进这些领域的规制改革，日本政府在2003年制订了《结构改革特别区域法》，允许在特定区域内实施针对特定产业的规制缓和，并评价政策效果，以此为规制改革的进一步实施提供有益参考。在2003—2006年日本共设立了一千余个结构改革特区，推动教育、医疗、农业、新兴产业、国际物流等领域的规制改革。② 其六，地方财政改革。小泉内阁时期奉行西方供给学派主张，致力于消除财政赤字，减少政府支出，试图将每年的日本国债发行数额控制在30万亿日元以内，以节省政府开支。小泉内阁推行地方财政改革的目的在于减少中央政府对地方的财政转移资金和补助金，从而达到削减日本政府财政赤字的目标。此外，小泉内阁还实施“三位一体”改革，提升地方政府的自主税收能力，以弥补因国家转移支付下降所造成的地方政府收入不足问题。

---

① 星岳雄、「何が日本の経済成長を止めたのか－再生への処方箋」、日本経済新聞出版社2013年版、第86頁。

② 星岳雄、アニル・K・カシャップ著、「何が日本の経済成長を止めたのか－再生への処方箋」、日本経済新聞出版社2013年版、第110頁。

五、20 世纪 90 年代至 21 世纪初日本供给侧结构性改革的推行情况

20 世纪 90 年代至 21 世纪初期，日本实施了两次明显的供给侧结构性改革措施，分别为 1997 年的桥本内阁的“六大改革”和小泉内阁的“结构改革”。这两次改革均以新自由主义为出发点，主张减少政府对市场经济的干预，减少政府的财政支出，从而激发个人和厂商的经济活力，长期提高日本的经济增长率。但是，这两次改革并未取得预计效果，甚至因为在短期内引起的经济增速下降，导致了供给侧结构性改革的推行受到阻碍。

第一，桥本龙太郎内阁“六大政策”的实施结果。桥本龙太郎内阁时期实施了一系列的经济结构性改革措施，形成了“供给冲击”，与此同时，并未采取积极的财政政策对冲经济结构性改革所带来的短时期内的供给下降，而是采取了紧缩的财政政策，对经济体的需求产生了进一步冲击。桥本龙太郎内阁的“六大改革”因为其政策组合所存在的严重缺陷，对本就脆弱的日本经济造成了更加剧烈的负面影响。如图 4 -4 所示，在 1995—1996 年，日本实际 GDP 增速出现了一定程度的恢复，达到了 2%—3% 的水平，但是在桥本龙太郎上台后的 1997 年日本的实际 GDP 增速就开始迅速下滑，1997 年为 0.8%，到 1998 年甚至达到了 -1.3%，日本经济增速恢复的局面不复存在，直到 2000 年时日本的实际 GDP 增速才恢复到了 1.3% 的水平。

日本实际 GDP 迅速下滑的原因主要包括三个方面：一是居民的消费出现迅速下滑。在桥本龙太郎内阁实施的财政结构改革中，包括了将消费税从 3% 提升到 5% 的增加税收措施，从而打击了消费者消费的积极性，使得日本的民间消费增速从 1996 年的 2.2% 下降至 1997 年的 -1.1%。二是政府部门支出的下降。由于桥本龙太郎内阁时期奉行减少政府开支，减少实施大型公共事业的财政政策，日本政府部门的需求也出现下滑。政府部门支出从 1996 年的 2.1% 下

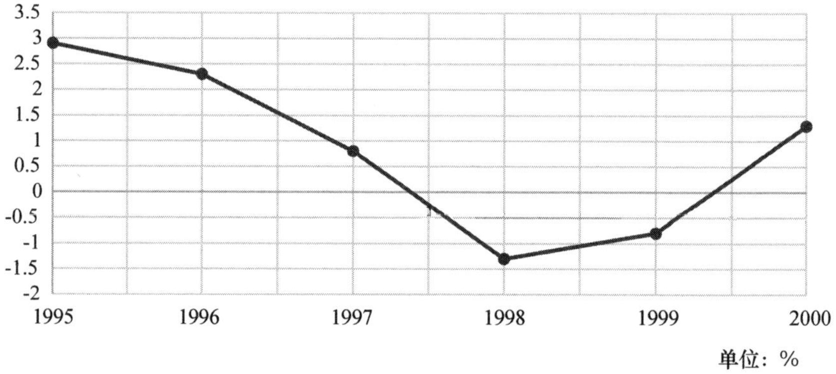

图 4－4　桥本龙太郎内阁时期日本实际 GDP 增速（1995—2000 年）

资料来源：内閣府、「国民経済計算」、https：//www5. cao. go. jp/j － j/wp/wp － je17/h11 _ data01. html。

降至 1997 年的 1. 1%，这不利于维持日本的经济增长。三是外部经济环境的变化。1997 年爆发了亚洲金融危机，使得日本企业的出口环境受到影响，日本的出口增速从 1997 年的 6. 5% 下降至 1998 年的 －3. 8%。① 由此可见，桥本龙太郎内阁的“六大改革”不仅没有实现促进日本经济增长的目标，反而造成了日本经济增速下降的严重后果。

与此同时，日本国内也爆发了严重的金融危机。日本股票市场价格从 1994 年的 2 万日元左右下降至 1997 年的 1. 3 万日元。由于 1997 年日本实施了“金融大爆炸”改革，在金融市场中贯彻“自我责任”的原则，减少政府对金融市场的干预，从而导致金融市场出现了不稳定因素。从三洋证券的破产开始，引发了一系列金融机构的破产，日本金融市场剧烈动荡，同时也出现了“惜贷”现象，进一步恶化了日本的经济增长情况。由此，日本的景气动向指数（DI）也出现了迅速下滑，从 1996 年 1 月的 72. 7，下降至 1997 年 1 月的 54. 5，此后

① 内閣府、「国民経済計算」、https：//www5. cao. go. jp/j － j/wp/wp － je17/h11 _ data01. html。

进一步下降至1998年1月的18.2。①

桥本龙太郎内阁时期积极推动了经济结构改革、金融系统改革、财政结构改革、社会保障改革等一系列供给侧结构性改革措施，但是因为宏观经济政策配合失序，造成了严重的经济后果，阻碍了供给侧结构性改革的深化落实，其教训是深刻的。笔者将在第八章具体探讨宏观经济政策与供给侧结构性改革之间的配合问题。

第二，小泉内阁实施结构改革的效果。通过实施金融系统改革，有效促进了日本不良债权数量的下降，从2002年3月的27.6万亿日元下降至2005年3月的13.6万亿日元，有效提高了日本金融系统的运行效率。邮政民营化改革实现了对邮政集团的拆分，旧有的邮政业务则由新成立的民营公司所承接。但是邮政民营化并未真正完成，在2009年民主党上台后，民主党政府实施了否定邮政民营化进程的路线，冻结了民营化进程，进一步加强了日本邮政的公共服务职能。劳动力市场改革后，提升了日本劳动力市场的流动性。如图4－5所示，在实施劳动力市场改革后，日本的劳动派遣人数从2003年的213万人提升到了2008年的381万人。但与此同时，劳动力市场改革也带来了正式雇佣者和非正式雇佣者间收入差距扩大的问题，进一步导致了日本社会的贫富差距扩大。对于结构改革特区的设置，主要起到了以下三个作用：促进了企业投资、创造了新的就业岗位、促进了观光人数的增加。但与此同时也存在对企业吸引力不足、对地方经济增长拉动效果不明显等问题。② 日本在实施地方财政改革后，减少了中央政府对地方政府的转移支付金额。日本地方政府的财政收入来源占比出现变化，地方交付税金额和国库补助金占日本地方财政的收入比例从2001年的34.9%下降到了2006年的26.53%，而地方税占比则从2001年的

① 内閣府、「景気動向指数」、https：//www. esri. cao. go. jp/jp/stat/di/di. html。

② 内閣府、「特区における経済効果」、http：//www. kantei. go. jp/jp/singi/tiiki/kouzou2/hyouka/dai21/siryou5. pdf。

35.55%提升到了2006年的36.8%。① 这表明小泉内阁通过改革，减少了中央政府对地方政府的财政转移支付。

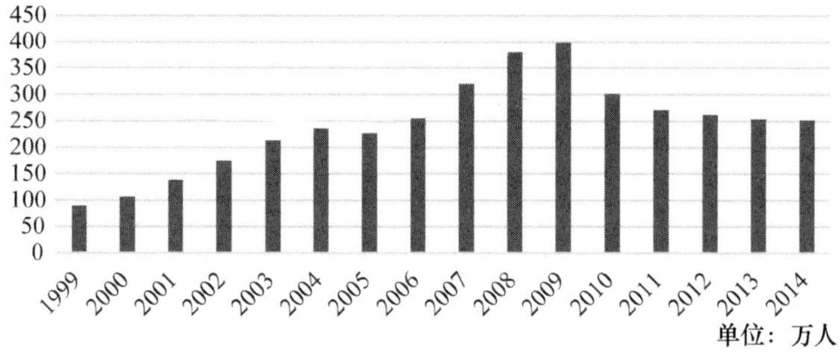

图4-5 日本派遣劳动者数量变化（1999—2014年）

资料来源：厚生労働省、「労働者派遣事業報告書」、https：//www.mhlw.go.jp/stf/houdou/0000199493_00002.html。

小泉内阁的宏观经济政策如下：

首先，在财政政策方面，小泉内阁实施紧缩的财政政策。小泉还提出了国债发行额控制在30万亿日元以下的口号。在2001年的“骨太方针”中指出，日本经济面临着严重的财政赤字问题，需要实施财政结构改革以改善日本的财政状况，提升财政资金使用效率。受此影响，日本的财政支出金额出现了下降趋势。日本的预算总额从2001年的86.3万亿日元下降到了2003年的81.9万亿日元。2005年的“经济财政运营和结构改革方针”提出了“小政府”口号，要求实施“财政一体化改革”，其主要措施就是减少政府的财政支出。政府削减财政支出的领域包括：公共事业、地方财政、教育文化、社会保障等。由此可见，在小泉内阁时期，日本实施的是紧缩的财政政策。

其次，在货币政策方面，小泉内阁实施了量化宽松的货币政策。从1998

---

① 星岳雄、アニル・K・カシャップ著、「何が日本の経済成長を止めたのか－再生への処方箋」、日本経済新聞出版社2013年版、第125頁。

年开始，日本的消费者物价指数开始出现负值，日本进入通货紧缩的状态，在2001—2003年日本的消费者物价指数处于-0.5%至-1.0%的区间，而在2004—2006年日本的消费者物价指数虽然有所提升但仍然处于-0.5%至0%的区间，通货紧缩的问题并没有得到根本性消除。日本银行在2001—2006年实施了量化宽松政策，将金融市场的调节手段从此前的“无担保隔夜拆借利率”调整为“日本银行存款余额”，通过购买国债的方式，向市场注入流动性。与此同时，还给出了通货膨胀目标，即将量化宽松政策实施到消费者物价指数上升到0时为止。2001年时日本银行设定的“日本银行存款余额”目标值为17万亿日元，而2003年时则提升至30万亿日元，实施了进一步的量化宽松政策。① 2006年7月，日本央行基于日本经济处于恢复阶段之中，且以消费者物价指数可实现正增长为由，结束了量化宽松政策，从而将“无担保隔夜拆借利率”的目标值设定为0.25%。对于量化宽松的政策的结果，日本有专家学者认为量化宽松的经济政策并未改善日本的通货紧缩问题。香西泰认为，虽然量化宽松起到了为银行提供充足资金且具有稳定金融市场的作用，但是对消除通货紧缩问题并未收到理想效果。② 从政策实施的结果上看，量化宽松的政策实施对解决日本的通货紧缩问题起到了一定的作用，在2003年加大了量化宽松政策的规模后，日本的通货紧缩幅度出现了下降，但并未从根本上解决日本所面临的经济长期低迷的问题。

从这一时期的宏观经济情况来看，处于经济增长逐渐恢复的时期。如表4-3所示，在小泉内阁时期，日本的实际GDP增速出现了增长，从2002年的0.1%上升到了2004年的2.2%，此后也仍然维持在1%—2%的区间内。但是，日本的经济增长在这一时期主要是由出口增加所带来的，日本在这一时期对中

---

① 小峰隆夫编、「日本経済の記録－金融危機、デフレと回復過程（1997年—2006年）」、佐伯印刷株式会社2011年版、第219頁。

② 香西泰、「金融緩和だけで物価は上昇しない」、エコノミスト、2006年4月18日号、第22—23頁。

国和美国的出口持续上升，促进了日本经济的恢复，由出口带来的经济增长构成了日本 GDP 增长的主要来源。如表 4－3 所示，在除去出口增长因素后，日本的实际 GDP 增速在这一时期下降到了 0 至 1% 之间。由此可知，小泉内阁在这一时期实施的结构改革以及量化宽松的货币政策，对提振日本经济内需的作用并不明显，没有从根本上解决日本经济处于长期低迷的问题。

表 4－3　小泉内阁时期日本的经济增长　（单位：%）

时间	GDP 实际增长率	出口增长率	出口以外其他因素的增速
2002 年	0.1	0.8	-0.7
2003 年	1.5	1.0	0.5
2004 年	2.2	1.7	0.5
2005 年	1.7	0.9	0.8
2006 年	1.4	1.4	0.0

资料来源：内閣府、「国民経済計算」。

第三，对于 20 世纪 90 年代至 21 世纪初期日本实施供给侧结构性改革效果的宏观分析。以下笔者依据宏观经济学中的 AD－AS 模型对 20 世纪 90 年代日本供给侧结构性改革所遇到的问题展开分析。

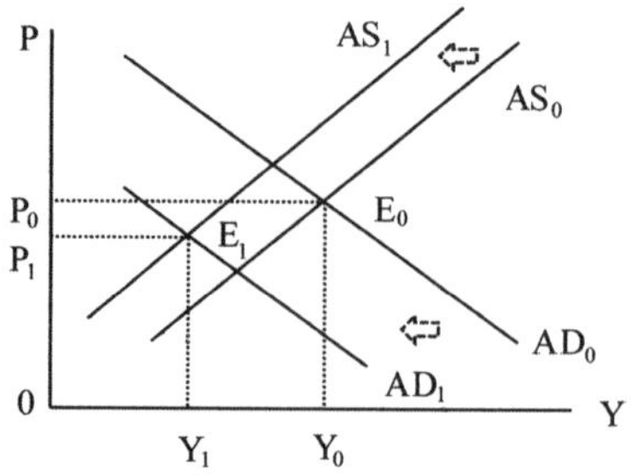

图 4－6　AD－AS 模型（20 世纪 90 年代至 21 世纪初）

如图4－6所示，横坐标代表经济产量，纵坐标代表经济体的物价水平。在初始时，经济体的总供给曲线AS_0和总需求曲线AD_0在E_0处实现均衡，均衡时的产出为Y_0，而物价水平为P_0。如果在此时实施供给侧结构性改革，因为需要对经济制度实施改革，从而会对企业的经营情况产生影响，进而会形成“供给冲击”，造成总供给曲线左移，即从AS_0调整为AS_1。此外，如果此时采用紧缩的总需求管理政策，则会造成总需求曲线AD_0出现左移的情况，即从AD_0调整为AD_1，从而经济体会在E_1点形成新的均衡，此时经济体的产出为Y_1和P_1。但如图4－6模型所示，在新均衡点E_1的产出和物价水平均要小于原均衡点E_0的产出和物价水平。也就是说，在实施供给侧结构性改革和紧缩性的总需求管理政策后，会出现经济总产出下降和通货紧缩的现象。

20世纪90年代中期桥本内阁所采取的“六大改革”就引发了同样的现象，从而使得供给侧结构性改革难以持续推行下去。桥本内阁在推行行政改革、社会保障改革、金融体系改革、经济结构改革等供给侧政策时，引发了短期的“供给冲击”，造成了总供给曲线的左移。与此同时，在总需求管理方面，桥本内阁没有实施积极的财政政策，而实施了紧缩的财政政策，减少政府支出，同时将日本的消费税税率从3%提升至5%，这一系列措施导致日本的总需求下滑，经济体的总需求曲线左移。这种供给侧结构性改革和紧缩的总需求管理的政策组合，导致日本经济出现了总产出下降和物价水平下降的结果，间接引发了1997年日本国内的金融危机和此后困扰日本经济发展的通货紧缩问题。而经济产出的下滑和通货紧缩的出现，也反过来阻碍了日本供给侧结构性改革的进一步实施。

21世纪初期的小泉内阁也存在相似的问题。小泉内阁实施了金融体系改革、邮政民营化改革、劳动力市场改革等结构改革措施，同样是作用于供给侧的结构性改革措施，在短期内形成了“供给冲击”，造成总供给曲线左移。与此同时，小泉内阁时期致力于实施“财政重建”政策，主张减少政府的财政支出，并实施了地方财政改革政策，减少了对地方的财政补助。由此可见，小泉内阁时期对于宏观经济总需求政策的总体态度并不是积极的，并没有采用积极的总需求政策对冲供给侧改革所带来的冲击。虽然日本此时采取了量化宽松政策，但主要目的是应对通货紧缩问题，并未直接起到提振日本内需的作用。小泉内阁时期在总需求政策方面的态度仍然是消极的，2001—2006年日本经济增长的主要动力来自于外需增长而非内需的上升，这一时期日本的经济增长被称为“没有实感的经济增长”。由此可见，这一时期日本的经济发展也面临着总产出下降和物价下降的双重压力，从而不利于供给侧结构性改革的实施。从另一个角度看，在小泉内阁执政结束后，邮政民营化改革被中止，也从另一个侧面反映出没有伴随总需求政策而实施的供给侧政策会在推行中遇到困难。

不论是桥本内阁还是小泉内阁所推行的“结构改革”政策，因为没有积极的总需求政策的配合，引发了经济体内部产出下滑和物价下降等问题，恶化了宏观经济环境，而这导致了供给侧结构性改革政策更加难以实施。

六、20世纪90年代至21世纪初日本供给侧结构性改革的特点分析

20世纪90年代至21世纪初期的日本供给侧结构性改革主要由三个部分组成，即20世纪90年代中前期的规制改革、20世纪90年代中后期的桥本内阁的“六大改革”以及小泉内阁时期的“结构改革”措施。这一时期日本供给侧结构性改革的特点为“以质为主，以量为辅”。

20世纪90年代至21世纪初期日本供给侧结构性改革在经济思想上深受西方“供给学派”“新古典经济学派”的新自由主义思想影响，主张减少政府对市场经济的干预，发挥市场在资源配置中的主导作用，从而推行了以规制改革为主的一系列经济体制机制改革措施，包括了此后的金融体系改革、经济结构改革等。此外，西方“供给学派”还主张政府实施减税措施，以激发市场的经济活力。桥本内阁和小泉内阁均实行了对法人税的调降措施，并主张减少政府

的财政支出，从而导致在这一时期日本政府普遍实施了紧缩的财政政策。

紧缩的财政政策导致总需求水平的下降，而供给侧结构性改革的实施则会造成经济体总供给水平的下滑，总需求水平下降叠加总供给水平下滑，进一步恶化了日本的宏观经济环境，造成日本的总产出水平下降，这不利于日本供给侧结构性改革的实施。桥本内阁和小泉内阁的供给侧结构性改革的相关政策组合均存在这一矛盾，恰是因为这个矛盾导致供给侧结构性改革措施的推进受到了进一步阻碍，影响了日本经济长期增长这一最终目的的实现。

第五章　安倍经济学的成长战略：量质并举的供给侧结构性改革

2012 年安倍第二次上台后，实施了积极的货币和财政政策，同时推动了供给侧结构性改革的实施，并取得了一定的经济成果。安倍经济学中的“成长战略”，既包含“量”的层面的内容，也包含“质”的层面的政策，具有“量质并举”的特征。通过采用积极的总需求管理政策与供给侧结构性改革相配合，有效推动了供给侧结构性改革的实施。

一、当前日本供给侧结构性改革实施的主要背景

泡沫经济崩溃后，日本经济陷入长期低迷之中，尽管日本实施了积极的财政与货币政策来促进经济增长，但是效果并不明显。在民主党执政时期，日本经济面临世界金融危机和“3·11”日本地震的双重考验，日本经济增长受到严重挑战。当前日本实施的供给侧结构性改革围绕着提高全要素生产率而展开。

（一）日本民主党政权时期日本的经济情况与政策措施

20 世纪 90 年代后，日本经济陷入长期低迷，人口老龄化和生产率增速持

续下降是困扰日本经济进一步发展的重要因素。小泉内阁时实施的具有市场化导向性质的改革对日本社会造成了很大影响，导致非正式雇佣工人人数的增加和社会贫富差距的扩大。由此，日本社会开始出现了对“新自由主义”反思的声音。这也导致了自民党的政治基础受到动摇，在2007—2009年分别出现了安倍晋三、福田康夫、麻生太郎等首相，而且还产生了“扭曲国会”问题，进一步制约了自民党的执政能力。正是在这样的背景下，日本实现了政权交替，2009—2012年日本主要由民主党执政。日本民主党政权特别强调了对小泉内阁时期具有市场导向性质改革的批判。例如，鸠山由纪夫指出：如果日本的经济生活全部交由市场来主导，虽然可能提升了效率，但是却会导致国民生活的丧失。① 在这种思想的指导下，日本民主党政权否定了此前日本自民党政府主要刺激经济的主张，即通过公共事业刺激经济增长，以及通过“结构改革”修改日本经济制度，从长期的角度刺激日本的经济增长。日本民主党政权给出了另一种刺激日本经济增长的思路，即在完善社会保障制度增强人民生活幸福感的同时，促进健康、环境、观光等产业的发展，从而创造出新的增长点，带动日本经济增长，从日本民主党所实施的政策看，这种思路是基于供给侧角度考虑的，其思想近似于古典经济学派的“供给创造需求”，即认为通过新兴产业的发展，可以创造出新的需求，从而促进经济增长。

在这种思路的指导之下，日本民主党政权提出了一系列供给侧改革措施，例如提出了“新增长战略”这一结构性改革措施。首先，“新增长战略”给出了日本未来的经济增长目标，即预期到2020年日本的GDP总值达到650万亿日元，并将名义GDP增速3%、实际GDP增速2%列为经济增长目标。其次，“新增长战略”提出推动健康、环境、观光等领域的发展从而为经济创造新需求。菅直人内阁则进一步完善了重点发展领域，主要包括以下方面：绿色创新、生命科学、绿色生产、亚洲经济、观光、地方经济、科学技术、通信情

① 鳩山由紀夫、「与信演説」、http://www.shugiin.go.jp/internet/itdb_kaigirokua.nsf/html/kaigirokua/000117120090106002.htm。

报、雇佣人才和金融等。试图通过促进这些领域的发展带动日本经济实现增长。但是，民主党政权的供给侧政策实施，并没有雄厚的财政资金支持。一方面，在泡沫经济崩溃后，日本的税收情况日趋恶化，导致税收收入下滑。另一方面，民主党政权在“预算甄别”过程中并未取得显著效果，没有为实施供给侧改革提供足够的资金支持。正是因为上述因素的存在，导致民主党的供给侧结构性改革政策未得到有效推动，未实现内需主导的经济增长。

2008 年发生了世界金融危机，对日本经济的发展造成了严重的伤害。2008 年 10—12 月，日本的出口环比下降 42%，设备投资环比下降 14.3%；在 2009 年 1—3 月，日本出口环比下降 69.3%，设备投资环比下降 22%。① 由此可见，日本经济受到了世界金融危机的严重冲击。为此，日本政府采取了积极的财政政策和货币政策予以应对。在财政政策方面，2008 年实施总额 27 万亿日元的经济对策，2009 年则实施了规模高达 56.8 万亿日元的“紧急经济对策措施”。在货币政策方面，2008 年 12 月日本央行将再贴现率下调 0.2% 并开始购买风险资产，从 2010 年日本央行开始推行全面的货币宽松政策，包括资产购买计划和贷款支持计划等。

2011 年发生了“3·11”日本地震，不仅引发了严重的福岛核泄露问题，而且造成日本产业供应链的不稳定，总共造成了 16.9 万亿日元的经济损失，对日本经济发展产生了负面影响。2011 年 1—3 月日本实际 GDP 增速环比下降 5.6%，2011 年 4—6 月日本实际 GDP 增速环比下降 4.6%。② 为了应对这些负面因素，日本民主党政权采取了一系列财政和货币政策。在财政政策方面，2011 年实施了 23.6 万亿日元的经济对策措施。在货币政策方面，日本央行加大了资产购买力度，从 2011 年 8 月的 40 万亿日元增加至 2012 年 12 月的 100 万亿日元，与此同时日本央行还导入了“通货膨胀目标”政策措施，承诺在不达到通货膨胀目标之前不解除量化宽松政策措施。

---

① 小峰隆夫、「平成の経済」、日本経済新聞出版社 2019 年版、第 148 頁。

② 小峰隆夫、「平成の経済」、日本経済新聞出版社 2019 年版、第 166 頁。

图5－1反映了民主党执政时期日本实际GDP增长率的变化情况。在世界金融危机的冲击下，日本经济在2008年和2009年的实际GDP增速分别为－3.7%和－2.0%，在积极的财政和货币政策的干预下，在2010年实现了3.5%的增速，但此后受到“3・11”日本地震的影响，日本经济增速依然乏力，停留在0—1%的水平之间。民主党的供给侧结构性改革政策在这样的宏观经济背景下，很难得到充分实施，从而没有发挥支撑日本经济增长的作用。

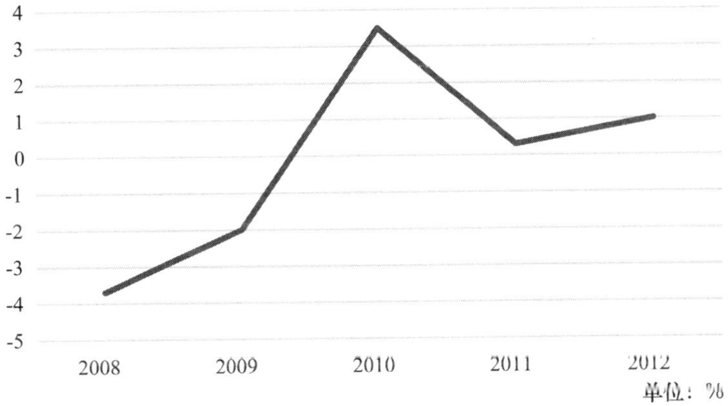

图5－1 日本实际GDP增长率（2008—2012年）

资料来源：内閣府、「国民経済計算」。

（一）思想背景

日本完成工业化后，经济体的供需关系出现变化，泡沫经济崩溃后资本收益率下降、人口老龄化加重、研发收益率下降、资源配置效率减低等问题促使日本政府实施供给侧结构性改革。安倍晋三上台后，实施“安倍经济学”经济政策需要一定的政策思想支持。笔者认为，这一时期的供给侧结构性改革着重强调提高全要素生产率的重要性，将提高全要素生产率为核心推动日本实施供给侧结构性改革。

如本书绪论中所述，供给侧结构性改革包含“量”与“质”两方面的内涵，一方面是要推动资本、劳动等生产要素供给，另一方面是要消除资源配置扭曲、提高资源配置效率，其最终目的在于促使供给结构与需求结构相符，推动经济的高质量、可持续发展。受制于基础设施建设存量大、移民政策限制多等因素，日本很难从提高资本、劳动要素供给等“量”的方面开展供给侧结构性改革。

提高全要素生产率在当前日本的供给侧结构性改革中占据重要地位，尤其是在经济的结构性问题日趋突出的背景下，通过供给侧结构性改革提高全要素生产率显得十分迫切。全要素生产率反映了经济体对于资本、劳动等生产要素的使用效率，更合理的劳动和资本的组合方式将有助于全要素生产率的提高。全要素生产率的提高受到直接和间接两方面因素的影响：技术进步带来的生产效率的提升是影响全要素生产率的直接因素；生产要素的组合配置效率是影响全要素生产率的间接因素。因此，从提高全要素生产率这一“质”的方面推行供给侧结构性改革，便成了日本恢复经济增长的重要政策方向。

基于上述的经济思想，日本的供给侧结构性改革分别从这两方面同时着手，力图推动全要素生产率的提升。首先，日本的供给侧结构性改革注重促进技术创新。技术创新是影响全要素生产率的直接因素，创造具有市场需求的技术创新可以直接促进全要素生产率的增长。其次，日本的供给侧结构性改革致力于改善经济的资源配置效率。这反映在以下两个层面：（1）重视推动产业转型与升级。产业的转型升级能够带来主导产业的合理转换，而主导产业的发展会提升经济整体的全要素生产率水平。（2）采用改善资源配置的相关政策，消除资源配置扭曲。在资本市场方面，提高市场竞争力，打破行业垄断，提升投资效率，改革融资机制可以促进资本流向更有效率的生产部门。在劳动力市场方面，深化雇佣方式改革，完善劳动力市场的制度建设，营造良好的劳动力市场运行秩序，改善劳动力供给的数量与质量，可以促进劳动要素流向更有效率的生产部门。由上可见，日本的供给侧结构性改革始终围绕着提高全要素生产率展开，提高全要素生产率成为当前日本供给侧结构性改革的主线。

二、当前日本供给侧结构性改革的主要思路和基本框架

当前日本供给侧结构性改革主要围绕“安倍经济学”的“成长战略”展开。在“安倍经济学”的三项主要措施中，“成长战略”是一项重要的组成部分。“成长战略”侧重于从经济的供给层面促进日本经济的发展，实施的主要政策包括：规制改革、税制改革、促进农业、医疗等领域的发展。在“安倍经济学”的第二阶段，提出了“总活跃计划”，不仅提出要促进创新、通过劳动方式改革提升生产率，还进一步实施改革提升老年人和女性就业率，扩大劳动力供给，从提升劳动力数量方面助力日本经济的恢复发展。

（一）当前日本供给侧结构性改革的主要思路

日本政府从2013年提出“日本再兴战略”开始，安倍政府开始实施结构性改革措施，经历了多次调整，但始终是“安倍经济学”中的重要一环，与“财政”“货币”政策一起组成了安倍政府的主要经济措施。“安倍经济学”的结构性改革实施重点在于，调整与提升日本产业结构，从低生产率的产业部门中释放“资本”“劳动力”等生产要素资源，促进生产要素向着具有更高生产率的部门移动，提升全要素生产率，带动日本社会经济的整体发展。

2012年安倍晋三上台后，采用总需求与总供给相结合的方法，在增加总需求的基础上，实施供给侧结构性改革，以促进日本经济增长。但整体而言，“安倍经济学”的“三支箭”侧重于总需求政策，供给侧结构性改革政策仍显不足。

第一，“旧三支箭”侧重于从需求方面推动经济增长。2012年上台后，安倍政府推出了一系列经济刺激政策，被称为“安倍经济学”，主要由三方面组成。[①]（1）大胆的量化宽松货币政策，采用量化与质化相结合的方式，增加货币供

① 张季风：《“安倍经济学”给日本带来什么》，《领导科学论坛》2016年第16期，第36—50页。

给，降低长短期利率，促进投资；（2）灵活的财政政策，在政府负债额已超过GDP 200%的情况下，继续加大政府投资规模；（3）着眼于促进民间投资的结构性改革政策，如倡导创立经济特区，吸引外国技术、人力资源和资金，让更多的女性工作等。总体而言，“旧三支箭”主要侧重于采用积极的货币与财政政策来增加总需求，刺激经济增长，与此同时，配合实施一定程度的供给侧改革政策。

第二，“新三支箭”侧重于从供给方面推动经济增长。经过两年多的政策实践，“安倍经济学”虽然在一定程度上推动了日本经济增长，但未达到预期目标。安倍政府于2015年提出了被称为“新三支箭”的一系列政策措施，即打造强力经济、支持面向未来的生育计划、建立完善的社会保障制度，并希望借此使日本的GDP于2020年达到600万亿日元。与“旧三支箭”不同，“新三支箭”着眼于从供给层面促进经济增长，并将提高全要素生产率明确写入政策目标之中。如致力于从根本上改善创新环境，构建有利于创新的制度体系，通过实施创新来推动全要素生产率的提升；2017年安倍政府还提出实施人才革命及生产力革命，从而实现“一亿总活跃社会”这一目标。① 通过对日本实施供给侧结构性改革历史的考察可以发现，提高全要素生产率始终是日本供给侧结构性改革的主线，提高全要素生产率这一政策目标贯穿于整个日本供给侧结构性改革的实施全程。

（二）当前日本供给侧结构性性改革的基本框架

“安倍经济学”中的“结构性改革”，在日本被称为“成长战略”，主要由四个方面组成。（1）促进投资。降低商业壁垒，设立“国家战略特区”，鼓励科技创新，促进中小企业发展，提高公共服务领域的民间企业参与度。（2）促进人才竞争。提高女性劳动比例，培育国际化的青年人才，提升日本国际参与

① 王新生：《安倍长期执政的原因探析：社会变迁、制度设计、“安倍经济学”》，《日本学刊》2018年第3期，第1—16页。

度，改善日本劳动力市场制度。（3）为新兴产业领域发展提供宽松政策环境。实现电力市场完全竞争，建设健康长寿社会，提升农业规模化生产和自由度。（4）提升国际化参与程度。增加访日游客人数，吸引外资企业赴日投资，扩大基础设施出口，实施文化软实力战略。[①] 由此可见，“调结构”“拓市场”“稳增长”是安倍“结构性改革”的主要目标。“调结构”是指继续促进日本技术密集型、知识密集型产业发展，调整雇佣制度，鼓励女性走进劳动力市场。“拓市场”是指完善市场环境构建，促进新兴产业领域发展，调整和重组现有企业。“稳增长”是指长期促进日本的经济增长，提高日本国内生产总值和人均国内生产总值。自2013年安倍上台以来，根据国内外经济形势变化，多次调整结构性改革政策内容，但基本离不开以上思路。2013年以来日本的结构性改革政策可划分为四个阶段，即“旧三支箭”下的“日本再兴战略”，“新三支箭”中的“日本再兴战略修订版”，构建“社会5.0”与“未来投资战略”，以及中美贸易摩擦背景下的“成长战略”。各阶段的主要政策框架和政策目标如表5－1所示。

表5－1　当前日本供给侧结构性改革的基本框架

主要阶段	政策名称	政策目标
第一阶段：“旧三支箭”中的“结构性改革政策”（2013—2014年）	日本再兴战略	促进产业新陈代谢、促进科技创新、推动雇佣制度改革、促进医疗健康产业发展、实现观光立国
	日本再兴战略修订版2014	促进产业振兴、促进女性就业、推进科技创新、实现高水平信息化社会、实施国际化战略

① 内閣府、「やわらか成長戦略」、https：//www. kantei. go. jp/jp/topics/2014/leaflet_seichosenryaku. pdf#search＝%27やわらか成長戦略%27。

续表

主要阶段	政策名称	政策目标
第二阶段："新三支箭"中的"结构性改革政策"（2015—2016年）	日本再兴战略修订版2015	实施"生产率革命"、促进民营企业投资、促进中小企业发展、提升服务业生产率
	日本再兴战略修订版2016	实现国内生产总值600万亿日元、推进规制改革、促进创新、培育创新型人才
第三阶段：构建"社会5.0"与"结构性改革"（2017—2018年）	未来投资战略2017	提升中小企业生产率、提高企业收益率、促进企业投资、构建"社会5.0"
	未来投资战略2018	推进第四次产业革命、完善市场经济制度构建、促进新兴产业发展
第四阶段：中美贸易摩擦背景下的"结构性改革政策"（2019—2020年）	成长战略2019	促进新兴技术发展、完善公司治理制度、构建创新系统、实现覆盖全年龄段的社会保障、强化安全保障措施

资料来源：日本首相官邸资料①；《历年日本产业结构审议会"总会报告"》②；历年日本经济产业省年报③。

"旧三支箭"下的"日本再兴战略"是结构性改革的第一个阶段。以产业振兴、刺激民间投资、放宽行政管制、扩大贸易自由化为主要支柱。2015年后，安倍提出"新三支箭"，结构性改革进入第二阶段。要求加强育儿支援，完善社会保障建设，在此基础上促进民间企业投资，培育人才，促进中小企业发展。2017年日本提出"社会5.0"口号，结构性改革进入第三阶段。要求将物联网、人工智能等第四次产业革命技术运用到日本所有的产业和社会中去，重点支持发展健康、移动、供应链、基础设施建设、科技金融等领域。2019年

① 首相官邸、「日本再與戰略改訂2015」、https：//www. kantei. go. jp/jp/singi/keizai-saisei/kettei. html#saikou2015。

② 経済産業省、「第2回産業構造審議会総会」、https：//www. meti. go. jp/shingikai/sankoshin/sokai/002. html。

③ 経済産業省、「経済産業省年報」、https：//www. meti. go. jp/policy/newmiti/mission/msn00001. html。

在中美贸易摩擦日趋激烈的背景下，日本提出了“成长战略 2019”，结构性改革进入第四阶段。

由此可见，安倍内阁时期的“结构改革”措施，既包括“量”的措施，如鼓励老年人就业、女性就业等，从而提升劳动力的供给数量，也包括“质”的措施，如促进创新、提升生产效率、促进新兴产业发展等供给侧政策，实现了“量”与“质”的结合，日本的供给侧结构性改革政策发展进入新阶段。

三、当前日本供给侧结构性改革的主要政策措施

安倍的结构性改革措施着眼于供给层面，试图通过提升和改善企业的经营效益带动员工收入的增加，进而改善就业，实现企业收益、家庭消费、经济增长之间的“正向循环”。为此，采取了一系列措施，具体内容如表 5－2 所示。

表 5－2 “安倍经济学”中结构性改革的主要内容和具体措施

主要政策分类	政策内容	涉及领域	政策措施与工具
促进企业投资	制定《产业竞争力强化法》	先进设备投资、企业业务重整、促进初创企业发展	设立企业实证特例制度、推动各领域规制改革
	促进产业新陈代谢	所有产业	对企业经营业务重组实施税收优惠
完善市场环境	设立“国家战略特区”	农业、医疗健康、城市建设、自动驾驶	实施法律和规制改革，打破经济体制约束和限制
	降低法人税税率	所有产业	降低法人税税率至 30% 以下，为企业减负，提高员工收入
	公司治理制度改革	所有产业	修订公司法，增设企业外部管理岗位，加强公司监管
	金融改革	养老基金	修改养老金运营规制，促进养老金进入股市和债市
	农业整体性改革	农业	改革日本农业协会，减少政府补贴，增强农业竞争
	电力自由化改革	能源产业	打破电力行业垄断格局，引入竞争机制

续表

主要政策分类	政策内容	涉及领域	政策措施与工具
完善就业制度	促进女性、老年人就业	所有产业	鼓励企业积极吸纳女性、老年人就业
	劳动方式改革	所有产业	消除正式和非正式员工间待遇差距，实现就业方式多样化
	强化人才竞争力	所有产业	实施大学改革，培育创新型人才，实行记分制度，促进外国人才引入
促进科技创新	推进战略性创新项目研发	所有产业	设置“战略性创新项目”，重点突破对日本政府具有重要意义的基础性研究工作
	构筑开放式创新系统	物联网、大数据、人工智能	促进产、官、学合作，促进第四次产业革命方面的技术研发，推动研究成果有效转化
	知识产权标准化战略	所有产业	完善知识产权制度，提高审查效率，推动国际范围内的知识产权保护
	实施“沙盒监管”措施	所有产业	设立“沙盒监管”制度，促进新兴领域的技术创新
	加强安全保障措施	所有产业	加强安全保障，防止关键技术流失
发展新兴产业	推进实现“社会5.0”	所有产业	构建“超智能社会”，充分运用第四次产业革命技术
	推进第四次产业革命领域发展	健康、移动、供应链、基础设施和先进的金融服务	将大数据、人工智能等第四次产业革命的技术革新引入社会经济生活的方方面面，给予重点支持，重点促进物联网、大数据、人工智能（AI）、机器人、共享经济创新发展
	推动医疗健康产业发展	医疗、护理、养老、健康	加大iPS细胞研究开发，鼓励医疗及医药领域创新
促进中小企业发展	振兴中小企业	所有产业	提供担保资金，促进中小企业信息化发展
	促进初创企业发展	所有产业	推动风险资金供给、采用财政税收等优惠措施支持初创企业发展

资料来源：日本首相官邸资料；历年日本产业结构审议会《总会报告》；历年日本经济产业省年报。

其一，促进民间投资，振兴日本产业。一是制定《产业竞争力强化法》解决日本企业的“过小投资”“过剩规制”“过度竞争”问题。修改税收等法律制度，促进民间企业投资具有较高生产率的设备设施。二是促进产业新陈代谢，采用优惠税收的方式，积极促进企业经营业务重组，提升资源的使用效率。

其二，完善市场环境建设。安倍上台后，为促进生产率较高的产业发展，进一步推动规制改革，完善企业经营环境。一是设立“国家战略特区”，在制定地区，可以实施大胆的规制改革措施，促进新兴产业发展。二是将法人税率降低至30%以下，减少企业的经营负担，促进企业经营业务重组，提升日本企业的国际竞争力，同时提高进员工收入。三是完善公司治理制度，设置外部董事，加强企业监管，提升公司经营层责任。四是针对金融、农业、电力等产业实施改革，促进资源的有效流动，提升产业竞争力。

其三，完善就业制度。既有的日本式雇佣制度已经不能适应当前日本社会经济发展的需要，促进劳动力资源的有效流动，实施就业制度改革。一是从劳动力数量层面，促进女性和老年人就业，增加劳动力数量的供给；二是实施“劳动方式改革”，促进劳动力市场的流动化，缩小正式员工和非正式员工之间的待遇差距，提升劳动方式的多样性；三是积极培养青年创新型人才，并积极引入外国高级人才。

其四，促进科技创新。推动科学技术创新，用以解决社会经济发展中所面临的问题。一是发挥“综合科学技术会议”等政府机构引导作用，设立重大基础研究项目和“战略性创新项目”制度，以实现技术的突破创新。[1] 二是构筑开放式创新系统。积极推进政府、大学、研究机构、民间企业在第四次产业革命领域研究开发中深度融合，促进物联网、大数据、人工智能等领域的技术创

---

① 首相官邸、「日本再興戦略」、https：//www. kantei. go. jp/jp/singi/keizaisaisei/pdf/saikou_jpn. pdf#search = %27 日本再兴战略 2013%27。

新，并促进研究成果的有效转化。① 三是实施知识产权标准化战略。完善知识产权保护制度，提高审查速度，同时在全球范围内推动对日本企业知识产权的保护。四是实施“沙盒监管”方式。建立“沙盒监管”措施，促进自动驾驶、人工智能、生物、智能安保、智能生活等产业技术发展，构建有效制度环境。五是加强技术安全保障措施。在中美贸易摩擦发生后，日本政府注重提高产业技术的安全保障，重新审视日本新兴技术，防止重要技术的流出。

其五，发展新兴产业。一是提出“社会5.0”发展目标，构建“超智能社会”，通过第四次产业革命的技术手段，掌握个体信息，促使每个人均能享受特定服务，从而实现快乐、舒适的社会生活。二是积极推进第四次产业革命领域发展。通过发展物联网、人工智能、机器人等产业技术，以满足国民日益个性化的经济需求，促进日本经济结构转型。日本政府指定的重点发展领域包括：健康医疗、自动驾驶、供应链、基础设施、金融服务等。为了实现第四次产业革命的目标，通过逆推的方式，确定需要突破的项目，从而制定出长期、中期、短期的目标，并将这些目标通过制度的方式确定下来，从而形成产业发展“路线图”，并以具体项目为中心，突破规制障碍，促进新兴产业发展。三是推动医疗健康领域发展。在人口老龄化背景下，发挥日本医疗技术优势，推进再生医疗领域研究。

其六，促进中小企业、初创企业发展。中小企业是日本就业的主要来源，同时也是日本国民经济的重要支撑。一是积极促进中小企业发展。为中小企业提供担保资金，促使中小企业开展国际业务，并积极促进中小企业的技术革新，推动信息化技术在中小企业中的普及。二是促进初创企业发展。增加风险资金供给，为初创企业提供财政税收优惠。

---

① 首相官邸、「日本再興戦略 2016」、https：//www. kantei. go. jp/jp/singi/keizaisaisei/pdf/2016_zentaihombun. pdf。

四、日本推动第四次产业革命的主要措施

推动实现第四次产业革命是“安倍经济学”中的一项重要组成部分。日本政府促进实现第四次产业革命的有关内容，主要表现为注重推动物联网、人工智能、健康医疗等特定产业的发展措施，而这些政策措施与传统的产业政策具有一定的相同之处，是当前日本供给侧结构性改革中“质”的部分的重要体现。日本推动第四次产业革命的主要措施包括以下几个方面：

第一，加强汽车产业发展。汽车是日本的支柱产业，日本政府鼓励日本汽车厂商使用物联网、大数据等新兴科技技术，提升日本汽车产业的发展优势。近期，发展无人驾驶技术是日本政府设定的汽车产业发展目标。例如，日本经济产业省就提出了要在2020年实现高速公路上无人驾驶的队列行驶，并促使这一技术在2022年前实现商业化。日本政府出资37亿日元，用以补助无人驾驶技术的研究开发。① 此外，为了进一步促进日本汽车产业发展，日本政府还积极推动日本汽车产业之间的兼并与重组，鼓励丰田、本田等大型汽车公司加强电动汽车的研发工作，以促进日本形成这一领域的技术优势。

第二，促进健康医疗产业发展。随着日本人口老龄化的不断发展，健康医疗产业逐渐成为日本政府扶植的产业之一。目前，日本政府已经将健康医疗产业确定为促进经济发展的核心产业之一并加以推动。日本政府主要从加强新兴科学技术的角度入手，促进新兴技术在日本健康医疗产业中的应用，推动健康医疗产业发展。一方面是在医疗服务过程中，进一步导入机器人等高端医疗器械装备，提升医疗技术水平。另一方面则是借助“大数据”等新兴技术，将个人的医疗数据串联在一起，形成数据库，以便及时掌握国民的健康状态。由此可见，日本政府试图将第四次产业革命的代表性技术引入健康医疗产业，从而

① 経済産業省、「平成30年度経済産業政策の重点」、https：//www. meti. go. jp/main/yosangaisan/fy2018/pdf/01_2. pdf。

构建具有国际竞争力的健康医疗产业，推动日本经济的升级转型。

第三，推动人工智能技术研究开发。人工智能技术水平的提高，对于实现第四次产业革命而言具有重要意义。为此，日本政府设立了跨省厅的“人工智能技术战略推进会议”，负责制定人工智能的研究计划和行动路线图。① 日本内阁府将人工智能技术选定为重点发展的技术领域，给予研究开发方面的资金支持。在日本经济产业省制定的“新产业结构展望”中，人工智能技术也被置于重要的发展地位，日本政府将会通过资金支持、规制改革、政企合作等方式，扩大人工智能技术的应用范围，如产业机械、健康养老、教育教学等。由此可见，日本政府希望通过发展第四次产业革命相关的新兴科学技术，带动日本汽车、健康医疗等产业发展，从而促进日本经济的增长。日本政府对这些部门所采取的资助措施属于传统的产业政策范畴，可见虽然日本政府减少了“产业政策”的提法，但是其产业政策范式却是一以贯之的，日本政府始终没有放弃通过加强国家的投入来推动产业发展的做法。

五、当前日本供给侧结构性改革的推行情况

安倍上台后实施了一系列“结构性改革”，进一步完善了日本市场制度构建，虽然对日本经济发展起到了一定的促进作用，但尚未解决日本经济增速乏力问题，其中的经验教训值得参考。

（一）当前日本供给侧结构性改革的实施效果

首先，“安倍经济学”的实施为日本经济发展带来了一定的正面效果。如图 5－2 所示，在大胆的货币政策、积极的财政政策，以及促进民间投资的“成长战略”的作用下，日本经济出现了一定程度的增长。2013 年度，日本的

① 独立行政法人情報処理推進機構 AI 白書編集委員会、「AI 白書 2017」、角川アスキー総合研究所 2017 年版、第 297 頁。

实际 GDP 增速达到了 2.0%，比 2012 年度提高了 0.5%，其中私人消费和投资的增长更是达到了 1.9%。这表明“安倍经济学”初期的政策起到了推动私人消费和投资的作用。在 2014 年消费税增税后，日本的私人消费和投资出现了迅速的下滑，2014 年的增长率仅有 0.2%。但是，因为实施了量质并举的货币宽松政策，促使日元汇率大幅下滑，从而拉动了日本的出口增长，2014 年日本的出口增长率达到 1.5%，进而使得 2014 年日本的实际 GDP 增长率达到了 0.4% 的水平。2016—2017 年，日本的实际 GDP 增长率再次出现回升态势，2017 年的实际 GDP 增速达到 2.2%。从 2018 年至今日本经济的增速则再次进入了下滑的通道。综上所述，“安倍经济学”的实施通过作用于私人消费、民间投资、政府支出和出口增长，对促进日本经济增长起到了一定的推动作用。

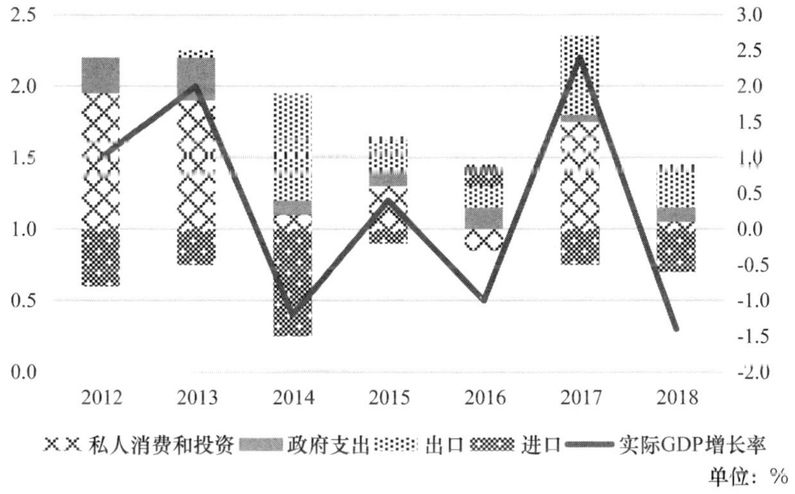

图 5-2 日本实际 GDP 增长率（2012—2018 年）

资料来源：内閣府、「国民経済計算」。

其次，“安倍经济学”中的结构性改革取得了一定成果，但仍未从根本上解决日本经济的深层次结构性问题。这一时期，安倍实现了“长期执政”，其政策措施具有良好的一致性，较好地贯彻了日本政府的主导思想。日本推动了电力、农业、医疗等领域的规制改革，突破了长期以来结构性改革的禁忌领域，进一步完善日本的市场经济制度。与此同时，日本政府虽然围绕着提升全要素生产率实施结构性改革，推进了资本、劳动力市场的资源流动，但效果并不十分显著，仍未解决日本经济的深层次结构性问题，也没有激发日本经济产生新的需求。首先，“安倍经济学”刺激经济增长的效果并不显著。如前所述，“安倍经济学”实施以后日本的经济增长率仍然停滞在0—2%之间，没有实现3%的增长目标。① 其次，安倍经济学虽然采取了量化质化的宽松货币政策，但是也仍未实现2%的通货膨胀目标。在2012年12月至2018年11月，日本消费者物价指数的平均值为0.4%，虽然较之前日本的通货紧缩状况有所改善，但是仍然没有实现2%的通货紧缩目标，日本央行也迟迟无法退出量化质化的货币宽松政策。最后，“安倍经济学”实施后，虽然日本的经济增长情况有所改善，但是并未有效提高居民的收入，而是体现在大企业收益情况的改善上，呈现出“没有实感的经济增长”的现象，并不利于日本的消费水平提升和经济增长的恢复。

（二）当前日本供给侧结构性改革有效推行的原因分析

当前日本供给侧结构性改革在宏观经济政策的有力配合下，得到了有力的实施，笔者在分析“安倍经济学”中的宏观经济政策的基础上，探讨当前日本供给侧结构性改革与宏观经济政策有效配合的情况。

第一，“安倍经济学”的“三支箭”与宏观经济政策。安倍第二次上台后，推出了一系列经济政策措施，被称为“安倍经济学”。首先，安倍第二次上台后，实施了积极的货币政策，主要可以分为两个时期。一是2013—2016年的量质并举的货币宽松政策时期。2013年日本央行将通货膨胀目标设为

① 内閣府、「安倍政権6年間の経済財政政策の成果と課題」、https://www5.cao.go.jp/keizai-shimon/kaigi/minutes/2019/0118/shiryo_01.pdf#search=%27安倍政権6年間の経済財政政策の成果と課題%27。

2%，并承诺在实现这一目标之前不退出宽松的货币政策。2013 年 4 月，日本央行正式推出量质并举的货币宽松政策，将货币政策的主要操作目标从此前的“无抵押隔夜拆借利率”转变为“基础货币”，推动基础货币以每年 60 万亿—70 万亿日元的速度增长。在推动基础货币增长的同时，还加大了资产购买规模。将国债购买规模从 50 万亿日元扩大至 80 万亿日元，同时还增加 ETF 和房地产信托基金（JREIT）的购买规模，从而降低资产的风险溢价，诱导利率进一步下降。二是 2016 年至今的量化质化宽松、负利率和收益率曲线控制并举的货币政策。在继续维持量化质化货币宽松政策的基础上，日本央行于 2016 年 1 月引入了负利率政策，对金融机构准备金账户中的部分资金实施 -0.1% 的利率。此后，2016 年 9 月日本央行再次调整货币政策目标，从基础货币调整为“收益率曲线控制”政策，促使短期利率维持在 -0.1%，而长期利率则维持在 0，从而为市场注入更为充足的流动性，以期早日实现 2% 的通货膨胀目标。其次，“安倍经济学”中的财政政策。安倍第二次上台后，实施了积极的财政政策。在 2012 年和 2013 年的财政预算中，均增加了对公共事业的支出，2012 年的公共事业投入为 17.8 万亿日元，2013 年则为 19.3 万亿日元，这使得 2013 年度日本政府的公共投资增长了 8.6%。① 安倍第二次上台后，两次提升了日本的消费税，分别是 2014 年 4 月从 5% 提升至 8%，以及 2019 年 10 月消费税税率从 8% 提升至 10%。虽然增加消费税属于财政紧缩政策，但是为了缓解消费税对经济的不利影响。安倍政府每次在提升消费税时均会实施相应的经济对策，从而减少提升消费税对经济的冲击。在 2014 年提升消费税时，日本政府实施了 5 万亿日元的经济对策措施，而在 2019 年提升消费税时，日本政府则在 2019 年的预算中设置了 2 万亿日元的特别预算，用于刺激民间消费。由此可见，即便是增加税收时，安倍政府也在努力扩大政府支出，以应对增税所带来的负面效应，安倍政府总体上实施的是宽松的财政政策。

---

① 小峰隆夫、「平成の経済」、日本経済新聞出版社 2019 年版、第 184 頁。

安倍第二次上台后，采取宽松的货币政策和积极的财政政策，短时间内在一定程度上改善了日本宏观经济的运行状况。但不论是货币政策还是财政政策均属于宏观经济学中“凯恩斯主义”政策范畴，其效果是明显的，但作用时间却是短期的，无法解决困扰日本经济发展的长期性和结构性问题。要从根本上解决制约日本经济发展的问题，就需要实施“结构性改革”。正是在这种思路的指导下，安倍上台后采用集“财政、货币、结构性改革”为一体的政策组合。而其中的结构性改革部分主要涉及的是影响日本经济长期增长的供给侧问题，是“安倍经济学”中重要的组成部分。

第二，供给侧结构性改革与宏观经济政策的有效配合。安倍第二次上台后，实施“安倍经济学”经济政策，包括积极的财政和货币政策以及供给侧结构性改革政策。如上一部分所述，虽然“安倍经济学”政策的实施仍未从根本上解决日本经济长期低迷的问题，但是也起到了促进日本经济增长、缓解通货膨胀的作用，并且在一定程度上实现了供给侧继续改革的目标，如推动了电力、农业系统的改革等，这是此前小泉内阁时期没有实现的目标。以下使用宏观经济学中的 AD－AS 模型，分析安倍内阁时期日本供给侧结构性改革与宏观经济政策的配合问题。

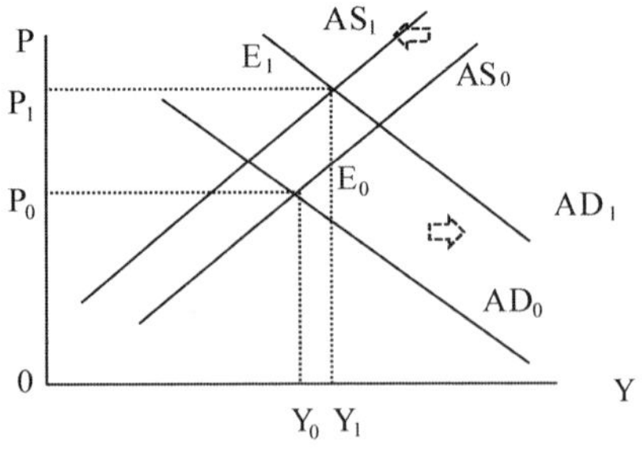

图 5－3　AD－AS 模型（安倍第二次内阁时期）

如图 5－3 所示，横坐标代表经济总量，纵坐标代表经济体的物价水平，在初始时，经济体的总供给曲线 AS_0 和总需求曲线 AD_0 在 E_0 处实现均衡，均衡

时的产出为 Y_0，而物价水平为 P_0。如果在此时实施供给侧结构性改革，因为需要对经济制度实施改革，会对企业的经营情况产生影响，进而会形成“供给冲击”，造成总供给曲线左移，即从 AS_0 调整为 AS_1。此外，如果此时采用积极的总需求管理政策，则会造成总需求曲线 AD_0 出现右移的情况，即从 AD_0 调整为 AD_1，从而经济体会在 E_1 点形成新的均衡，此时经济体的产出为 Y_1 和 P_1。如图 5－3 模型所示，在新均衡点 E_1 的产出和物价水平均要大于原均衡点 E_0 的产出和物价水平。也就是说，在实施供给侧结构性改革和积极的总需求管理政策后，会出现经济总产出上升和通货膨胀的现象。

“安倍经济学”的政策组合正是实现了经济总产出上升和通货膨胀的经济现象。安倍经济学中的“成长战略”即属于供给侧结构性改革的范畴，随着相应改革措施的实施，导致经济的总供给曲线左移。但是，安倍上台后的经济政策与小泉内阁以及桥本内阁所不同的是，在实施供给侧结构性改革时，没有采取紧缩的总需求管理政策，恰恰相反，安倍采取的是积极的总需求管理政策，增加政府的财政支出，即便采取提升消费税的措施，也会提出相应的经济对策予以应对。此外，安倍内阁还采取了积极的货币政策，采取了量质并举的宽松政策，并导入了负利率、收益率曲线控制等一系列货币宽松政策手段。因此，安倍内阁通过宽松的货币和财政政策，实现了积极的总需求管理，从而促使总需求曲线右移。正是在这样的双重作用下，“安倍经济学”政策的实施显现出了经济总产出上升和通货膨胀的双重现象，同时也使得安倍经济学中的供给侧结构性改革能够更充分的实施。对于此前很难推动的农业、电力等系统的结构改革，在安倍内阁时期均实现了一定的突破和进展。

六、当前日本供给侧结构性改革的特点分析

安倍内阁时期采取了诸多的供给侧结构性改革措施，具有如下特点。

第一，产业政策继续调整，注重企业经营环境改善。这一时期的产业政策

在此前产业政策转型的基础上，进一步向着“功能型”转变，产业政策的实施重点不再放在某些特定产业上，而是着重构建整体市场经济制度以及改善企业经营环境。在2014年的“产业结构审议总会”上，时任日本经济产业省经济产业政策局长菅原郁郎表示：“以前的产业政策致力于发展特定产业和科技，以及给予何种优惠措施，日本产业界对这些问题也非常关心，但是现在的产业政策不再沿着以前的道路前行，而是着重改善企业经营环境，希望能够充分发挥企业的自主积极性。”① 由此可见，日本产业政策的实施方向已经出现了根本性变化。

第二，注重加强创新和新兴产业发展。安倍政府所选择的重点发展领域具有极强的针对性，人口老龄化成为日本决定产业政策时的一项重要的参考指标。在提出“社会5.0”发展愿景的同时，注重发展第四次产业革命相关技术，如物联网、人工智能、大数据等，试图为日本经济发展注入新增长点。而且，这一时期的日本产业政策着重发展医疗健康产业，积极促进医疗技术研究开发，这不仅与日本老年人口数量持续增加的现实密切相关，还具有通过促进医疗健康产业发展缓解日本所面临的人口老龄化压力的政策意蕴。此外，日本在开展创新方面，始终注重“官民并举”，注意政府在实施创新过程中的引导作用，重点放在推动关键性基础研究领域的突破上。

第三，注重结构性改革与宏观经济政策协调。安倍上台后所推动的结构性改革并没有重蹈1996年桥本龙太郎首相实施经济结构性改革时的覆辙，在推动结构性改革时，还采用了宽松的财政、货币政策与结构性改革相配合，实现需求侧政策与供给侧政策的相辅相成。日本经济并没有因为实施结构性政策而陷入衰退，反而维持了相对平稳的增长状态。这一宏观经济的运行状态为日本结构性改革的实行奠定了良好基础，有利于安倍政府结构性改革政策的顺利推行和实施。

---

① 経済産業省、「第14回 産業構造審議会総会議事要旨」、https：//www. meti. go. jp/shingikai/sankoshin/sokai/014. html。

第四，加强和完善知识产权体系建设，改善企业营商环境。在经济产业省预算支出方面，改善企业营商环境和构建市场经济制度成为这一时期的重点，2013年设立“专利特别会计”表明日本完善知识产权体系构建的决心，有利于促进日本的创新发展。这一时期“中小企业对策费”“科学技术振兴费”等仍然维持着当前规模，“能源对策费”有所提高，“专利特别会计”的设置则是最为明显的表征。

第六章　日本供给侧结构性改革实施效果分析

日本供给侧结构性改革的实施对于日本的经济发展而言，既有正面效应，也有负面效应。正面效应体现在：产业政策的实施促进了日本经济的高速增长，而后工业化时期的日本供给侧结构性改革措施则提高了日本经济的全要素生产率。但是，日本的供给侧结构性改革也产生了一系列负面影响。产业政策的实施过度干涉企业的自主经营，容易发生寻租行为，并且不利于企业创新，对产业发展作用有限；结构改革则扩大了日本的贫富差距，增加了日本地区间的发展差异水平，对促使日本经济恢复自律增长没有发挥实质性作用。

一、实现工业化前日本供给侧结构性改革促进日本经济增长

笔者根据日本经济发展的不同历程，将日本供给侧结构性改革对日本经济发展的影响分为两个阶段展开实证检验，即实现工业化之前和实现工业化之后。如前所述，在实现工业化之前，日本供给侧结构性改革的主要内容为产业政策，日本政府通过产业政策参与生产要素资源的分配，进而实现有效的资源配置和稳定的经济发展。在后工业化时期，除了在20世纪70年代至80年代所

继续实行的产业政策之外，20 世纪 90 年代后，“结构改革”成为日本供给侧结构性改革的主要组成部分，为此本章第二部分将着重分析工业化后日本供给侧结构性改革的效应。以下首先分析日本供给侧结构性改革在实现工业化前对经济发展起到的作用。

在 20 世纪 50 年代至 60 年代，日本实施供给侧结构性改革有利于推动日本的经济增长，而产业政策正是这一时期最为主要的供给侧结构性改革内容。在日本推动工业化的过程中，产业政策提高了生产要素资源的配置效率，促使有限的资源被配置于国民经济发展中最急需的产业部门之中，从而对尚不完善的市场机制提供了有益补充。① 卢汉林指出，产业政策在战后日本经济发展过程中发挥了重要作用。② 小林正人从日本开发银行融资的角度分析战后日本产业政策，认为借由日本开发银行的融资，推动了日本企业规模的扩大，增强了产业竞争力，但也引发了经济收入差距扩大等问题。③ 松本源太郎认为，日本的产业政策对于实现日本经济高速增长具有很大作用，通过提供低息贷款和分配外汇使用权利的方式，着重发展重点产业，实现了进口替代并促进了出口。④ 由此可见，战后初期的产业政策对于日本经济增长起到了促进作用。以下使用日本经济的实际数据，分析日本产业政策的实施对经济增长的作用，并使用时间序列模型的方法，验证产业政策对经济增长的促进作用。

① 陈建安:《产业政策的有效性：来自日本的实证》，《现代日本经济》2019 年第 1 期，第 1—8 页。

② 卢汉林:《论产业政策在日本经济增长过程中的作用》，《经济评论》2000 年第 1 期，第 120—124 页。

③ 小林正人、「戦後日本の産業政策と高度経済成長 − 産業政策の有効性と評価に関する一考察」，經濟論叢 1984 年第 6 期，第 288—305 頁。

④ 松本源太郎、「戦後の産業政策と経済発展」、経済と経営 1999 年第 3 期，第 1—37 頁。

（一）模型的设定

根据上述理论分析，为研究产业政策对日本经济增长的促进作用，笔者将计量模型设定如下。

$$GDP_t = \alpha + \beta_1 ind_t + \varepsilon_t \tag{1}$$

其中，GDP_t代表日本经济发展的变量，本文使用日本的实际国内生产总值来分析。ind_t为代表日本产业政策的变量，本文使用日本通商产业省的产业补助金数量金额来展开分析。ε_t 表示误差项。

（二）数据样本

本文的数据分析时间为1960—1975年，涵盖了日本经济高速增长时期，为日本实现工业化前的重要时间阶段。本文使用的日本实际国内生产总值数据来自《日本经济长期统计》。

本文所使用的产业补助金数据来自日本国家预算中涉及通商产业省的部分，主要包括提高生产率对策费、新兴技术企业开发育成费、产品安全性确保及公害防止费、产业区域及配置优化费、能源对策与调查费、运输机械开发改善费、纤维工业结构改善费等。由此获得的日本通商产业省的产业补助金数量如图6－1所示。由此可知，日本通商产业省的产业补助金数额在20世纪60年代中期达到了顶峰，此后逐渐减少。日本通商产业省产业补助金的数额从1955年的3.4亿日元增加到了1966年的210亿日元，而在此后则进一步减少到了1971年的54.4亿日元。

（三）实证分析

为防止伪回归的出现，本文使用经济变量的对数展开分析。此外，为了验证经济变量的平稳性，需要使用ADF单位根检验法，以确保经济变量在平稳的前提下展开分析。经济变量的单位根检验结果如下表所示。其中，lnGDP表示

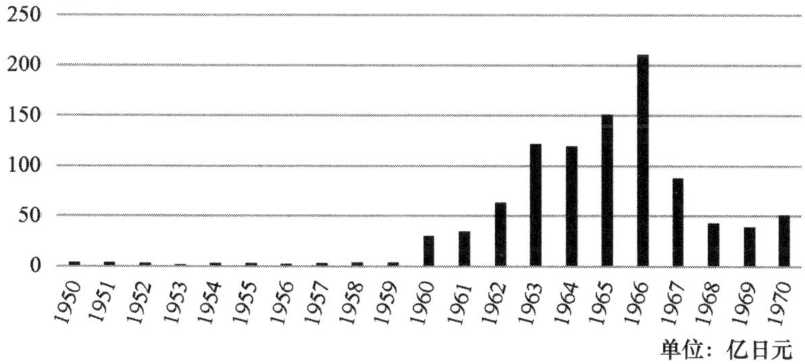

图6-1　通商产业省产业补助金数量变迁

资料来源：「國の予算」、「概算要求書」、「通商産業省年報」。

经济生产总值的对数值，而lnIND则表示产业补助金的对数值。

表6-1　单位根检验结果

经济变量	ADF检验式	ADF统计量	p值	结论
lnGDP	(c，0，4)	0.5387	0.9873	I (1)
lnIND	(c，0，4)	-1.0950	0.6966	I (1)
Δ lnGDP	(0，0，4)	-4.0939	0.0078	I (0)
Δ lnIND	(0，0，4)	-3.3046	0.0023	I (0)

由表6-1可知，lnGDP和lnIND的水平序列均在0.05的显著性水平下不显著，但是这些经济变量的一阶差分序列均为平稳变量。由此可以确定，lnGDP和lnIND这些时间序列变量均为一阶单整需求，可能存在长期均衡关系，因而能够展开时间序列分析，而不存在伪回归的问题。

本文使用时间序列的分析方法，分析产业政策与日本经济增长之间的关系，通过使用日本的实际数据对公式（1）实施回归分析，其结果如下所示。

$$lnGDP_t = 15.79 + 0.07\,lnIND_t + 1.02\,AR_1 - 0.06\,AR_4 + 1.15\,MA_1 + 0.32\,MA_4 + \mu_t \quad (2)$$

$$(4.06) \qquad (2.99) \qquad (5.77) \qquad (-0.33) \qquad (47.83) \qquad (12.12)$$

其中，括号中为对应变量的 t 统计值。为了更好地消除回归模型残差的不稳定性，加入了自回归变量 AR（1）和 AR（4），以及移动平均变量 MA（1）和 MA（4）。根据公式（2）的回归结果，lnIND 的系数在 0.05 的显著性水平下显著。这说明每增加 1% 的通产省的产业补助金，日本经济的增速将会提高 0.07%。由此可见，经济高速增长时期日本产业政策的实施有利于日本 GDP 的增长，从而推动了日本经济发展。

由回归模型结果可知，在经济高速增长时期，日本产业政策的实施推动了日本的经济增长。这是因为在日本实现工业化的过程中，日本的产业政策发挥了积极的作用，通过发展重点产业，促使日本经济结构转型升级，从而获得了较强的经济竞争能力。日本政府的产业政策通过综合运用财政、金融的优惠措施，以及外汇的使用权限，将资源有效分配至需要重点发展的产业，而这一举措加快了日本实现工业化的进程，促使日本在 20 世纪 70 年代中期实现了工业化。由此可见，日本的供给侧结构性改革在实现工业化之前发挥了促进经济增长的积极作用。但是，日本的产业政策的实施也引发了一些问题，带来了一些负面效应。

二、实现工业化后日本供给侧结构性改革提升全要素生产率

进入 20 世纪 70 年代中期以后，日本实现了向工业化经济的转变，日本经济面临的问题从总供给不足转为总需求不足。进入 20 世纪 90 年代，供给层面的人口老龄化、资本收益率下降等结构性问题日益突出，总需求进一步下降，成为日本实施供给侧结构性改革的主要背景。日本在实现工业化以后，面临的问题不再是供给能力不足，而是需求不足。经过长期的凯恩斯主义政策实践，日本并未从根本上改变经济长期低迷的现状，政府逐渐认识到提高经济潜在增长能力的重要性，转向实施真正意义上的供给侧结构性改革。在这一过程中，日本政府对供给侧结构性改革的认识有一个由浅入深、不断演进的过程，愈益

认识到提高全要素生产率的重要性。

其一，后工业化时期日本经济所面临的问题从总供给不足转变为总需求不足。1971 年“尼克松冲击”发生以后，日本经济的高速增长时期结束，以民间投资为主导的经济增长模式无法持续，日本进入了经济结构的转型与调整时期。20 世纪 70 年代中期至 80 年代末期，日本年均经济增长率维持在 3%—4% 之间，相较于高速增长时期的 8%—10% 出现了一定程度的下降。而在宏观经济层面，日本经济所面临的问题不再是总供给不足，总需求不足成为日本经济发展的背景因素。从具体指标来看，国内生产总值（GDP）缺口是指经济体的总需求与潜在增长率之间的差值，如果 GDP 缺口为正，说明经济体处于总供给不足、总需求过剩，物价具有上涨的压力；如果 GDP 缺口为负，则说明经济体处于总供给过剩、总需求不足，此时物价具有下降的压力。通过考察 20 世纪 70 年代中期以来日本 GDP 缺口的变化，可以分析日本经济总需求与总供给之间的结构。根据日本银行的测算结果，在 1983—2017 年，除了一些特殊的时期，[1] 日本经济基本处于总需求不足的状态，即日本经济的实际增长率低于潜在增长率。根据最新的测算结果，从 2016 年开始，日本的 GDP 缺口终于转为正值，2018 年第四季度达到了 2.23%，但日本经济仍然增长乏力。[2]

其二，泡沫经济崩溃后日本经济的结构性问题日益突出。泡沫经济崩溃后，日本经济陷入长期低迷，增速不断下降。在 20 世纪 80 年代，日本的经济增长率还大体维持在 3%—4% 之间，进入 90 年代后大幅降至 1% 左右。这一状况的形成在很大程度上源于日本经济的供给结构与需求结构出现错配，总需求不足和有效供给不足的问题长期并存，经济的结构性问题愈加突出。

战后初期以及经济高速增长时期，日本通过实施产业政策，重点促进了钢

① 这些特殊时期包括：1987—1991 年的泡沫经济及崩溃时期，1995—1996 年和 2005—2007 年等日本经济恢复时期。

② 日本銀行、「需給ギャップと潜在成長率」、https：//www. boj. or. jp/research/research_data/gap/index. htm/［2019 - 04 - 03］。

铁、化学等重化工业的发展。产业政策的实施极大地推动了重化工业的快速发展，形成了卓越的生产能力，使得这些产业具有强大的国际竞争力。日本对美钢铁制品出口从1960年的7168万美元增至1979年的27.4亿美元，增加了37.2倍。[①]这些生产能力的形成与日本政府的政策支持密切相关，这也导致了当产业发展面临的外部环境发生变化时，其提供的产品容易与经济的实际需要发生脱节，出现过剩产能问题。这种过剩产能并不能为市场手段所消除，从而形成了供给和需求的错配。以小型棒钢的生产为例，1978—1979年，日本小型棒钢的生产能力从1149万吨提高到1474万吨，增长了325万吨，与此同时，日本国内对小型棒钢的需求仅增长了195万吨，供需关系出现错配。[②]可见，即便日本是一个市场经济国家，但是在特定的政策条件下，也会发生供给和需求错配的问题。归纳起来，日本经济的结构性问题主要表现在以下几个方面：

一是资本收益率下降。20世纪90年代后，世界经济进入了信息科学技术快速发展的时代，但是日本受泡沫经济崩溃的影响，信息产业发展滞后，产业结构升级受阻，给经济结构优化造成了负面影响。为了提振经济增长，日本政府开展了大规模的公共投资，但资金基本流向了基础设施建设等回报率偏低的部门，不仅没有促进日本的产业升级，反而使其资本收益率不断下降。日本的资本收益率自泡沫经济崩溃后持续下降，仅在2000年后表现出微弱的回升态势。资本收益率的下降削弱了民间企业的设备投资意愿，抑制了民间企业的设备投资需求，从而限制了产品产量的增加以及投资推动的物化技术进步，制约了日本经济的持续增长。

二是人口老龄化问题突出。泡沫经济崩溃后，日本的人口老龄化问题日趋严重，劳动年龄人口不断减少，制约了日本的经济增长。日本国势调查结果显

---

① 小宮隆太郎・奥野正寛・鈴村興太郎编、「日本の産業政策」、東京大学出版社1984年版、第151頁。

② 通产省通商产业政策史编纂委员会编，日本通商产业政策史编译委员会译：《日本通商产业政策史》第14卷，中国青年出版社1996年版，第53页。

示，2010—2015 年，日本总人口数从 1.28 亿人降至 1.27 亿人，降幅为 0.7%，其中劳动年龄人口从 8000 万人降至 7700 万人，大幅降低了 3.8%。①另据日本国立社会保障和人口问题研究所预测，2020—2050 年，日本的总人口数将从 1.24 亿降至 9700 万，降幅为 21.8%，而劳动年龄人口将从 7300 万人减少至 5000 万人，降幅达 31.5%。②随着劳动年龄人口的减少，日本的劳动力市场出现越来越严峻的劳动力供给不足问题。厚生劳动省公布的数据显示，2019 年 2 月，日本的企业用人需求和求职人数之比（即有效求人倍率）达到了 1.63 倍，处于历史高位。③

三是研发收益率日趋下降。在日本，虽然日本制造业的研发投入数额持续增长，但作为反映研究开发资金投入产出效益的研发收益率，自 20 世纪 60 年代起持续下滑。根据日本“科学技术研究调查”结果显示，日本制造业的研发投入额从 1960 年的 1243.7 亿日元，增加到 1985 年的 5.94 万亿日元，即使在泡沫经济崩溃后，这一增加的趋势也没有终止，截至 1995 年为 9.39 亿日元。④但是，日本制造业的研发收益率却在不断下降。据日本学者渡边千仞测算，日本制造业的研发收益率在 1960—1964 年曾高达 38.1%，1983—1986 年下降至 23.8%，泡沫经济崩溃后的 1992—1996 年进一步降至 17.1%。⑤ 由此可见，在量的层面上日本制造业的研究开发活动仍然保持增长态势，但从质的层面来看，日本制造业企业将研发成果转化为市场化商品的能力在持续下降。与此相伴的是，日本制造业企业的创新能力持续减弱，提升经济效率的动力愈益

① 総務省統計局、「平成 27 年国勢調査」、https://www.stat.go.jp/data/kokusei/2015/ [2019 - 04 - 10]。

② 小峰隆夫、「日本経済論講義」、日経 BP 社 2017 年版、第 117 頁。

③ 厚生労働省、「一般職業紹介状況」、https://www.mhlw.go.jp/content/11602000/000491564.pdf [2019 - 03 - 29]。

④ 総務省統計局、「科学技術研究調査」、https://www.stat.go.jp/data/kagaku/kekka/index.html [2019 - 04 - 10 日]。

⑤ 榊原清則・辻本将晴、「日本企業の研究開発の効率性はなぜ低下したのか」、経済分析 2004 年第 3 期、第 80—91 頁。

不足。

四是资源配置效率下降。在资源配置效率方面，日本经济也出现了严重的问题。(1) 泡沫经济崩溃后，日本的金融系统受到重创，银行体系出现“惜贷”现象，致使资金无法流向具有较高生产率的创新型企业，企业生产经营活动中的创新发展受阻。(2) 日本式的经营管理方式，如终身雇佣制等，禁锢了劳动力市场的流动性，不利于劳动力资源的优化配置和使用效率提升。简言之，日本的资本和劳动力市场均出现了严重的资源错配问题，生产要素无法流向具有更高生产率的部门和企业，阻碍了日本经济的增长。上述结构性问题的存在，使日本经济的供给结构难以适应国内外经济需求结构的变化，在很大程度上致使日本经济陷于长期停滞。

其三，生产率持续下降推动日本实施供给侧结构性改革。日本在20世纪70年代中期完成工业化后，促进经济增长的动因发生变化，导致其经济的潜在生产率不断下降，特别是泡沫经济崩溃后，日本经济的潜在生产率进一步降低。根据日本银行的测算，在泡沫经济崩溃之前的1989年，日本经济的潜在生产率增速曾达到4.41%，但是泡沫经济崩溃后，其潜在生产率增速持续下降，到2000年时仅为1.01%，此后进一步下滑，截至2017年仅为0.85%（参见图6-2）。

综上，日本实现工业化后，其经济的供需格局由总需求过剩转为总需求不足，潜在生产率不断下降，令日本政府逐渐认识到提高经济潜在增长率的重要性。泡沫经济崩溃后，日本经济的资本收益率下降，加之人口老龄化问题日渐突出，总需求无法通过传统的凯恩斯主义政策得到提升，劳动、资本等要素投入不能够再像此前一样无限制增加。这些问题的存在促使日本政府实施供给侧结构性改革，采用提升资源使用效率、促进技术创新等方式提高经济的全要素生产率，提高经济的潜在生产率。

由上述分析可知，促进全要素生产率的提升贯穿于20世纪70年代以来日本供给侧结构性改革实施的全过程，全要素生产率的进步可作为评价日本供给

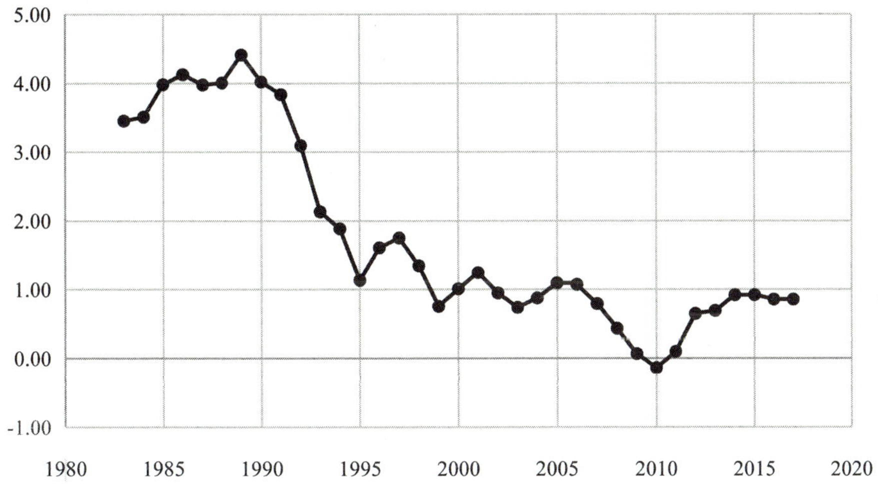

图 6－2　日本经济的潜在增长率变化

资料来源：日本銀行、「需給ギャップと潜在成長率」、https：//www. boj. or. jp/research/research_data/gap/index. htm/［2018－08－14］。

侧结构性改革实施效果的重要指标。因而，笔者将使用时间序列方法，检验日本供给侧结构性改革的实施是否有效促进了全要素生产率的提升，并借此来评价日本供给侧结构性改革的实施效果。

（一）模型的建立

全要素生产率受到直接和间接两方面因素的影响。技术进步所带来的生产效率提升是影响全要素生产率的直接因素，生产要素的优化配置则是影响全要素生产率的间接因素。为此，选取以下变量来分析日本供给侧结构性改革对其全要素生产率的影响。

第一，研发费用。研发费用是研究开发投入在数量上的表征，研发费用的增加有利于技术水平的提升。有效的供给侧改革政策将带动研发费用的增加，从而促进创新，提高技术水平。第二，产业结构合理化指标。通过实施供给侧结构性改革，能够清除抑制生产资料流动的障碍，纠正资源错配，提高资源使用效率，拉动全要素生产率的增长。泰尔指数作为衡量产业结构合理化的常用指标，可用以反映资源的有效利用程度。①第三，产业结构升级指标。供给侧结构性改革的实施有助于促进经济体的产业升级。主导产业的有效转换是产业结构升级的主要动力，可以通过产业间的波及效应促进经济体生产效率的提高。

根据前述分析，以下将研发费用、产业结构合理化指标以及产业结构升级指标作为自变量，全要素生产率（TFP）作为因变量，模型的设定形式如下：

$$TFP_t = \beta_1 RD_{t-1} + \beta_2 TL_t + \beta_3 TS_t \tag{3}$$

其中，RD为研发费用，TL为产业结构合理化指标，TS为产业结构升级指标。t表示时间，t-1表示一期滞后。为消除异方差，对公式（3）取对数后得到：

$$\ln TFP_t = \gamma_1 \ln RD_{t-1} + \gamma_2 \ln TL_t + \gamma_3 \ln TS_t \tag{4}$$

公式（4）为本书的基本回归模型。根据公式（4）可计算出各影响因素的弹性系数。研发费用、产业结构合理化指标以及产业结构升级指标每提高1%，将分别带动TFP增长γ_1、γ_2和γ_3。供给侧结构性改革通过作用于研发费用、产业结构合理化、产业结构升级等经济变量，起到促进全要素生产率增长的作用。

（二）数据说明

本书所使用的数据来自日本经济产业研究所的数据库②及野村浩二相关研

① 干春晖、郑若谷、余典范：《中国产业结构变迁对经济增长和波动的影响》，《经济研究》2011年第5期，第4—16页。

② 経済産業研究所、「JIP Database 2015」、https://www.rieti.go.jp/en/database/JIP2015/［2018-09-10］。

究①的测算结果，分析的时间段选取1973—2012年。

1. 日本全要素生产率

野村浩二通过测算资本、劳动、能源、原材料的投入，计算得出了日本1955—2004年的全要素生产率数据。②笔者以此为基准，将之作为因变量进行回归分析。

2. 研发费用

日本研发费用的数据来自日本文部科学省的《科学技术统计》。

3. 产业结构合理化指标

本书将泰尔指数作为衡量产业结构合理化的度量指标。③泰尔指数的定义如下：

$$TL = \sum_{i=1}^{n} (\frac{Y_i}{Y}) \ln(\frac{Y_i}{L_i} / \frac{Y}{L}) \tag{5}$$

公式（5）中，TL表示泰尔指数，Y表示产值，L表示就业人口，i表示产业，n表示产业部门数（本书的产业部门数为3）。新古典经济学指出，当经济处于均衡状态时，各产业部门的劳动生产率应与经济总体的劳动生产率保持一致，即 $Y_i/L_i = Y/L$，从而TL=0。因此，TL值越接近零，表明产业间的资源分配越均衡，产业结构安排越合理。反之，TL值越偏离零，则说明经济体的产业结构越不合理，资源错配的程度越严重。即TL值越趋近于零，资源分配越有效率，全要素生产率的水平也就越高。由此可知，全要素生产率水平与TL值之间存在反向关系：TL值越低则全要素生产率水平越高。本书基于JIPdatabase2015计算得出日本的产业结构合理化指标。

① 野村浩二、「資本の測定—日本経済の資本深化と生産性—」、慶應義塾大学出版会2004年版。

② 本书依照野村浩二（2004年）的测算方法，将日本全要素生产率的数据扩展至2012年。

③ Theil H. and Uribe P., "The Information Approach to the Aggregation of Input－output Tables," *The Review of Economics and Statistics*, Vol. 49, No. 4, 1967, pp. 451－462.

4. 产业结构升级指标

产业结构升级指标主要度量经济体产业升级的程度。根据克拉克定律，随着经济发展，非农产值占经济的比重将逐渐提高。战后日本也经历了农业产值的经济占比大幅下降、非农产值占比大幅提高的发展过程，但本书的分析时间段主要集中于日本完成工业化的 20 世纪 70 年代之后，这一时期日本产业结构的突出变化是“经济服务化”，服务业产值的增长率快于制造业。因此，笔者使用第三产业产值与第二产业产值的比重作为产业结构升级的度量指标，定义如下：

$$TS = \frac{Y_3}{Y_2} \tag{6}$$

其中，TS 表示产业结构升级指标，Y_3 表示第三产业，Y_2 表示第二产业。根据理论部分分析，产业结构升级指标的提高，会促进产业升级，而产业升级有助于推动全要素生产率的提高。因此，产业结构升级指标与全要素生产率水平之间存在正向关系，可以预期产业结构升级指标的提高，将推动全要素生产率水平上升。本书根据 JIPdatabase2015 计算得出日本的产业结构升级指标。

（三）实证分析

1. ADF 单位根检验

由于本书采用时间序列的分析方法，有必要对经济变量的平稳性进行检验，因为经济变量的不平稳性会导致经典假设条件无法得到满足，系数估计会产生误差。对于平稳的经济变量，可直接使用最小二乘法（OLS）进行分析。对于非平稳变量，根据格兰杰（Granger）定理，若经济变量本身不平稳，但经过一阶差分后平稳，即变量均为一阶单整 I（1）的，在检验变量之间协整关系的基础上，仍然可以进行 OLS 分析，从而揭示出变量间的长期关系。本书依照上述理论，分析供给侧结构性改革对日本全要素生产率的影响路径。笔者使用 ADF（增广的 Dickey－Fuller）单位根检验法，验证经济变量的平稳性，所得结果如表 6－2 所示。

表6-2 单位根检验结果

经济变量	ADF 检验形式	ADF 统计量	P 值	结论
lnTFP	(C, T, 9)	-0.404	0.984	I (1)
lnRD	(C, T, 9)	-2.031	0.565	I (1)
lnTL	(C, T, 9)	-1.047	0.925	I (1)
lnTS	(C, T, 9)	-2.423	0.363	I (1)
△lnTFP	(C, 0, 9)	-2.838	0.006	I (0)
△lnRD	(0, 0, 9)	2.586	0.011	I (0)
△lnTL	(0, 0, 9)	-6.304	0.000	I (0)
△lnTS	(0, 0, 9)	-5.442	0.000	I (0)

注：ADF 检验形式为（C，T，k）分别表示截距项、趋势项以及滞后阶数，存在则记为 C、T，否则记为 0；△表示一阶差分。

其中，lnTFP 表示全要素生产率的对数值，lnRD 为研发费用的对数值，lnTL 为产业结构合理化指标的对数值，lnTS 为产业结构升级指标的对数值。由表6-2可知，全要素生产率、研发费用、产业结构合理化指标、产业结构升级指标等经济变量的水平序列都无法在0.05的显著性水平下通过单位根检验，但是这些经济变量的一阶差分序列都是平稳变量。因此，可以认定 lnTFP、lnRD、lnTL 以及 lnTS 均为一阶单整序列，可能存在长期均衡关系。

2. Johansen 协整关系检验

若经济变量均为一阶单整序列，则这些经济变量之间可能存在协整关系，使其线性组合的残差平稳。笔者使用 Johansen 协整检验，验证这些经济变量之间是否存在协整关系。首先建立了一个滞后阶数为4的无约束向量自回归模型（VAR），并根据 LR、FPE、AIC、SC 以及 HQ 等信息准则判断 VAR 模型的最优滞后阶数。如表6-3所示，FPE、AIC 以及 HQ 等信息准则显示 VAR 模型的最优滞后阶数为4，因此 Johansen 协整检验的最优滞后区间应为1—3。

表 6－3　无约束向量自回归模型最优滞后阶数检验

滞后长度	LogL	LR	FPE	AIC	SC	HQ
0	131.885	NA	7.88e－09	－7.308	－7.129	－7.246
1	341.104	358.662*	1.27e－13	－18.349	－17.460*	－18.042
2	356.708	23.184	1.35e－13	－18.326	－16.726	－17.774
3	377.121	25.661	1.17e－13	－18.578	－16.268	－17.781
4	402.190	25.785	8.55e－14*	－19.097*	－16.075	－18.053*

表 6－4 报告了以 1—3 为协整滞后区间，无截距无线性趋势形式的 Johansen 协整检验结果。

表 6－4　Johansen 协整检验结果

特征值	迹统计量	5% 的临界水平值	协整的原假设	检验结果
0.598	63.401	40.175	r＝0	None***
0.505	31.527	24.276	r≤1	Atmost1**
0.152	6.899	12.321	r≤2	Atmost2
0.032	1.129	4.129	r≤3	Atmost3

注：*** 表示在 99% 的置信水平上拒绝原假设；** 表示在 95% 的置信水平上拒绝原假设。

从 Johansen 协整检验的结果看，全要素生产率、研发费用、产业结构合理化指标、产业结构升级指标等经济变量之间，至少存在两个协整关系，表明全要素生产率水平与研发费用、产业结构合理化指标、产业结构升级指标之间存在长期均衡关系。通过使用时间序列模型中的动态滞后模型分析四者的协整关系，揭示其长期均衡关系的具体表现形式。

3. 协整估计结果

运用时间序列的分析方法，采用动态滞后模型对影响日本全要素生产率的因素进行了回归分析，所得结果如表 6－5 所示。

表6-5 协整估计结果

	lnTFP		
	1973-2012	1973-1990	1991-2012
C	-1.179*** (-6.707)		
lnRDt-1	0.148*** (9.271)	0.0515 (0.648)	0.056*** (11.378)
lnTL	-0.129*** (-6.791)	-0.242** (-2.778)	-0.091** (-3.052)
lnTS	-0.215*** (-4.569)	0.401* (2.163)	-0.117* (-2.216)
R^2	0.993	0.995	0.895
D.W.	1.816	2.018	2.012

注：***、**、*分别表示在1%、5%和10%的显著性水平；括号内的数值为估计系数所对应的t统计量。

由表6-5可知，在1973—2012年的区间内，研发费用的一阶滞后以及产业结构合理化指数、产业结构升级指数对全要素生产率有显著影响。在所分析的三个时间段内，模型的拟合程度较好，且DW值都接近于2，表明残差不存在自相关，符合假设条件。总体上看，动态滞后模型的回归结果较好地揭示了供给侧结构性改革对日本全要素生产率的影响，展示了全要素生产率、研发费用、产业结构合理化指标与产业结构升级指标之间的长期均衡关系。

（四）实证结果分析

首先，在1973—2012年日本完成工业化后，研发费用、产业结构合理化指标的提高对日本的全要素生产率有显著的促进作用。研发投资每提高1%，会促进全要素生产率提高14.8%；产业结构合理化指标每下降1%，全要素生产率会提高12.9%。但是，产业结构升级指标的系数与预期相反，产业结构升级指标每提高1%，会导致全要素生产率下降21.5%。这说明在后工业化时期，日本的供给侧结构性改革主要通过促进创新、改善资源配置两个路径对全要素生产率的提高产生了积极效果，促进了日本的技术水平以及资源配置效率的提高，提升了全要素生产率。虽然日本经济结构日趋服务化，产业升级程度不断提高，但由于服务业生产率进步较慢，导致产业升级对提升日本全要素生产率的作用不甚明显。

其次，在泡沫经济崩溃之前的1973—1990年这一时期，供给侧结构性改革对日本全要素生产率的影响表现出与整个时间段不同的影响路径。在这一时期，日本的供给侧结构性改革主要通过改善产业结构合理性以及推动产业结构升级两个路径来提升全要素生产率：产业结构合理化指标每下降1%，全要素生产率会提高24.2%；产业结构升级指标每提高1%会推动全要素生产率提高40.1%。在泡沫经济崩溃之前，日本主要通过实施产业政策、制定特定萧条产业法规等措施，来逐步淘汰“夕阳产业”，消除过剩产能，推动产业结构改革。从高速增长时期的以钢铁、化学为主的重化工业产业向以组装加工为主的汽车、电子机械制造业转型，实现了主导产业的有序转换，有效推动了产业升级。此外，日本在20世纪80年代还实行了三大国企［国铁、电信电话公社（NTT）以及专卖公社］的民营化，提高了企业经营效率，促进了资源的有效配置。简言之，泡沫经济崩溃前的供给侧结构性改革，改善了日本的产业结构，推动了日本的产业升级，从而使得日本的产业结构合理化程度上升，产业升级加快，提升了全要素生产率水平。另外，由于这些供给侧结构性改革措施主要集中改善产业结构、调整资源配置方面，在促进企业投资研发方面的措施较少，使得这一时期供给侧改革对促进创新的作用并不明显。

最后，在泡沫经济崩溃后，日本经济陷入长期低迷，迫使日本采取了一系列供给侧结构性改革以恢复经济增长。1990—2012年，日本供给侧结构性改革主要通过促进创新、改善产业结构合理性两方面来推动全要素生产率的提升。在20世纪90年代，桥本首相推出了六大改革，尤其是放松了对金融资源配置的管制；进入21世纪，小泉内阁又推出结构改革政策，实行了劳动力市场的改革。实证结果显示：在此期间，研发投资每提高1%，促进全要素生产率改善5.6%；产业结构合理化指标每下降1%，促进全要素生产率提升11.7%。这表明，日本通过供给侧结构性改革，改善了资本、劳动等生产资源的配置，提高了资源的使用效率；激发了民营经济的活力，推动了私人企业的研发投资，促进了全要素生产率的增长。但需要注意的是，产业结构升级指标并没有提高全要素生产率，反而对其产生显著的负面影响，这表明随着日本经济结构服务化的发展，日本服务业的生产率没能因经济结构的变化而相应提高，日本服务业生产率问题亟须解决。

三、产业政策与结构改革的负面影响

日本供给侧结构性改革虽然起到了推动经济增长、提升全要素生产率的作用，但也对经济发展产生了一定的负面影响，以下从日本供给侧结构性改革的两大主要政策手段，即产业政策和结构改革入手，分析日本供给侧结构性改革的负面影响。

（一）产业政策的负面影响

20世纪50年代至80年代，日本供给侧结构性改革的政策以产业政策为主。产业政策虽然有利于经济发展，但是也引起了一些负面效应，主要表现在以下几个方面。

第一，日本的产业政策引发“过剩产能”问题。日本产业政策的引导措施包括：市场准入限制、设备投资许可、新产品准入限制、外汇和原材料分配、补助金与低息贷款等。日本产业政策通过综合运用上述措施，以期促进日本的产业和企业发展，提升产业国际竞争力。但是，日本政府对于日本经济增长潜力的预估往往过低，错误地引导民间企业实施积极的设备投资，引发“过剩产能”问题。例如，日本的石油化学产业因为在高速增长时期实施了设备的过度投资，具有了很高的石油、化学产品的生产能力。但是，在20世纪70年代初石油危机发生以后，进口石油价格迅速提升，日本石油化学产业的巨大的生产能力成为经济结构调整的困难问题，也导致日本的石油化学产业成为了“结构性萧条产业”。① 由此可见，日本产业政策的实施，因为政府信息的不完备，可能产生对企业行为的不正确引导，从而导致“过剩产能”问题。

第二，日本政府通过产业政策对日本企业的自主经营行为过度干涉。日本在战后将钢铁、化学、机械、半导体等产业视为重点发展产业，日本政府以容易产生“过度竞争”，影响“规模经济”为由，对产业发展采取保护措施，还实施进入管制、投资调整和促进合并等直接管制措施。日本政府始终采取对企业的保护政策，不相信企业的自主经营措施，盲目追求“企业规模”，而这并不利于企业提升效率。日本企业对日本政府的这一行为表示了反对。日本的经济团体，要求在企业经营问题上充分贯彻企业的自主性，极力要求减少政府对企业经营的干涉。②

日本政府通过实施企业集约化政策，促进企业合并，以应对资本自由化所带来的竞争压力。日本政府介入了石油产业和汽车产业的合并，但是这些措施并不成功。例如，1963年日本政府试图推行的《特定产业振兴临时措施法》（简称《特振法》）就遭到了日本产业界、经济学家的强烈反对。审议未果，成为废案。在贸易自由化进程中，日本政府试图通过《特振法》在其指定的产业范围内，将包括投资调整在内的较为广泛的政府介入权力化、法制化。日本的汽车产业界对日本政府在1961年发表的“集团化”构想予以拒绝，这才有了日本汽车产业的发展。

此外，日本海运领域的政策措施和其效果也能证明并不是所有的日本企业

---

① 通产省通商产业政策史编纂委员会编，日本通商产业政策史编译委员会译：《日本通商产业政策史》第14卷，中国青年出版社1996年版，第111页。

② 三輪芳朗、J. マーク・ラムザイヤー、「産業政策論の誤解」、東洋経済出版社2002年版、第244頁。

均支持日本政府实施的产业政策，这些企业更倾向于自主完成设备投资计划，而非在政府的指导之下。为促进日本海运产业的发展，日本政府曾经制定了《海运再编成政策》，将主要海运企业的数量控制在5—6家，防止过度竞争，同时给予政策支持。日本政府提出了《海运业再建整备临时措施法》与《外航船建造融资利息补偿法》，给出了低息贷款、加快折旧等政策优惠措施，但是，即便日本政府给出了这些政策优惠措施，仍然有日本企业没有加入到这一计划之中。最具有代表性的企业是三光汽船公司。三光汽船公司认为，参加政府的造船计划，将会受到诸多限制，不利于企业的自身发展。如果享受来自日本开发银行的低息贷款，则日本三光汽船公司的经营行为将会受到很大限制和干预，从而对该公司的设备投资产生负面影响。虽然三光汽船公司没有享受日本政府的加快折旧、低息贷款的政策优惠措施，但是却维持了自主实施设备投资的权利，能够开展自主的设备投资，扩大了船舶生产数量，获得了高额利润。①

由此可见，产业政策在实施过程中应避免政府的直接干预，而需要通过政策手段实施诱导，如果民间企业缺乏对产业政策的支持，产业政策的实施则难以达到预期目的。因此，需要进一步完善市场制度构建，在这一基础上推动产业政策的实施。

第三，日本产业政策的效果对于产业发展的作用较为有限。产业政策的效果需要一定的前提条件，但是在产业实施的过程中往往受制于具体的政治、经济约束，使这些条件得不到满足，阻碍了产业政策效果的发挥。此外，实施产业政策的日本政府机构，通常缺乏能够对企业经营产生实质性影响的手段，并且在政策的实施过程中，也缺乏明确的政策目标，导致产业政策对促进日本产业发展的效果有限。三轮芳朗认为，日本产业政策对于日本钢铁产业的设备投资调整没有发挥作用，没有证据显示日本政府的设备调整政策对于钢铁产业的

① 三輪芳朗、J. マーク・ラムザイヤー、「産業政策論の誤解」、東洋経済出版社2002年版、第299頁。

设备投资行为产生了影响。①例如，日本通商产业省在1959年要求日本钢铁产业制定“长期设备投资计划”，但是这一计划并未取得有效的成绩。桥本寿朗认为日本产业政策对与日本经济实现高速发展的作用实际上是被夸大的，促进日本真正实现高速经济增长的是战后建立的市场经济制度，以及日本企业在这一制度下所开展的积极的经营行为，积极的企业家精神对于推动日本经济发展发挥了重要作用。②

此外，日本产业政策的资金并没有大量的实施在重点发展领域，而是主要倾向于流通、农业等缺乏国际竞争的产业领域。例如，比森和温斯坦的研究显示，采矿业和纺织业获得了日本政府最佳的扶植政策，包括优惠贷款、补贴、税收减免等。但是采矿业和纺织业并不是战后日本政府着力发展的重点产业，从而使得这些政策资金具有了补助金的性质。与之相反的是，日本的汽车、机械等真正促使日本实现经济转型的产业所获得政策资金要远远小于采矿、纺织等行业。与此同时，获得日本政府帮助的采矿和纺织等行业的规模经济程度是相对较低的，而机械和汽车等行业的规模经济程度是相对较高的。这也与日本政府产业政策的预期不同。

另外，日本产业政策的实施也并未推动日本产业全要素生产率的提高。比森和温斯坦还分析了日本产业政策对日本主要工业部门生产率的影响。他们的研究结果显示，日本工业部门的全要素生产率增速与日本产业政策资金之间的相关系数是负的，也就是说日本的产业政策没有起到提高日本主要工业产业全要素生产率的作用。③

第四，产业政策的实施会引发寻租行为。产业政策的实施容易引发企业和政府之间的寻租行为。为了扩大企业的经营收益，日本企业曾不惜通过“行

---

① 三輪芳朗、J. マーク・ラムザイヤー、「日本の企業と産業組織」、東京大学出版会1990年版、第311頁。

② 橋本寿朗、「戦後日本経済の成長構造」、有斐閣2001年版、第181頁。

③ Beason R. and D. E. Weinstein, “Growth, Economics of Scale, and Targeting in Japan (1955 – 1990),” *Review of Economics and Statistics*, 1996, Vol. 78, No. 2, pp. 286 – 295.

贿”等手段与日本的政治家、官僚等形成紧密关系，促使日本政府出台有利于该企业发展的特定法律和政策措施。另外，日本的官僚在退休后，也往往到与之密切相关的企业中担任高级管理者，这一行为被称为“下凡”。由此可见，日本的官僚为了获得退休后更好的待遇，也容易与特定的企业之间发生寻租行为。寻租行为的发生不利于市场资源的有效分配，从而降低了国民的福利。

第五，产业政策不利于企业开展自主创新活动。产业政策倾向于引导企业开展共同的研究活动，鼓励日本的企业开展共同研发，提高科技水平。例如，日本20世纪70年代半导体产业推动的关于大规模集成电路的研究活动产生了良好的效果，研究出了一批关于半导体的最新技术，推动了日本半导体产业的发展。但是，产业政策对于技术发展的干涉也会引发问题，当技术达到世界前沿水平后，丧失了技术发展的标志物，政府很难基于既有的信息判断下一步的技术发展方向。与此同时，企业也容易发生技术趋同的现象，在技术发展前沿迷失先进技术的发展研究方向，就会失去创新活力和竞争能力。由此可见，产业政策对于技术水平的提高虽然能够起到一定的正面作用，但也有导致企业创新能力受限的负面作用。

（二）结构改革政策的负面影响

日本的“结构改革”是日本供给侧结构性改革的一个重要组成部分，在20世纪90年代后，“结构改革”成为日本供给侧结构性改革的主要措施，主要表现在日本供给侧结构性改革中“质”的方面。以下主要探讨日本“结构改革”所带来的负面效应。

20世纪90年代后，日本经济陷入了长期低迷之中，为了促进日本经济恢复增长，日本政府开始实施具有新古典自由主义特征的“结构改革”，以桥本龙太郎内阁的“六大改革”为开端，经历了小泉内阁的“结构改革”的阶段，新古典自由主义的“结构改革”仍然存在于“安倍经济学”的“成长战略”之中。可以说，“结构改革”从20世纪90年代开始，已经持续实施了30余年，并在可预期的未来中持续实施下去。“结构改革”通过促进竞争、提高生产率、规制改革、提升劳动力市场流动性等方式加强经济供给，起到提高日本经济增速的作用。但是如前所述，自日本实现工业化后，日本经济的主要问题为总需求不足，为此采取提高总供给经济的政策，有可能引发通货紧缩的效果，从而不利于提升日本的经济增长。因此，如果只实施提高供给能力的“结构改革”，提升经济的资源分配效率，这一措施是不完备的，还应采取措施着重提升经济体的总需求。日本“结构改革”带来的负面效应有以下几个方面：

第一，“结构改革”并未有效改善日本的通货紧缩问题。20 世纪 90 年代初泡沫经济崩溃后，日本经济陷入长期低迷，从 20 世纪 90 年代中期开始日本出现了通货紧缩，使得日本经济长期低迷的问题雪上加霜。图 6 – 3 反映了自 1990 年以来日本消费者物价指数（除生鲜食品外）的变化。如图所示，在日本积极推行“结构改革”的 2001 年至 2006 年，日本的消费者物价指数始终处于 –0. 1% 至 –1% 之间，处于通货紧缩的状态。这是因为在实施“结构改革”时，虽然提高了经济的供给能力，但是实施了紧缩的财政政策，并未提升经济的内部需求，所以加重了日本的通货紧缩问题。此后，安倍上台后虽然通过“三支箭”的配合，提升了一定的经济需求，但是也仍未从根本上改变日本通货紧缩问题。由此可见，“结构改革”的实施并未有效改善日本的通货紧缩问题，从而不利于日本经济的增长。

第二，“结构改革”的实施对于推动日本经济增长的效果并不显著。20 世纪 90 年代后，日本实施“结构改革”，着力提升供给能力，但是在实施了“结构改革”30 余年后，日本的经济依然低迷。日本的名义 GDP 数额在 1995 年时为 5. 4 万亿美元，但是到了 2000 年时这一数字下降至 4. 8 万亿美元，而后出现了一定的回升，在 2010 年达到了 5. 7 万亿日元。由此可见，在 1995—2010 年这一时间段内日本经济并未出现明显增长。在 2010—2018 年，日本的名义 GDP 数额从 5. 7 万亿日元下降到了 2018 年的 4. 9 万亿日元，受到 2019 年消费税增税以及 2020 年全球疫情的影响，预计日本 GDP 数额将会进一步下降。与

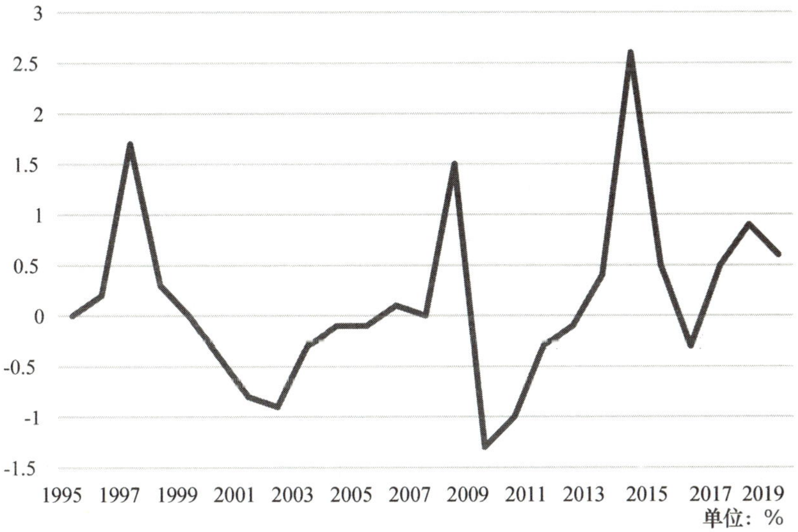

图 6－3 日本消费者物价指数增长率变化（1995—2019 年）

资料来源：総務省統計局、「消費者物価指数」。

之相对应的是，美国的名义 GDP 数额从 1995 年的 7.6 万亿美元，增加到了 2019 年的 20.5 万亿美元；中国的名义 GDP 数额从 1995 年的 0.7 万亿美元，增加到了 2018 年的 13.3 万亿美元。与中国和美国相比，日本经济增长的长期停滞是十分显著的。因此，虽然 20 世纪 90 年代后，日本实施了积极的“结构改革”措施，着力提升日本的供给能力，但是因为经济内需的缺乏，日本的经济增长仍然处于低位，并且与中美两国的经济总量差距日趋扩大。

第三，日本的“结构改革”措施，扩大了日本社会的贫富差距。从战后到 20 世纪 90 年代之前，日本一直是贫富差距比较小的国家，甚至出现了“一亿总中流”的说法，表明日本社会上多数人认同自己属于“中产阶级”。但是，在 20 世纪 90 年代后，随着具有“新古典自由主义”性质的“结构改革”的实施，日本社会的贫富差距问题日益突出，成为了困扰日本社会的一个重要问题。

日本社会的贫富差距扩大具体表现在以下两点。其一，表示贫富差距的“基尼系数”不断增大。根据日本厚生劳动省2018年的“所得再分配调查报告书”统计显示，日本的“基尼系数”在2018年为0.55，而这一数字在2005年时为0.52，1990年时为0.4，在1981年时仅为0.35。这说明日本在实施“结构改革”后，社会的贫富差距持续增大。其二，日本的相对贫困率自20世纪80年代以来不降反升。1985年时，日本的相对贫困率为12%，这一数字到2000年时上升为15.3%，2009年时则为16%，在2018年时为15.7%。由此可见，“结构改革”不仅没有降低相对贫困率，反而造成了相对贫困率的增大，使得日本逐渐成为发达国家中的“高贫困率”国家。

“结构改革”引发社会贫富差距增大的原因有以下几个方面。首先，具有新古典自由主义性质的“结构改革”主张减少政府支出实施包括削减社会保障支出和减税等措施。削减社会保障支出，会增加国民在医疗、养老方面的负担，使得贫困者的生活更加困难。另外，削减企业所得税和个人所得税的措施，不利于社会财富的再分配，从而使富有者更加富有、贫困者愈发贫穷。其次，增加劳动力市场流动性的改革措施造成了日本劳动者间收入差距的拉大。战后经济高速增长时期，日本形成了“日本式雇佣体制”，具有终身雇佣、年功序列和企业内工会的特征，注重保护劳工的权益并减少收入差距。在实施新古典自由主义的劳动力市场改革后，在劳动力市场中引入市场的竞争机制，逐渐消除企业的“终身雇佣”，增加劳动力市场的流动性，提高劳动力资源的使用效率，但是这也引发了正式雇佣者和非正式雇佣者间收入的不断扩大，导致了日本社会的贫富差距增大。

“结构改革”实施后，日本的非正式雇佣人员数量持续增加。日本的非正式雇佣人口数量从2000年的195万人扩大到了2006年的542万人，非正式雇佣人数已经达到了日本就业者总人数的1/3。由于日本的正式雇佣和非正式雇佣人员之间存在着明显的待遇差距，非正式员工的增加不仅是一个严重的社会问题，而且导致日本的贫富差距持续增大，社会的贫困率不断攀升。此外，在实施“结构改革”后，虽然企业的收益情况有所改善，不论是在小泉时期还是在安倍时期，日本企业的收益情况均有明显改观，但是企业效益的改善并未惠及劳动职工，日本的劳动者报酬收入也并未出现明显增长。根据厚生劳动省《国民生活基础调查》数据显示，在1996年日本家庭平均年收入为781.6万日元，但是到了2010年则下降到了658.1万日元，下降了123.5万日元，此后有所上升，到2017年时为743.6万日元，但也仍未达到1996年的水平。说明在20世纪90年代后的二十余年里，日本家庭的平均收入不仅没有出现增加，甚至出现了下滑，家庭收入水平增速长期处于停滞状态。另外，社会贫富差距的增大还引发了“女性贫困”“无缘社会”“老后破产”等一系列新的社会问题。由此可见，“结构改革”政策更有利于企业和资本持有者，对于出卖劳动力的工薪阶层而言意味着所享受福利的削减，“结构改革”引发的社会贫富差距的增大为日本社会带来了一系列有待解决的新问题。

第四，结构改革还造成了日本地方经济与中心城市经济之间差距的增大，引发地区发展的不均衡问题。在实施“结构改革”后，受到一系列政策调整的影响，促使资本、劳动力等生产要素资源进一步向日本首都圈等大城市地区聚集，而资本、劳动力等资源则从其他地区不断流出，由此扩大了日本地区间的经济差异，导致区域发展不平衡问题愈发突出。“人均县民所得”指标反映了日本一个地区内人均的收入水平，可以用来分析日本的区域经济发展不均衡的问题。在实施结构改革后，日本的地方经济差异不仅没有缩小，反而出现拉大的趋势。1995年时东京都的“人均县民所得”是冲绳县的2.04倍，而到了2014年东京都的“人均县民所得”则增长到冲绳县的2.12倍。由此可见，“结构改革”还具有扩大地区差距的负面影响。

四、日本供给侧结构性改革的总体评价

作为一种重要的宏观经济政策，日本的供给侧结构性改革在战后日本的经

济发展过程中发挥了重要作用。与其他欧美国家不同的是，战后初期日本主要实施的是具有供给侧政策特点的产业政策，在日本完成工业化后，当经济体的总需求小于总供给，才开始实施积极的凯恩斯主义经济政策。在产业政策实施的过程中，对于日本产业结构的升级转型发挥了重要作用，不仅在20世纪50年代至60年代促进了日本的重化学工业化，而且在20世纪70年代至80年代推动了日本电子计算机产业的迅速发展。在日美贸易摩擦日益激烈的情况下，日本开始实施供给侧结构改革措施，自泡沫经济崩溃后，则进一步加剧对经济体制的反思，试图消除阻碍资源要素流动的体制机制障碍，注重实施科学技术政策，提高全要素生产率，推动日本经济实现自律增长。

日本的供给侧结构性改革虽然对于日本的经济发展起到了重要的推动作用，但也引发了一些问题。首先，在产业政策问题上，日本在实施产业政策的过程中引发了过剩产能问题和对企业经营行为的过度干涉造成的资源使用效率低下的问题。与此同时，受制于产业政策目标的不明确以及产业政策的具体措施和手段的缺乏，导致产业政策的实施效果并不如预期显著，同时还容易引发寻租等问题。此外，20世纪90年代以后，日本主要实施以“结构改革”为代表的供给侧结构性改革措施。从结果上看，结构改革的实施并未明显促进日本实现快速的经济增长，也没有消除日本面临的通货紧缩问题，而且还引发了社会贫富差距的扩大，但是结构改革的实施推动了日本产品市场和劳动力市场的改革，促进了生产资源的流动，进一步完善了日本的市场经济制度。

由此可见，日本供给侧结构性改革的实施，一方面对日本的经济发展起到了一定的推动作用，能够提升经济体的供给能力和生产资源的使用效率，另一方面供给侧结构性改革的实施也会产生一定的负面影响，为此需要配合积极的总需求管理政策，才能促使经济体在更高的产出水平上达到均衡。

基于以上分析，需要进一步分析日本在实施供给侧结构性改革中的具体措施，并从中总结日本供给侧结构性改革的经验与教训。笔者着重从“供给侧结构性改革与宏观经济政策协调”以及“供给侧结构性改革与日本的科学技术政策”两个问题入手，将日本作为一个案例，分析日本供给侧结构性改革的具体措施，从而为我国实施供给侧结构性改革提供参考。第七章将探讨供给侧结构性改革与宏观经济政策的协调问题，第八章将探讨日本的科学技术政策的实施问题。

第七章　供给侧结构性改革与宏观经济政策的协调：日本的案例

20 世纪 90 年代中期，日本政府推动供给侧结构性改革措施，用以解决日本经济面临的结构性问题，以期拉动日本经济的长期增长。但是，这一时期日本供给侧结构性改革与宏观经济政策配合失序，导致日本经济再次陷入衰退，阻碍了供给侧结构性改革的实施。笔者运用动态随机一般均衡模型的分析方法发现，如果采用积极的财政政策、稳健的货币政策以及强力的货币政策前瞻指引等宏观经济管理方法，将有效改善宏观经济运行环境，从而为供给侧结构性改革的推行提供支撑。为有效推动供给侧结构性改革实施，必须注重构建有利于供给侧结构性改革的宏观经济环境，保障供给侧结构性改革实施效果。

一、供给侧结构性改革与宏观经济政策协调的必要性与实现路径

通过实施供给侧结构性改革可以提高经济体系的质量和效率，但供给侧结构性改革的实施效果是长期的，短期内会对经济运行产生一定影响，为此就需要宏观经济政策的实施与配合，确保供给侧结构性改革真正落地实施。

（一）供给侧结构性改革需要与宏观经济政策相协调

习近平总书记指出："宏观政策要稳，就是要坚持积极的财政政策和稳健的货币政策，为经济结构性改革营造稳定的宏观环境。"① 供给侧结构性改革与宏观经济政策不是非此即彼的替代关系，而是相互配合、相互协调的互补关系。供给侧结构性改革与宏观经济政策相辅相成，因为供给侧结构性改革与宏观经济政策之间虽然存在着作用时间、作用对象的差异，但是在促进经济增长与发展方面的目的是统一的，所以供给侧结构性改革的实施需要宏观经济政策的协调与配合。在推动供给侧结构性改革时，必须配合宏观经济政策的原因主要包括以下两点。

首先，消除供给侧结构性改革带来的短期全要素生产率冲击。虽然实施供给侧结构性改革的目的在于消除生产要素间的配置障碍、提升资源的使用效率，但是在推行供给侧结构性改革时，由于需要涉及生产要素的重新配置、生产技术的升级改造，因而在短期内会对企业的生产经营情况产生冲击，造成企业生产经营情况的恶化，以企业短期内生产总额下降的形式表现出来，从而出现短期内经济体全要素生产率下降的现象，在短期内形成了全要素生产率冲击。全要素生产率下降会对经济体的经济增长产生负面影响。为此，就需要采取积极的宏观经济政策，从总需求层面增加政府支出、提供宽松的信贷环境，切实有效地推动总需求的增长，以应对短期内供给侧结构性改革所带来的全要素生产率冲击。

其次，为实现供给侧结构性改革的长期目标，需要提供稳定的宏观经济环境。供给侧结构性改革着眼于经济的供给层面，其目标在于长期提高经济体的潜在增长能力，因而供给侧结构性改革的实施效果在短期内通常无法体现出来。因为供给侧结构性改革的实施通常伴随着生产要素的再配置和制度的改革

① 中共中央文献研究室：《习近平关于社会主义经济建设论述摘编》，中央文献出版社 2017 年版，第 87 页。

与变迁，对经济体内企业的生产造成短期冲击，使经济运行面临着短期内的下行压力。与此相对的是，宏观经济政策着眼于通过政府在短期内的经济手段，提高经济体的总需求，从而在短期内起到支撑经济增长的作用，但是对促进经济体的长期增长则没有实质性的推动作用。为此，这就需要政府在实施供给侧结构性改革时，注重供给侧结构性改革与宏观经济政策之间的协调，消除用于长期的供给侧政策与短期宏观经济政策之间的矛盾与错配。在实施供给侧结构性改革时，应当从供给侧和需求侧两个层面发力，通过实施短期的财政政策、货币政策等宏观经济政策，有效配合长期实施的供给侧结构性改革，为实现供给侧结构性改革的目标提供有力的宏观经济运行环境。

（二）供给侧结构性改革需要配合积极的财政政策与稳健的货币政策

在推动供给侧结构性改革的过程中，需要注重与宏观经济政策之间的配合，做到有效协作。宏观经济政策主要指的是财政政策和货币政策，为此就要探讨财政政策、货币政策与供给侧结构性改革协调的具体实现机制。

第一，财政政策与供给侧结构性改革的协调。财政政策作为重要的宏观经济调控手段，应有效支撑供给侧结构性改革。为应对供给侧结构性改革带来的短期全要素生产率冲击，应运用积极的财政政策，维持短期内经济的增长局势，为供给侧结构性改革的实施提供有利环境。一是加大政府支出力度。通过直接的财政投资和支出，加大政府采购力度，可有效支撑经济增长。政府需要统筹财政资金、盘活存量资产、优化支出结构，通过在重点民生、基础设施建设等领域加大政府支出的方式，应对供给侧结构性改革带来的短期冲击，推动经济健康可持续发展。二是调整税收结构，促进企业投资和民间消费。通过减税，可以有效促进企业的投资活动和民间消费，促进经济增长。对于企业部门，通过降低企业所得税、增值税等措施降低企业负担，可有效激发企业的投资动机，增加企业生产，支撑经济发展。此外，还可以通过针对重点发展领域的企业实施补贴、税收优惠等措施，激发企业创新活力，为供给侧结构性改革保驾护航。① 个人消费方面，通过调整税收组成结构，调整个人所得税、消费税等税种比率，能够提高个人购买力，促进消费升级，拉动经济增长。

第二，货币政策与供给侧结构性改革的协调。货币政策是宏观经济政策的重要组成部分，在推动供给侧结构性改革实施时，应采取稳健的货币政策，在短期内与财政政策相配合，有效应对供给侧结构性改革所带来的冲击，为供给侧结构性改革提供有利空间。一是创造良好的金融环境，促进实体经济发展。通过调节法定存款准备金率、贴现贷款和贴现率、公开市场操作等货币政策工具，调节货币供给量，为金融市场注入充足的流动性，防止流动性风险的发生，维持经济持续增长状态，为供给侧结构性改革的实施创造宽松的信贷环境。从具体操作层面上讲，可以通过调整法定存款准备金率，提供足够的货币供给，缓解金融体系在供给侧结构性改革实施时面临的压力；调节贴现贷款和贴现率，引导市场利率处于合理区间；通过公开市场操作，运用常备借贷便利、中期借贷便利、支农支小再贷款等结构性货币政策工具，确保货币市场平稳运行，维持金融体系流动性处于稳定状态。二是引导僵尸企业有序退出市场，降低银行系统不良债权。不良债权会影响金融机构的中介机能，造成金融资源配置于效率较低的生产部门，挤压新兴产业的货币信贷空间，对经济升级转型产生负面影响。僵尸企业增加是导致银行系统不良债权增加的重要因素。因此，在实施稳健的货币政策的同时，应注重推动僵尸企业有序退出市场，促进金融资源的有效配置，提高金融资源的使用效率。通过在短期内实施的宏观经济政策，为供给侧结构性改革的发展铺平道路，提供有利于供给侧结构性改革实施的条件、环境，增强经济体的增长潜力。

---

① 王洪明、张蕊：《供给侧结构性改革的财政政策研究》，《沈阳建筑大学学报（社会科学版）》2017 年第 3 期，第 292—297 页。

二、20世纪70年代日本供给侧结构性改革与宏观经济政策的有效配合

20世纪70年代，日本经济形势发生变化。在石油危机的冲击下，日本经济增速从高速增长转为中高速增长，行业萧条问题突出，经济结构调整迫在眉睫。为此，日本政府开始实施供给侧结构性改革，在从生产端入手调整供给质量的同时，配合积极的宏观经济政策，促进日本经济结构转型，维持了日本经济的增长。

为应对日本经济减速的挑战，日本开始实施供给侧结构性改革措施，主要包括以下几个方面：其一，提高供给质量。日本政府制定《特定萧条产业临时措施法》，针对存在设备投资过剩、出口缩减、供需关系不平衡等问题的产业，实施“去产能”措施，优化供给结构。① 其二，推动产业结构升级转型。日本政府采取产业政策措施，积极推动电子信息、航空航天、核能发电等新兴产业发展，促使产业结构从“重厚长大”向“短小轻薄”转变，促进产业向着高附加价值化、知识密集化发展。其三，推进技术创新。以石油危机为起点，日本大力实施在节能减排领域的技术研发，在各个行业中推动省能源、省资源的技术革新。

在实施供给侧结构性改革的同时，日本政府也采取了积极的宏观经济政策与之配合。首先，日本政府实施了积极的财政政策。从20世纪70年代开始，日本大量发行赤字国债，将筹集的资金用于地方大规模基础设施建设、地方中小企业优惠补助、保障性住房建设等方面。此外，日本政府在1974年实施了减税措施，规模达到2万亿日元，促进了民间投资与消费。② 这些措施有利于推动供给侧结构性改革的推行。其次，日本政府采取宽松的货币政策。日本银

---

① 田正、武鹏：《供给侧结构性改革的路径：日本的经验与启示》、《日本学刊》2019年第3期，第111—135页。

② 井手英策、「日本財政の現代史第1巻」、有斐閣2014年版，第33頁。

行自1971年起开始下调再贴现率，将日本的再贴现率从1971年1月的6%下调至1972年6月的4.25%。从1975年开始，日本银行再次下调再贴现率，在1978年时已经调降至3.5%。① 通过实施宽松的货币政策，下调再贴现率，不仅为市场提供充足流动性，而且也促进了供给侧结构性改革的实施。

从实施效果上来看，20世纪70年代日本实施的供给侧结构性改革有效优化了日本生产端结构，促进落后产能退出，日本的知识密集型、技术密集型产业都得到了快速发展，日本的供给侧结构性改革基本达到了目标。与此同时，在推进此次供给侧结构件改革的同时，日本政府采用积极的宏观经济政策与之有效配合，从而顺利推动供给质量提升及经济结构转型，促进了日本的经济增长。

三、20世纪90年代中期日本供给侧结构性改革与宏观经济政策协调失利

20世纪90年代中期，为促使日本走出泡沫经济崩溃后的经济低迷，日本桥本龙太郎首相于1996年开始实施供给侧结构性改革，但并未采取积极的财政政策和货币政策与之配合，导致供给侧结构性改革的推行受阻。为此，有必要分析这一历史过程，以日本此次供给侧结构性改革实施效果失利为鉴，从中吸取经验教训。

（一）20世纪90年代中期日本供给侧结构性改革背景

20世纪80年代末期至90年代初期，泡沫经济的发生与破裂，对日本经济产生了巨大的负面影响，导致日本经济陷入长期低迷之中。自两次石油危机后，日本经济结构逐渐转型，日本企业对于设备投资的需求减少，日本国内资

---

① 黒田晃生、「日本の金融政策（1970—2008）」、日本評論社2019年版，第15頁。

金脱实向虚，逐渐流向了房地产、股票等非生产部门。① 另外，迫于日美贸易摩擦的压力，日本政府采取了宽松的财政和货币政策，用以扩大内需、抵消日元升值的影响，为泡沫经济的发生提供了资金基础。

受此影响，日本的资产价格持续上升，日经225股票指数在1989年达到顶峰接近39000点，是1985年时的3倍之多。日本的土地价格在1990年达到顶峰，是1985年日本地价水平的4倍。1990年后，日本的泡沫经济破裂，股价和房价均出现快速下降。股价从1989年的接近39000点下降至1992年的14309点，约下降了60%。房价在1999年时，只有1990年最高峰时期的20%左右。②

泡沫经济崩溃后，日本经济增速从20世纪80年代的3%—4%下降至0—1%并持续至今，引发了日本经济的一系列问题。泡沫经济崩溃后，日本经济的供给与需求均不断下滑，诱发通货紧缩。通货紧缩的发生，进一步恶化了日本企业的经营状况，“僵尸企业”层出不穷，导致日本金融体系中不良债权数量持续增加，金融系统资金配置效率持续下降，无法将资金有效配置到具有更高生产率的产业部门中去。为此，日本产业升级受挫，代表先进发展方向的半导体产业逐渐被韩国和中国台湾地区所超越，信息产业发展滞后，没有成为引领日本经济发展的新兴产业。由此，日本的失业问题愈发严重，失业率从1990年的2.1%上升到2000年的4.7%。③ 失业问题引发日本企业员工对预期收入的担忧，进而减少当期消费。

（二）20世纪90年代中期日本供给侧结构性改革主要内容

面对严峻的经济形势，桥本龙太郎首相上台后开始着手推行经济结构改

---

① 孙执中：《日本泡沫经济新论》，人民出版社2001年版，第10页。

② 鹿朋：《产业升级视角下日本泡沫经济反思》，《现代日本经济》2008年第4期，第13—17页。

③ 玄田有史、照山博司等、「雇用創出と失業に関する実証研究」、経済分析2003年3月号、第409—413頁。

革，以促进日本经济的恢复增长。1997 年，桥本龙太郎首相提出以“变革和创造”为主题的结构性改革政策，包括行政改革、财政改革、社会保障、经济结构、金融系统和教育改革六个方面。① 其中，经济结构改革与金融系统改革的目的在于消除市场中的要素资源配置扭曲，优化资源配置，提高生产要素使用效率，改善供给质量，这与供给侧结构性改革的概念相吻合，笔者着重分析以下两项改革措施。

第一，完善市场经济制度，推动经济结构改革。经济结构改革主要通过修改规章制度，实施规制缓和，促进劳动、资本等经营资源的合理配置，提升经济增长潜力。日本通商产业省公布“经济结构改革及创造计划”，给出了 15 个重点改革领域，包括：医疗、生活文化、信息通信、新兴制造、流通物流、环境、商业支持、海洋、生物技术、城市整治、航空、新能源、人才建设、国际化、住宅。② 主要改革措施包括以下几点：（1）降低企业生产成本。完善商品期货市场制度，改革商品交易方式，实施标准化制度改革，降低企业生产和交易成本。（2）改革企业治理制度。完善了公司设立、股份交换、公司合并等企业制度，修订反垄断法，提升日本企业的竞争力。（3）雇佣制度改革。改善日本式企业雇佣制度，提升雇佣体系的灵活性，实现人力资源有效流动，改善女性与老年人就业环境。如上所述，经济结构改革的目的在于通过规制改革的方式，完善市场经营制度，强化市场的资源配置作用，以长期促进日本经济的增长。

第二，提升金融体系运行效率，实行日本版“金融大爆炸”改革。20 世纪 90 年代中期，日本一系列金融机构的破产事件标志着日本战后形成的“护送舰船”式的间接金融体制失效，金融机构出现“惜贷”现象，金融运行效率

① 周颖昕、郝正非：《利益集团与日本政治体制中的“三角同盟”——兼论日本结构改革难以推进的原因》，《当代亚太》2005 年第 8 期，第 44—49 页。

② 岡崎哲二、「通商産業政策史 1980—2000 第 3 巻」、経済産業調査会 2011 年版、第 158—159 頁。

日趋下降，实施改革迫在眉睫。1996年，日本政府提出日本版“金融大爆炸”改革措施，遵循“自由”“公正”“全球化”的原则，实行制度改革，提升日本金融体系运行效率，主要内容包括以下几个方面：（1）扩大投资者对金融产品的选择范围，提高金融机构服务质量。取消证券类金融衍生品交易限制，解禁金融控股公司，提供更为丰富的金融中介渠道，加速金融机构重组。（2）建立健全金融市场竞争机制。放松金融机构分业经营限制，取消证券公司的经营业务限制，积极实施证券市场改革，推动资本账户交易自由化。①（3）实施金融监管改革，建立健全金融交易框架制度。通过改革“护送舰船”式的金融监管方式，放宽金融机构管制，完善金融监管体系构架。② 由此可见，通过实施上述的金融系统改革，促进日本金融系统从传统的间接金融向市场化的间接金融转型，为企业发展提供更有效率、有质量的金融服务。

（三）20世纪90年代中期日本供给侧结构性改革与宏观经济政策配合失利

20世纪90年代中期，桥本龙太郎内阁大力推进供给侧结构性改革，试图促进日本经济自律增长，但与此同时并未采取积极的财政、货币政策，没有为供给侧结构性改革的推行提供稳定的宏观经济环境，甚至造成短期内日本经济的进一步恶化，供给侧结构性改革的实行因此受到阻碍。为此，有必要分析20世纪90年代中期日本供给侧结构性改革与宏观经济政策间的协调问题。

首先，当时的日本政府实施紧缩的财政政策。在桥本龙太郎推行的“六大改革”之中，包含一项“财政重建”改革措施，其目的在于消解日本不断累积的国债，缓解持续恶化的财政状况。1997年日本政府开始推动“财政重建”改革措施。其一，明确改革时间点。将1997—1999年确定为“财政重建”集

---

① 鹿野嘉昭、「日本の金融制度」、東洋経済新報社2006年版、第50頁。

② 長谷部孝司、「1990年代半ば以降の日本の金融改革（上）－産業構造の転換の遅れと金融システムの転換の遅れ」、東京成徳大学研究紀要、2010年3月号、第49—80頁。

中改革时期，在此期间削减日本政府的财政支出计划，要求1998年财政预算规模要小于1997年财政预算规模。① 其二，缩减财政支出。减少日本政府在公共基础设施建设、地方政府补贴、国防安全、对外援助等方面的财政支出。其三，增加政府收入。通过提高消费税税率的方式，为日本政府增加财政收入。1997年日本政府将消费税税率从此前的3%提升至5%，此举为日本政府增加了4万亿日元的财政收入。其四，通过立法手段确保财政改革的实行。日本政府制定《财政结构改革法》，提交议会讨论通过，为达成“财政重建”目标提供制度保障。由此可见，在日本供给侧结构性改革推行之时，日本政府也在有序推进“财政重建”改革，采取了紧缩的财政政策，削减财政支出，降低财政赤字，提高税收。虽然在长期内“财政重建”改革有利于改善日本财政状况，促使日本财政走上正轨，但是在短期内对本就脆弱的日本经济造成了严重打击，导致供给侧结构性改革推行受阻。

其次，当时的日本政府并未实施积极的货币政策。在1996—1998年，桥本龙太郎首相在任期间，日本政府并未采取积极的货币政策用以辅助供给侧结构性改革的推行，未发挥对宏观经济稳定运行的支撑作用。贴现率的调整是日本央行的一项重要的货币政策手段，通过调降贴现率，可为金融市场提供充足的流动性，从而在短期内维护宏观经济环境的持续稳定。在推行供给侧结构性改革之前，日本央行曾多次调降贴现率，以提振经济增长。在1991—1993年，日本央行7次调降贴现率，从6%调降至1.5%。在1995年则两次调降贴现率，从1%调降至0.5%。② 但是在桥本龙太郎首相在任的1996—1998年，日本央行却没有再调整贴现率，始终维持在0.5%的贴现率水平，直至2001年才将贴现率进一步下降至0.1%。由此可见，日本实施的货币政策，虽然在1995年左

① 余永定、李薇：《当前日本的财政重建》，《世界经济》1997年第10期，第46—51页。

② 長谷部孝司、「1990年代半ば以降の日本の金融改革（上）－産業構造の転換の遅れと金融システムの転換の遅れ」、東京成徳大学研究紀要2010年3月号、第49—80頁。

右调降了贴现率，促进了经济增长，但是在实施供给侧结构性改革的1996—1998年却并未进一步调降贴现率，没有充分发挥货币政策的前瞻作用，这不仅未对当时所实施的供给侧结构性改革发挥应有的支撑作用，而且也成为诱发1997年日本系统性金融危机的因素之一。

最后，20世纪90年代中期日本宏观经济政策协调失利，日本经济再次衰退，阻碍了供给侧结构性改革的推行。在桥本龙太郎首相上台后，采取了紧缩的财政政策和不积极的货币政策，没有对日本的宏观经济情况形成有力支撑。受此影响，日本经济增长情况在1997—1998年情况出现恶化，再一次陷入衰退。日本经济的增长率在1997年为－0.7%，1998年为－1.9%，连续两年出现负增长。① 连续两年衰退在战后日本经济历史上尚属首次。财政支出下降，不利于总需求增加，而上调消费税的措施，造成消费者信心的进一步下降，消费支出下滑，导致日本经济增速进一步放缓。同时，1997年亚洲金融危机爆发，日本所面临的外部国际经济环境发生改变。1997年末日本国内如山一证券、北海道拓殖银行等一系列金融机构破产，引发系统性金融风险，导致日本金融系统运行极不稳定，日本的金融体系陷入动荡之中。在这一背景下，日本政府的首要目标修正为维持宏观经济稳定，1997年日本政府使用30万亿日元的公共资金注入金融体系，促进日本金融系统稳定；“财政重建”政策搁置，《财政结构改革法》被冻结，1998年实施“综合经济对策”，投入总计17万亿日元的应急财政预算，以应对日本经济的下行压力。在宏观经济运行并不稳定的背景下，日本供给侧结构性改革推行受阻，桥本龙太郎首相的改革政策在其任期间并未得到有效实施。由此可见，20世纪90年代中期日本在推行供给侧结构性改革措施时，并未实现与宏观经济政策的有效配合，而是各个政策相互分立、各自为政，没有形成合力为供给侧结构性改革的推行提供有利的宏观经济环境，导致供给侧结构性改革的实施受阻，在长期内不利于日本经济摆脱长

① 経済企画庁調査局、「平成9年経済の回顧と課題－試される日本経済の変革力」、https：//www5. cao. go. jp/98/f/19971229f－kaiko. html。

期低迷的困境。

四、日本供给侧结构性改革与宏观经济政策协调DSGE模型的构建

20世纪90年代中期，日本实施供给侧结构性改革后，对其全要素生产率产生冲击，而宏观经济政策的配合失序，导致日本经济再次陷入衰退，进一步影响供给侧结构性改革政策的实施。动态随机一般均衡模型（DSGE）采用动态优化的方法考察个体行为决策，被广泛应用于世界各国政府的经济决策之中，可用于分析和模拟经济政策的效果和作用。笔者采用动态随机一般均衡模型的分析方法，探究20世纪90年代中期如果日本政府的供给侧结构性改革与宏观经济政策间有效配合会产生何种效果，有益于深化对供给侧结构性改革与宏观经济政策配合问题的认识。

（一）供给侧结构性改革所带来的全要素生产率冲击

推行供给侧结构性改革时，会在短期内对企业的生产经营情况产生一定的冲击，造成企业的生产经营情况恶化，这就会反映在全要素生产率上，出现短期内全要素生产率下降的现象，形成短期内的全要素生产率冲击。20世纪90年代中期，日本在推行供给侧结构性改革时，造成日本全要素生产率下降。如图7-1所示，在1997—1998年，日本供给侧结构性改革实施时期，日本全要素生产率增速出现下降。从1997年的0.3%下降到1998年的-1.0%，可见供给侧结构性改革的实施对日本的全要素生产率产生了一定的冲击。日本政府本应可以采用更为积极的货币和财政政策应对这一全要素生产率冲击，但是当时的日本政府并没有采取积极的货币和财政政策，导致日本陷入系统性金融危机，严重影响了日本的经济秩序恢复。

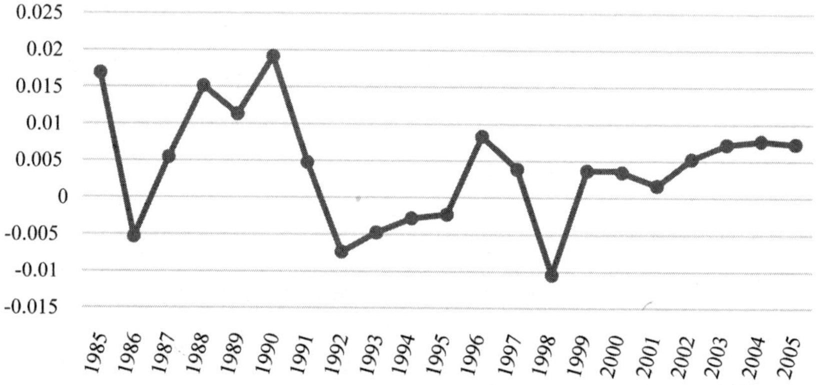

图7-1　1985—2005年间日本全要素生产率增速变化

资料来源：経済産業研究所、「JIPデータベース2015」、https：//www. rieti. go. jp/jp/database/JIP2015/。

（二）模型框架

笔者在 Christiano et al. (2005)①、Fueki et al. (2010)②、Hasumi et al. (2018)③ 等研究的基础上，构建了包含日本供给侧结构性改革所造成的全要素生产率冲击在内的动态随机一般均衡（DSGE）模型，在对模型参数进行校准和贝叶斯估计后，分析日本20世纪90年代的货币政策、财政政策以及货币

① Christiano L. J., Eichenbaum M., Evans C. L., et al., "Nominal Rigidities and the Dynamic Effects of a Shock to Monetary Policy," *Journal of Political Economy*, 2005, Vol. 113, No. 1, pp. 1-45.

② Fueki T., Fukunaga I., Ichiue H., et al., "Measuring Potential Growth with an Estimated DSGE Model of Japan's Economy," *International Journal of Central Banking*, 2010, Vol. 12, No. 1, pp. 1-32.

③ Hasumi R., Iiboshi H., Nakamura D, et al., "Trends, Cycles and Lost Decades: Decomposition from a DSGE Model with Endogenous Growth," *Japan and the World Economy*, 2018, Vol. 46, No. 6, pp. 9-28.

政策前瞻指引对供给侧改革冲击的不同响应。此模型的创新之处在于引入了货币政策和财政政策对供给侧改革冲击的响应模式，并定量分析了考虑供给侧改革的冲击后，宏观经济政策对产出、通胀、就业等主要宏观经济变量的影响。

1. 家庭

构建居民效用函数。居民通过选择消费 C_t，劳动供给 N_t，来最大化自身的效用。居民的效用函数为：

$$E_0\sum_{t=0}^{\infty}\beta^t\left[\frac{(C_t-hC_{t-1})^{1-\sigma}}{1-\sigma}-\psi\frac{N(i)_t^{1+\varphi}}{1+\varphi}\right] \tag{1}$$

其中，β 是居民主观贴现率，h 是居民消费习惯参数，σ 是居民跨期消费替代弹性的倒数，φ 是居民劳动供给替代弹性，ψ 是居民劳动供给的偏好系数。同时，居民在每期还面临如下的预算约束：

$$P_t[C_t+I_t]+B_t+T_t=R_{t-1}B_{t-1}+W_t(i)N_t(i)+R_t^kK_t+Div_t \tag{2}$$

其中，预算约束等式左边是居民当期总支出。P_t 是一般价格水平，B_t 是居民在当期购买的债券名义余额，T_t 是居民向政府缴纳的税收。预算约束等式右边是居民当期总收入。$R_{t-1}B_{t-1}$ 是居民上一期购买债券的本金和利息收入，$W_t(i)N_t(i)$ 是居民当期的名义工资收入，$R_t^kK_t$ 是居民向企业提供资本的名义回报，Div_t 是居民持有企业股份的名义股利分红。由于预算约束中所有变量均为名义变量，除以价格水平 P_t 后变为如下由实际变量表示的预算约束：

$$C_t+I_t+b_t+t_t=\frac{R_{t-1}b_{t-1}}{\pi_t}+w_t(i)N_t(i)+r_t^kK_t+div_t \tag{3}$$

其中，b_t 是当期居民持有债券实际余额，t_t 是当期居民向政府缴纳的实际税收，$\pi_t=P_t/P_{t-1}$ 是当期通货膨胀率，$w_t(i)$ 是当期实际工资，r_t^k 是居民向企业提供资本的实际回报，div_t 是居民持有企业股份的实际股利分红。

2. 资本的积累方程和投资调整成本

和 Sugo et al（2008）① 的设定类似，本文将企业的资本设定为由家庭持有，资本的积累方程和调整成本设定如下：

$$K_{t+1} = (1-\delta)K_t + [1 - \frac{\tau}{2}(\frac{I_t}{I_{t-1}} - 1)^2]I_t \tag{4}$$

其中，δ 是资本折旧率，$\frac{\tau}{2}(\frac{I_t}{I_{t-1}} - 1)^2$ 是投资调整成本，当期投资过度偏离上期投资时，投资的调整成本越大。Caballero et al（2006）② 的研究认为日本 90 年代企业的调整成本在 OECD 国家中是相对较大的，因此本文模型的设定也充分考虑了企业投资的调整成本效应。

3. 劳动力市场

笔者认为日本的劳动力市场是垄断竞争的，居民将劳动提供给最终劳动生产商。最终劳动生产商将不同居民的劳动打包后出售给企业，劳动打包的函数如下：

$$N_t = [\int_0^1 N_t(i)^{\frac{\lambda_w - 1}{\lambda_w}} di]^{\frac{\lambda_w}{\lambda_w - 1}}, \lambda_w > 1 \tag{5}$$

其中，λ_w 表示不同居民提供劳动之间的替代弹性。由于最终劳动生产商是完全竞争的，因此可以将最终劳动生产商的利润最大化问题表示如下：

$$\mathrm{Max}_{N_t(i)} = [W_t N_t - \int_0^1 W_t(i) N_t(i) di] \tag{6}$$

求解最终劳动生产商的利润最大化问题，可以得到劳动需求函数：

$$N_t(i) = [\frac{W_t(i)}{W_t}]^{-\lambda_w} N_t \tag{7}$$

最终劳动生产商对居民劳动 $N_t(i)$ 的需求同相对工资成反比，同打包劳动需求成正比，将（7）代入（5）整理可得工资的加总方程为：

---

① Sugo T.，Ueda K.，"Estimating a dynamic stochastic general equilibrium model for Japan," *Journal of The Japanese and International Economies*，2008，Vol. 22，No. 4，pp. 476 – 502.

② Caballero R. J.，Hoshi T.，Kashyap A. K.，et al.，"Zombie Lending and Depressed Restructuring in Japan," *The American Economic Review*，2006，Vol. 98，No. 5，pp. 1943 – 1977.

$$W_t = \left[\int_0^1 W_t(i)^{1-\lambda_w} di\right]^{\frac{1}{1-\lambda_w}} \tag{8}$$

为了引入工资粘性，参考 Calvo（1983）① 的做法，假定居民每期能够最优调节工资的概率为 $1-\varphi_w$，保持不变的比例为 φ_w。居民选择最优名义工资 $W_t(i)$ 以最大化其效用。求解居民工资选择的效用最大化问题可以得到最优工资一阶条件如下：

$$(w_t^*)^{1+\lambda_w\varphi} = \frac{\lambda_w}{\lambda_w - 1} \cdot \frac{E_t\sum_{s=0}^{\infty}(\beta\varphi_w)^s \psi w_{t+s}^{\lambda_w(1+\varphi)} \pi_{t,t+s}^{\lambda_w(1+\varphi)} N_{t+s}^{1+\varphi}}{E_t\sum_{s=0}^{\infty}(\beta\varphi_w)^s w_{t+s}^{\lambda_w} \pi_{t,t+s}^{\lambda_w-1} N_{t+s}} \tag{9}$$

4. 厂商

本文将厂商分为最终品生产厂商和中间品生产厂商。最终品生产厂商是完全竞争的，而中间品生产厂商是垄断竞争的。最终品厂商的生产技术如下：

$$Y_t = \left[\int_0^1 Y_t(j)^{\frac{\lambda_p-1}{\lambda_p}} dj\right]^{\frac{\lambda_p}{\lambda_p-1}}, \lambda_p > 1 \tag{10}$$

其中，λ_p 表示不同中间品生产厂商产品的替代弹性，$\lambda_p > 1$ 时保证中间品生产厂商产品之间是不完全替代的，因而具有一定的定价能力，符合垄断竞争的条件。最终产品生产商从中间品生产厂商购入中间品，追求生产的利润最大化问题如下：

$$\text{Max}_{Y_t(j)} = \left[P_t Y_t - \int_0^1 P_t(j) Y_t(j) dj\right] \tag{11}$$

求解最终产品生产商的利润最大化问题，得到中间品的需求函数为：

$$Y_t(j) = \left[\frac{P_t(j)}{P_t}\right]^{-\lambda_p} Y_t \tag{12}$$

可以看出，中间品的需求随价格 $P_t(j)$ 的上升而下降，随着最终产品 Y_t 的需求上升而上升。将中间品需求函数（12）代入（10）可以得到价格水平的决

① Calvo G. A., "Staggered prices in a utility - maximizing framework," *Journal of Monetary Economics*, 1983, Vol. 12, No. 3, pp. 383 - 398.

定方程：

$$P_t = \left[\int_0^1 P_t(j)^{1-\lambda_p} dj\right]^{\frac{1}{1-\lambda_p}} \tag{13}$$

中间品生产商的生产技术如下：

$$Y_t(j) = A_t K_t(j)^{\alpha} N_t(j)^{1-\alpha} \tag{14}$$

其中 A_t 为中间品生产商的全要素生产率。全要素生产率 A_t 受到生产率冲击的影响，满足 $A_t = \rho_A A_{t-1} + \varepsilon_t^A$。在给定实际工资 w_t 和资本收益率 r_t^k 的条件下，中间品生产商选择劳动、资本来最小化其成本，即中间品生产商面临成本最小化问题为：

$$\mathrm{Min}_{K_t(j),N_t(j)} = w_t N_t(j) + r_t^k K_t(j) \tag{15}$$

为了引入价格粘性，假定中间品生产厂商每期能够最优调节工资的概率为 $1-\varphi_p$，保持不变的比例为 φ_P。中间品生产厂商选择 $P_t(j)$ 最大化其利润，可以得到：

$$(P_t^*) = \frac{\lambda_p}{\lambda_p - 1} \cdot$$

$$\frac{E_t \sum_{s=0}^{\infty} (\beta\varphi_p)^s [(C_{t+s} - hC_{t+s-1})^{-\sigma} - h\beta(C_{t+s+1} - hC_{t+s})^{-\sigma}] mc_{t+s} P_{t,t+s}^{\lambda_p} Y_{t+s}^{1+\varphi}}{E_t \sum_{s=0}^{\infty} (\beta\varphi_p)^s [(C_{t+s} - hC_{t+s-1})^{-\sigma} - h\beta(C_{t+s+1} - hC_{t+s})^{-\sigma}] P_{t,t+s}^{\lambda_p - 1} Y_{t+s}}$$

5. 货币政策和财政政策

本文建立如下的货币政策规则，用以描述日本90年代货币政策规则：

$$R_t = \rho_R R_{t-1} + (1-\rho_R)[\varphi_\pi(\pi_t - \pi_{ss}) + \varphi_y(y_t - y_{ss})] + \varphi_A(A_t - A_{t-1}) + \varepsilon_t^R \tag{16}$$

其中，ρ_R 是利率粘性系数，φ_π 是利率对通货膨胀的反应系数，φ_y 是利率对产出缺口的反应系数，ε_t^R 是货币政策冲击。为了研究货币政策对全要素生产率变动的影响，笔者创新性地引入了 $\varphi_A(A_t - A_{t-1})$ 来考虑货币政策对全要素生产率的影响。当 $\varphi_A = 0$ 时，货币政策对企业的生产率变动没有响应；当 $\varphi_A > 0$ 时，货币政策对企业的生产率变动有逆周期调节效应，即当企业的全要素生产率出现负向变动时，利率应相应降低，货币政策应该对企业生产率衰退做出积极扩张的反应。

政府满足平衡预算条件，其支出为总产出的一个可变比重：

$$G_t = T_t = \theta_t^g Y_t \tag{17}$$

其中可变比例 θ_t^g 满足：

$$\theta_t^g = \rho_G \theta_{t-1}^g + (1-\rho_G)\theta_{ss}^g - \varphi_G(A_t - A_{t-1}) + \varepsilon_t^G \tag{18}$$

在可变比例 θ_t^g 的构成中，ρ_G 为可变比例 θ_{t-1}^g 的粘性系数，ε_t^G 是财政政策冲击。同样，笔者创新性地引入了 $-\varphi_G(A_t - A_{t-1})$ 来考虑财政政策对全要素生产率的影响。当 $\varphi_G = 0$ 时，财政政策对企业的生产率变动没有响应；当 $\varphi_G > 0$ 时，货币政策对企业的生产率变动有逆周期调节效应，即当企业的全要素生产率出现负向变动时，财政支出比例应相应提高，财政政策应该对企业生产率衰退做出积极扩张的反应。

ε_t^R、ε_t^G 和 ε_t^A 分别是货币政策冲击、财政政策冲击和企业全要素生产率的标准差。

6. 市场出清

当整个经济达到供给与需求平衡时，商品市场达到出清，政府财政收支保持平衡，出清条件如下：

$$\begin{aligned} Y_t &= C_t + I_t + G_t \\ G_t &= T_t \end{aligned} \tag{19}$$

也就是说，整个经济达到稳态时，居民消费、投资、政府支出占总产出的比重为1。

（三）模型参数校准和估计

笔者将 β 等参数校准（如表 7－1 所示），同时结合一阶条件，计算稳态的消费和产出之比为 0.4，投资和产出之比为 0.4，政府消费和产出之比为 0.2，资本存量和产出之比为 2.2，资本收益率 r_t^k 的稳态值为 $1/\beta - (1-\delta)$。

表7－1　模型相关参数校准结果

领域	说明	校准值
消费者	居民主观贴现因子 β	0.99
	利率对通货膨胀的反应系数	1.912
	消费习惯参数 h	0.795
	劳动供给弹性倒数 φ	2.077
	居民劳动供给的偏好系数 ψ	1.5
	资本积累方程的调整成本系数 τ	2.5
	资本折旧率 δ	0.025
劳动力市场	居民劳动的替代弹性 λ_w	21
	粘性工资比率 φ_w	0.28
厂商	不同中间品生产厂商产品的替代弹性 λ_p	11
	粘性价格比率 φ_p	0.79
	中间品生产厂商资本替代弹性 α	0.3

另一类参数采用贝叶斯方法进行估计。这类参数主要是和货币政策、财政政策和全要素生产率冲击有关系。选取日本1985年第一季度至2000年第四季度的GDP、消费和投资的时间序列的季度数据，经过季节调整和HP滤波法处理后得到可用于贝叶斯估计的时间序列数据。所有宏观数据均来自于日本央行FERIS数据库。ρ_R 等参数的贝叶斯估计结果（如表7－2所示）。

表7－2　相关参数贝叶斯估计结果

部门	说明	先验分布	后验均值
货币政策	利率粘性系数 ρ_R	Beta	0.687
	利率对通货膨胀的反应系数 φ_π	Normal	1.628
	利率对产出缺口的反应系数 φ_y	Normal	0.097
	货币政策对全要素生产率变动反应系数 φ_A	Normal	0.014
	货币政策冲击标准差 ε_t^R	逆 Gamma	0.015

续表

部门	说明	先验分布	后验均值
财政政策	财政支出可变比重的粘性系数 ρ_G	Beta	0.851
	财政政策对全要素生产率变动反应系数 φ_G	Normal	0.033
	财政政策冲击标准差 ε_t^G	逆 Gamma	0.047
全要素生产率	全要素生产率变动粘性系数 ρ_A	Beta	0.734
	全要素生产率冲击标准差 ε_t^A	逆 Gamma	0.081

从贝叶斯估计的结果可以看出，20 世纪 90 年代中期日本的财政和货币政策对于全要素生产率变动的响应是比较弱的。这在一定程度上导致了日本在泡沫经济破裂后，当企业全要素生产率增长放慢时，货币和财政政策的扩张性支撑不足。

五、日本供给侧结构性改革与宏观经济政策协调模拟分析

通过构建上述动态随机一般均衡模型，可利用这一模型展开宏观经济政策模拟分析，验证宏观经济政策的实施对供给侧结构性改革的支撑作用，探究在宏观经济政策与供给侧结构性改革相配合的情况下将会产生的经济效果。

（一）财政政策对全要素生产率冲击的响应分析

笔者通过动态随机一般均衡模型对财政政策响应做出定量分析（如图 7－2所示），蓝色线代表 $\varphi_G = 0.033$，即日本财政政策对全要素生产率变动的历史反应系数，本文称之为“一般响应”；红色线代表 $\varphi_G = 0.132$，即财政政策对全要素生产率变动的响应是历史反应系数的 4 倍，本文称之为“积极响应”。在两种不同的财政政策规则下，比较产出、消费等主要宏观经济变量对一个单位负向全要素生产率冲击的脉冲响应效果。如图 7－2 所示，当整个经济遭遇负向的全要素生产率冲击时，积极响应的财政政策对产出和就业的扩张效果强

于一般响应的财政政策，但是对消费和投资的挤出效应也大于一般响应的货币政策。日本政府积极响应的财政政策是以扩大政府支出的方式来拉动产出和就业，但是企业仍因受到生产率衰退的负向冲击不愿意扩大投资。政府积极响应的财政政策进一步挤出了企业的投资，推高了利率。利率升高使居民更愿意选择“现在储蓄并在未来消费”，所以当期的居民消费也随之下降。综合来看，积极响应的财政政策能够对经济增长有所支撑，但是企业投资和居民消费下降对整个经济有一定的负面影响。

（二）货币政策对全要素生产率冲击的响应分析

笔者通过动态随机一般均衡模型对货币政策的响应做出定量分析。如图7－3所示，蓝色线代表 $\varphi_A = 0.014$ ，即日本央行的货币政策对全要素生产率变动的历史反应系数，本文称之为“一般响应”；红色线代表 $\varphi_A = 0.056$ ，即日本央行的货币政策对全要素生产率变动的响应是历史反应系数的4倍，本文称之为“积极响应”。在两种不同的货币政策规则下，比较产出、消费等主要宏观经济变量对一个单位负向全要素生产率冲击的脉冲响应效果（如图7－3所示），当整个经济遭遇负向的全要素生产率冲击时，积极响应的货币政策对产出、消费等的支撑作用均显著强于一般响应的货币政策。负向的全要素生产率冲击导致企业投资下降，进一步引起了就业下降、消费下降和利率上升。日本央行积极响应的货币政策对企业全要素生产率的负向变化做出的货币扩张反应大于一般响应的货币政策，因此企业的投资、居民的消费以及就业都因为日本央行额外的利率下调而受益。可以看到在积极响应的货币政策规则下，企业投资、就业、消费下降的幅度均小于一般响应的货币政策下投资、就业和消费下降的幅度。同时，利率上升的幅度也小于一般响应货币政策时的情况。积极响应的货币政策不仅减少了负向的生产率冲击对整个经济产出、消费、就业带来的负向影响，同时也减小了这些变量波动的幅度，在一定程度上稳定了经济波动。

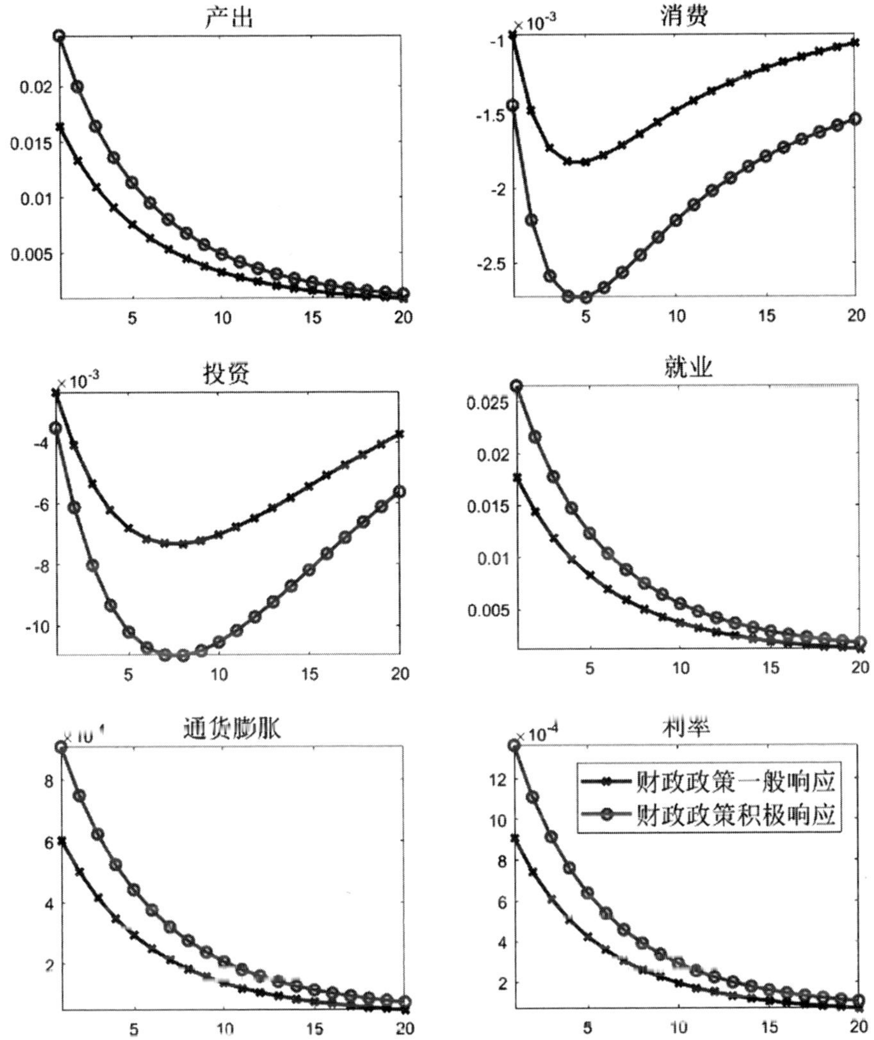

图 7－2　主要经济变量对不同类型财政政策的脉冲响应比较

（三）货币政策前瞻指引的效果分析

笔者也通过动态随机一般均衡模型对货币政策前瞻指引效果做出定量分析。在本文中，货币政策的前瞻效应具体化为货币政策的预期宣布，即调整货

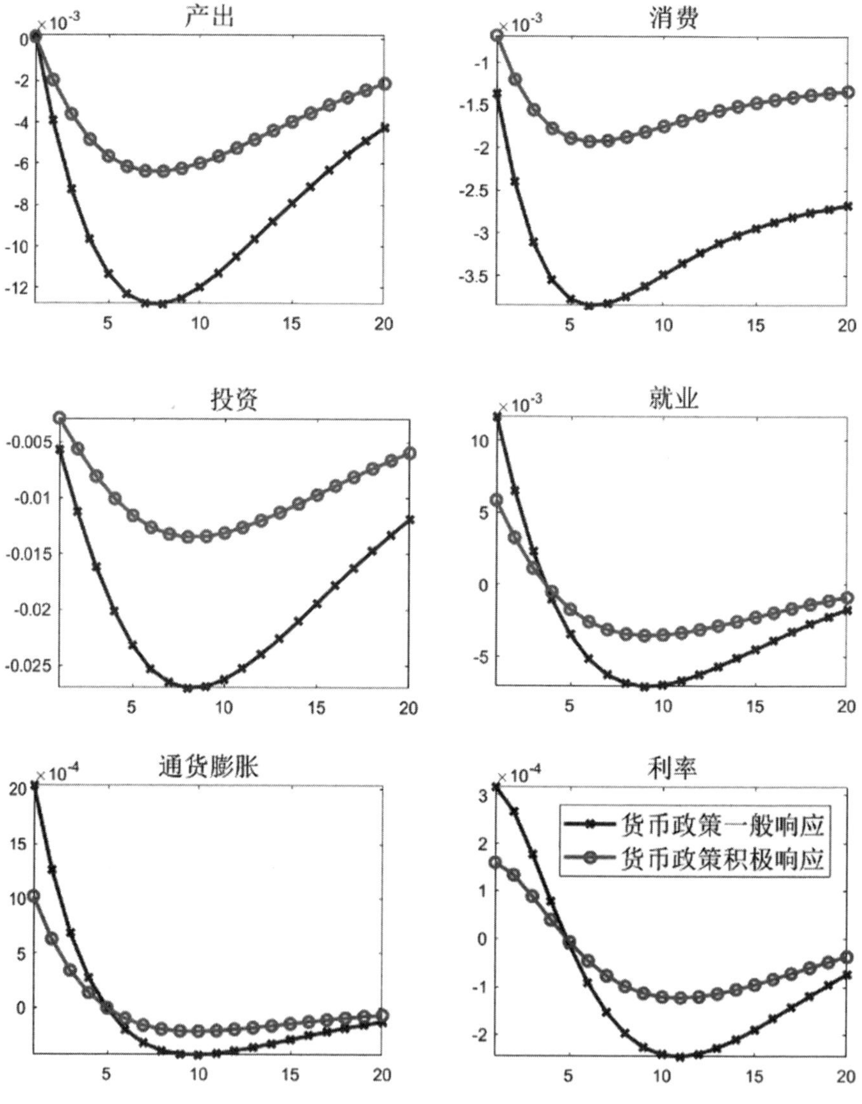

图 7－3　主要经济变量对不同类型货币政策的脉冲响应比较

币政策冲击的 ε_t^R 滞后期。例如 $\varepsilon_t^R(+1)$ 表示日本央行宣布货币政策调整将于 1 个季度后进行。如图 7－4 所示，蓝色线代表 $\varepsilon_t^R(+1)$，即日本央行宣布货币政策调整将于 1 个季度后进行，笔者称之为货币政策前瞻指引弱；红色线代表

$\varepsilon_t^R(+3)$，即日本央行宣布货币政策调整将于3个季度后进行，笔者称之为货币政策前瞻指引强。在两种不同的货币政策前瞻指引强度下，笔者比较了产出、消费等主要宏观经济变量对一个单位宽松货币政策调整的脉冲响应效果。如图7－4所示，货币政策前瞻指引的强度对产出、消费等主要宏观变量的变动有显著影响。货币政策前瞻指引的强度越大，即日本央行对货币政策调整的消息宣布越早，整个经济产出、消费、投资和就业的变化越大。在货币政策前瞻指引强的货币政策规则下，居民和企业对日本央行利率下降的准备更为充分，企业更愿意扩大投资和雇佣规模，居民也更乐意扩大消费，因此经济产出扩张的幅度高于货币政策前瞻指引弱的情况。可见，日本央行货币政策前瞻指引的力度越大，央行同市场沟通的机制越完善，对经济增长的支撑就更足。

六、对20世纪90年代中期日本供给侧结构性改革与宏观经济政策协调过程的总结

分析20世纪90年代中期日本所实施的供给侧结构性改革与宏观经济政策协调过程及其带来的经济效果，可以探究其中蕴含的经验教训。

20世纪90年代中期，日本政府已经认识到日本经济存在的结构性问题，为促进日本经济走出长期低迷，推动实施了供给侧结构性改革，但是并未与宏观经济政策有效配合，其中的经验教训是深刻的，体现在以下几个方面。首先，供给侧结构性改革的实施在短期内会形成全要素生产率冲击，对经济增长产生一定影响。供给侧结构性改革的实施其效果是长期的，但是因为需要涉及生产要素再配置，会对企业的生产经营产生影响，造成短期内产出总量下降，形成全要素生产率冲击，恶化短期内的经济发展环境。其次，为应对供给侧结构性改革所带来的短期内全要素生产率冲击，必须实施积极的财政、货币等宏观经济政策，对冲供给侧结构性改革所带来的短期负面影响。20世纪90年代中期，日本实施了以“经济结构改革”“金融大爆炸”等为代表的供给侧结构

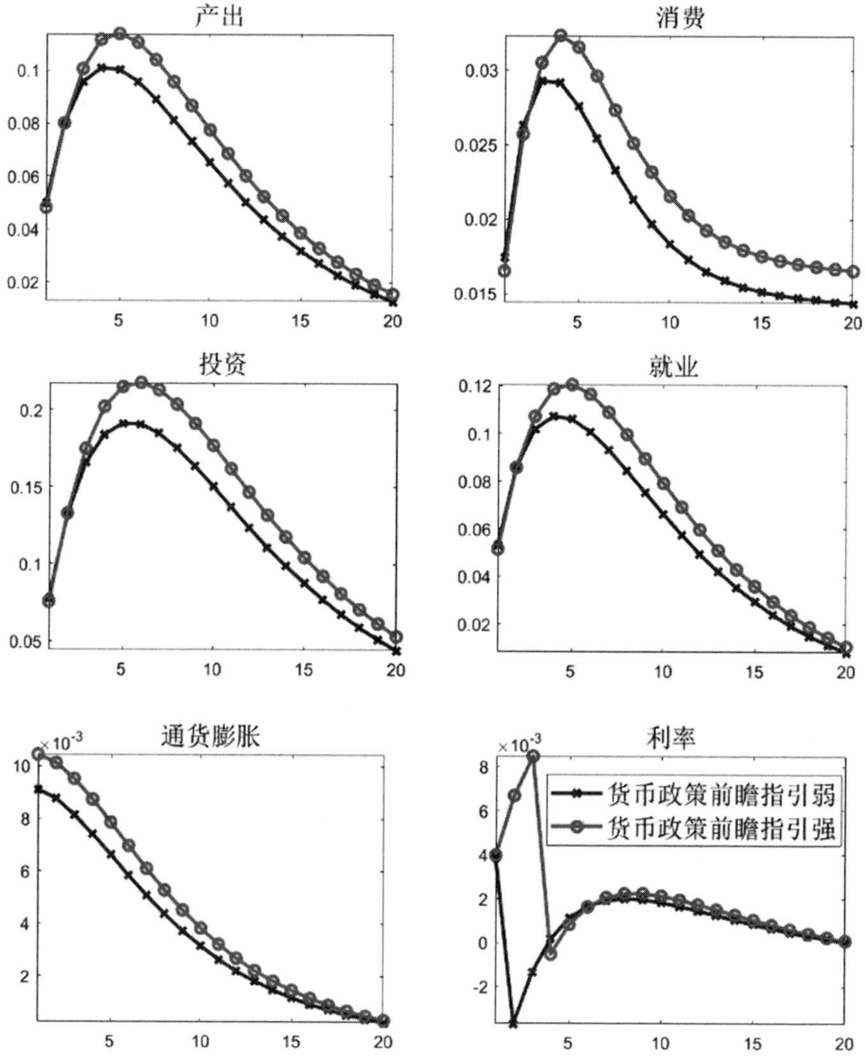

图 7－4　主要经济变量对不同强度货币政策前瞻指引的脉冲响应比较

性改革政策，试图矫正要素配置扭曲，增加经济运行效率，但是并未有效配合实施宏观经济政策。一方面实施“财政重建”，缩减财政支出的同时增加消费税，导致日本国内总需求下降；另一方面货币政策按兵不动，贴现率长期维持既有水平，并未采取相机抉择的货币政策，一批证券、银行等金融机构破产，引发日本国内的系统性金融风险，导致日本经济再次陷入衰退，而这也阻碍了日本供给侧结构性改革的有效推行。最后，积极的宏观经济政策配合，将有效稳定宏观经济运行环境，从而为供给侧结构性改革的实施提供有利条件。笔者运用动态随机一般均衡模型，构建了分析日本供给侧结构性改革与宏观经济政策配合的模型框架，指出如果当时的日本政府采取更为积极的财政、货币等宏观经济政策，将有效改善日本的宏观经济运行环境。积极响应的财政政策将改善日本经济的产出和就业情况，而积极响应的货币政策以及强力的货币政策前瞻指引也有利于支撑日本的经济产出、消费、投资和就业，从而改善日本的宏观经济状况，对经济增长形成有力支持。日本在 20 世纪 90 年代中期所推行的供给侧结构性改革，因为宏观经济运行情况不佳而受到阻碍，其中的经验与教训是深刻的。

其一，政府应有效统筹协调供给侧结构性改革政策与宏观经济政策。20 世纪 90 年代中期，日本政府认识到存在的经济结构性问题，着力推动供给侧结构性改革，但并未采取有效的宏观经济政策与之配合，造成短期经济震荡。为此，应借鉴日本的教训，在推行供给侧结构性改革时，也应着眼于经济的需求侧，从供给和需求两个方面同时发力，通过运用宏观经济政策，为供给侧结构性改革的实施提供短期良好的宏观经济运行环境，助力供给侧结构性改革的实施。

其二，实施积极的财政政策，应对供给侧结构性改革所带来的全要素生产率冲击。从具体操作层面上讲，为应对供给侧结构性改革所带来的全要素生产率冲击，应采取积极的财政政策，扩大政府的财政支出，实施结构性减税措施，增加经济的总需求，支撑供给侧结构性改革的实施。另外，笔者的动态随机一般均衡模型指出，积极响应全要素生产率衰退的财政政策在支撑经济增长和就业的同时，对企业投资和居民消费也有着挤出效应，应合理评估财政政策的效果，保持财政政策的弹性空间，有效应对供给侧结构性改革带来的全要素生产率冲击。

其三，实施稳健的货币政策，提高货币政策对供给侧结构性改革的支持力度。在实施供给侧结构性改革的过程中，应积极运用调整法定准备金率、贴现率、公开市场操作等货币政策手段，实施稳健的货币政策，为金融市场提供足够的流动性，防止系统性金融风险的发生。积极响应全要素生产率衰退的货币政策在稳增长、保就业方面具有比一般响应的货币政策更好的效果，为此就需要采取稳健的货币政策，用以配合供给侧结构性改革实施。

其四，加强货币政策的前瞻指引力度，合理做好市场沟通，推进供给侧结构性改革实施。20 世纪 90 年代中期，在日本政府推行供给侧结构性改革措施时，日本央行因为缺乏与市场的沟通，没有充分发挥货币政策的前瞻指引作用，导致日本国内发生了系统性金融风险，一些证券、银行等金融机构相继破产，造成日本金融体系的不稳定，严重扰乱了日本的经济秩序，造成了严重的经济后果。为此，在推行供给侧结构性改革时，中央银行有必要加强货币政策的前瞻指引，合理做好市场沟通。

第八章　供给侧结构性改革与科学技术政策实施：日本的案例

日本政府在20世纪50年代至60年代通过采取外汇管制等措施，积极促进重点产业领域的技术引进，促使日本在短时间内缩小了与欧美等先进国家的技术水平差距。自20世纪70年代后，日本进入了后工业化时期，其技术引进空间愈发缩小，在科学技术发展方面，面临着技术创新机制转型的压力。从20世纪70年代起，日本政府愈发重视科学技术政策，以提升日本的自主创新能力，提高日本的技术水平。本章着重分析日本科学技术政策实施的背景，探讨其与供给侧结构性改革的关系，以及日本科学技术政策的变化过程，并分析其实施的效果与特点。

一、日本科学技术政策与日本供给侧结构性改革的关系

在明晰日本科学技术政策概念范围的基础上，笔者从科学技术政策具有的公共品属性、一般科学技术与特殊科学技术所具有的不同特点，详细分析了日本实施科学技术政策的必要性。由于科学技术政策的实施能够有效提升科学技术水平，提高全要素生产率，因而构成了供给侧结构性改革的一个重要组成

部分。

（一）日本实施科学技术政策的必要性

科学技术政策具有广泛的含义，本书所指的科学技术政策包含两个方面的含义：一是指通过促进基础研究，积累和创造新知识的相关政策；二是促进已有的知识转化为具体的产品，即促进既有知识应用的相关政策。从这个意义上说，本书所指的科学技术政策也具有创新政策的含义，在本书中统一使用“科学技术政策”一词表达。

从基础数据上看，日本的研究开发投资大部分是由民间企业完成的。根据日本总务省《科学技术研究调查》结果显示，2019 年日本研究开发费用为 19.5 万亿日元，其中民间企业的研究开发费为 14.3 万亿日元，占研究开发费总额的 73.3%，政府的研究开发费用占比为 26.7%。① 虽然民间企业是日本实施研究开发的主体，但由于市场失灵等问题的存在，政府的科学技术政策实施仍具有其理论基础。

首先，科学技术的生产具有公共品属性，引发的“市场失灵”问题，需要政府采取科学技术政策予以干预。根据微观经济学理论，在经济的运行过程中，市场机制会通过市场的需求和供给变动所引起的价格变化来实现对资源的有效配置和有效利用。但是市场机制作为一种利益调节分配机制，其完全调节功能的实现是有条件的，即针对具有竞争性和排他性的私人物品时能够发挥充分的条件作用，但是在对于既不具有竞争性，也不具有排他性的公共物品生产的调节时，市场机制的作用是有限的，甚至可能出现无效的情况。科学技术与私人物品不同，具有公共品属性，科学家所创造出的科学技术属于人类知识宝库中的一部分，可以供所有人使用和学习，从而遭遇了“搭便车”问题，即由于不付费也不妨碍消费，所以人们没有为其付费的动力，从而导致科学技术的

① 総務省、「2019 年（令和元年）科学技術研究調査結果」、https://www.stat.go.jp/data/kagaku/kekka/youyaku/pdf/2019youyak.pdf。

生产小于消费。① 由此可见，在科学技术的创造和使用问题上，存在着市场失灵的问题，即如果将科学技术的生产完全交付于市场机制，则无法实现资源的有效配置，导致科学技术的生产量过小，无法实现帕累托最优。为了消除科学技术生产量过小这一问题，就需要政府实施科学技术政策，弥补市场失灵问题，促进科学技术的有效生产。

其次，科学技术政策在实施时需要着力于一般性科学技术和特殊性科学技术两个方面采用多种措施，促进科学技术水平的提高。科学技术可以被分为两个类别，即数学、物理学、化学、医学等具有基础性质的一般性科学技术，以及在基础技术上发展出可以获得经济收益的具有特殊属性的特殊性科学技术。其一，一般性科学技术具有较强的公共品属性，因此需要国家加大对一般性科学技术的研发投入。一般性科学技术的研发很难为企业和个人带来经济利益，其经济收益率较低，但是具有较高的社会收益率。因此，政府应通过各种方式，如加大国家的投资等，努力促进一般性科学技术的生产。其二，完善经济制度，促进特殊性科学技术的研发。特殊性科学技术可以为企业或个人带来经济利益，由于其经济收益率较高，导致企业和个人具有研究开发特殊性科学技术的动力。②特殊性科学技术具有排他性，消费者需要通过付费才能使用到特殊性科学技术。为此，政府为促进特殊性科学技术的发展就需要研究开发相关的经济制度，如知识产权保护、专利使用制度、产品的生产和销售网络制度等，从而提高企业和个人开展研究开发的积极性，不断促进特殊性科学技术的研究开发。其三，着眼于一般性科学技术和特殊性科学技术的不同，需要采用不同方式，促进科学技术水平的提高。一是在发展一般性科学技术方面，需要加大国家的研究开发投入，促进大学、公立研究开发机构开展基础性科学研究开发

① ［美］达龙·阿西莫格鲁、戴维·莱布森、约翰·李斯特著，卢远瞩、尹训东译：《经济学微观部分》，中国人民大学出版社 2016 年版，第 204 页。

② 岡田羊祐、「イノベーションと技術変化の経済学」、日本評論社 2018 年版、第 26 頁。

工作。与此同时，为开展基础性研究开发的企业和个人提供补助金及财政税收优惠，促进企业和个人开展基础性科技研发。二是在推动特殊性科学技术方面，应着眼于完善市场经济制度构建，不断完善知识产权和专利制度建设，并通过规制改革，放宽市场准入限制，扩大企业的经营范围，从而推进企业和个人开展特殊性科学技术的研发。由上可见，日本的研究开发投资主要是由民间企业完成的，由于科学技术所具有的公共品属性，可能导致研究开发投入的不足，为此日本政府需要实施科学技术政策以实现补充完善。

（二）日本实施科学技术政策的背景

自日本在20世纪70年代初期实现工业化后，日本经济不仅面临着严峻的转型压力，而且还面临着国际社会的舆论压力，迫使日本政府开始积极推动科学技术政策的实施。根据经济增长理论，经济增长主要得益于资本、劳动等生产要素的投入，以及全要素生产率的提高。从长期来看，资本、劳动等生产要素的投入并不是无限的，经济的长期增长需要依靠全要素生产率的持续上升。全要素生产率的提高主要来自两个方面，一方面是提高技术水平，另一方面则是优化资源要素配置。

首先，日本在成为世界第二大经济体后，在技术水平方面与欧美等先进国家的差距不断缩小，日本面临着自主创新的压力。自战后以来，日本为提高技术水平，开展了积极的技术引进活动，其方式不仅包括直接购买外国的专利技术，还包括积极开展学术交流活动、派遣技术人才赴国外学习等。日本政府在战后技术的引进过程中发挥重要作用，通过运用外汇控制的手段，将外汇资源分配给重点发展的重化学工业领域，促进了日本技术水平的提升。至20世纪70年代初期，日本在许多产业层面的生产技术水平已经与欧美等先进国家地区的水平差距不大，实现了“吸收创新型”的技术发展目标。1952年时，日本的技术水平只有美国的1/4，在20世纪50年代至60年代日本的技术水平迅速上升，1968年达到了美国的90%，1968—1973年，日本的技术水平几乎赶上了美国。①到1979年时，日本在矿业、木材、化工、金属加工、精密仪器制造、交通通信等产业领域的技术水平已经高于美国。②在日本的技术水平与美国等发达国家之间的差距不断缩小之后，日本原有的“吸收创新型”的技术发展模式已经不能够满足其继续提升技术水平的需求，产生了从“吸收创新型”向“自主创新型”发展的内在动力与要求，日本需要更新科学技术政策以促进日本企业的自主创新，在这一过程中需加强国家引导。

其次，日本在实现工业化后，经济结构面临转型升级的压力，需要通过优化和改善生产要素的使用效率，提升全要素生产率。其一，在20世纪70年代，发生了两次石油危机，导致日本的能源供给受到严重冲击，日本政府开始重新审视在高速增长时期所形成的以“重化学工业”为主的产业体系，开始积极发展具有技术密集型及知识密集型特点的加工组装工业，如运输机械、电子机械、精密机械等产业。同时，日本政府加强了在技术密集型产业方面的产业技术引导。另外，日本政府着手开展针对纤维、钢铁、造船等“结构性萧条产业”的产业结构优化工作，处置过剩的生产设备和产能，从而促进资源的有效分配和利用。其二，在20世纪90年代以后，日本的泡沫经济崩溃，日本经济陷入长期低迷，经济增速长期维持在较低水平，资本投入边际效益下降、人口老龄化、生产率持续下滑等问题困扰着日本经济发展。在这一时期，如何能够促使日本维持有效的经济增长成为日本经济发展面临的最重要的课题。在人口老龄化和资本投入边际效益低的背景下，有效提高全要素生产率成为这一时期日本政府最主要的政策课题。由于技术水平的提升能够帮助全要素生产率的提高，为此，日本政府在这一阶段着力推进科学技术政策的实施，其目的在于通

① ［美］D. W. 乔根森著：《生产率·第2卷·经济增长的国际比较》，中国发展出版社2001年版，第199页。

② ［美］D. W. 乔根森著：《生产率·第2卷·经济增长的国际比较》，中国发展出版社2001年版，第366页。

过科学技术政策，有效促进日本企业创新，提高日本的技术水平，带动日本全要素生产率的提升，从而推动日本经济持续增长。

最后，国际社会对日本技术具有“搭便车”的指责，日本政府加强基础技术研究开发以缓和国际压力。在成为世界第二大经济体之前，日本致力于推动欧美等发达国家的基础研究成果在日本实现商品化，更加注重应用技术的研究开发，而对基础技术的研究开发关注不足。与此同时，日本的研究开发主要由民间企业主导，而民间企业则具有重视应用研究而忽视基础技术研究的倾向，导致日本对于基础技术研究的投入相对不足。日本的这种行为受到了来自欧美国家的指责，认为日本的这一做法为“搭便车”，要求日本也要创造能为世界做出贡献的科学技术。[①] 因此，为缓解国际社会对日本技术提高的“搭便车”指责，在成为世界第二大经济体后，日本政府加强了对基础技术研究开发的投入，以消解国际社会的压力。

（三）供给侧结构性改革与科学技术政策的关系

日本在完成工业化后，在技术水平上逐渐完成了对欧美等发达国家的赶超。自 20 世纪 80 年代中后期以来，来自欧美等发达国家对日本产业政策转型的呼声越来越强，日本的产业政策也开始出现转型，减少了政府对市场经济的直接干预。为此，日本政府对于科学技术政策的重视程度开始上升，并在 20 世纪 80 年代提出了“技术立国”的口号，试图通过推动自主技术的研究开发提升日本的科学技术水平。

科学技术政策的实施与供给侧结构性改革之间存在着紧密的联系。从经济供给侧的角度看，提升经济的供给能力，需要从要素供给和提升技术水平入手，而供给侧结构性改革正是致力于提升供给质量、改善资源配置扭曲以及提升科学技术水平。从这个意义上讲，科学技术政策能够有效提升科学技术水

① 黄荣光：《日本的科学技术法制体系简述》，《科学文化评论》2010 年第 5 期，第 46—63 页。

平，提升全要素生产率，科学技术政策也因此可以被视为日本供给侧结构性改革的一个重要组成部分。自 20 世纪 70 年代以后，日本提升自主创新能力的需求日益迫切，迫使日本政府开始重视实施科学技术政策。

此外，日本开始重视实施科学技术政策的时间也与日本供给侧结构性改革的演变紧密相关。20 世纪 70 年代以后，日本的供给侧结构性改革也进入了转型与调整的时期，产业政策对于促进产业结构升级转型以及提升自主科学技术水平的重视程度日趋上升。进入 20 世纪 90 年代后，日本政府由于实施“结构改革”导致其对于经济体所能实行的干预能力不断下降，主要侧重于完善市场经济制度，不能够再通过直接分配生产资源促进经济发展，因而日本政府加强了对于科学技术政策的重视程度，试图通过间接的方式提升日本的技术水平，促进经济增长。因此，20 世纪 90 年代后，科学技术政策在日本供给侧结构性改革中占有更加重要的地位。由此可见，日本的科学技术政策，正是伴随着日本的经济调整所实行的，不仅是日本经济政策中的重要一环，而且也是当前日本供给侧结构性改革中的一项重要组成部分，需要展开详细的分析和探讨。以下具体分析日本在 20 世纪 70 年代以后所实施的各项科学技术政策。

二、日本科学技术政策的主要措施

自 20 世纪 70 年代初完成工业化后，日本就面临着进一步提升技术水平和经济结构转型的双重压力，为此对于科学技术的重视程度开始加强，推出一系列政策，在不同的时期表现出了不同的特点。

（一）20 世纪 70 年代至 80 年代：促进日本科技从“吸收创新型”向“自主创新型”转化

日本通商产业省的产业技术政策在这一阶段发挥了最主要的推动作用。在 20 世纪 70 年代日本的科学技术政策着重于引导产业技术的发展，以通商产业省的产业技术政策表现最为突出。两次石油危机的发生，暴露了日本在能源结构和产业结构方面的问题，在日本通商产业省的主导下，日本在 20 世纪 70 年代至 80 年代重点开展了对两个领域的科学技术研究，即推进节能领域的技术创新，以及促进日本的产业重心从“重厚长大”调整为“轻薄短小”，推动日本经济的产业结构从以钢铁、化学等基础材料产业为主，向以汽车、电子机械等加工组装型产业为主的转变。在应对两次石油危机所带来的冲击过程中，日本政府日益认识到原有的“吸收创新型”技术发展模式不再能够满足日本产业技术发展需求，必须促进日本的科技发展向着“自主创新型”发展转化。为此，日本在 1980 年正式提出了“技术立国”口号，采取各种措施促进日本“官产学”合作，提升日本的自主研究开发水平。① 为了实现上述政策目标，日本政府主要推动了如下的措施：其一，为了应对能源不足的危机，日本政府致力于推动寻找能够代替石油的能源。如 1974 年实施“阳光计划”，设立“新能源技术研究开发制度”，开发太阳能、地热能、风能、海洋能等新能源；在 1978 年实施“月光计划”，推动“节能技术研究开发计划”，致力于开发节能技术。② 其二，积极引导日本企业加快自主研究开发进程，提高自主技术开发能力。日本政府构建“大型工业技术研究开发制度”，主要致力于对推动国民经济发展具有重要作用的先导技术的研究开发，鼓励日本企业之间的联合与合作，从而推动某些特定科学技术研究的突破。日本政府在其中发挥的作用主要

---

① 冯昭奎：《科技革命与世界》，社会科学文献出版社 2018 年版，第 166 页。

② 沢井実、「通商産業政策史 1980—2000 第 9 巻」、経済産業調査会 2011 年版、第 245 頁。

有两点：一是指定研究课题的领域，设立研究开发计划；二是选择承担研究开发的企业主体，通过发放补助金的形式，促进相关企业开展联合开发。在1966—1992年，日本总共实施了31项研究开发计划，这些开发项目的实施对日本产业技术水平的提高，以及国际竞争能力的增强都具有重要作用。① 其中，“超大规模集成电路研究计划（VLSI）”最具有代表性，1976年通商产业省协调富士通、日立、东芝等五家计算机生产公司共同致力于微电子技术开发。该项目最终获得1000多项专利，并发表了460多篇相关论文，被认为是相当成功的。其三，对企业的新增研究开发支出提供补贴。日本政府对企业新增的研究开发支出给予税收减免措施，规定企业本年度的实验研究费用比往年最高费用超出的金额可以按照固定比率减免税收，这项税收的减免额度在1970年时为190亿日元，到1980年时增长到380亿日元。②

进入20世纪80年代后，日本在科技政策方面出现一系列新变化。

首先，继续加强产业技术政策。在20世纪80年代，日本通商产业省提出“技术立国”口号，致力于解决能源制约、提高生活品质、促进新一代革新技术发展等问题。与此同时，日美贸易摩擦日趋激化，美国对日本在技术引进方面采取越来越多的限制措施，迫使日本政府加大对自主创新的刺激力度。为此，日本通商产业省加大了对基础研究开发的投入力度，对民间企业基础研究开发给予融资援助，并设立“新一代产业基盘技术研究开发制度”，推动材料、生物、电子元器件等领域的技术开发。③

其次，日本科技厅的科学技术政策作用日益凸显，为此后日本科学技术政策的制定埋下了伏笔。这一时期，日本科技厅的科学技术政策主要体现在以下

① 沢井実、「通商産業政策史 1980—2000 第9巻」、経済産業調査会 2011年版、第131頁。

② ［日］小田切宏之、后藤晃著，周超等译：《日本的技术与产业发展》，广东人民出版社 2019年版，第57页。

③ 沢井実、「通商産業政策史 1980—2000 第9巻」、経済産業調査会 2011年版、第166頁。

两个方面。一是建立了“科学技术振兴调整费”制度。此前，日本科技厅虽然有“综合调整科学技术”的职能，但是并没有独立调整研究的经费预算，在1980年举办的“科学技术会议”上，明确提出了设立“科学技术振兴调整费”的要求，使得日本科技厅具有了推进科学技术综合调整的有力手段。“科学技术振兴调整费”的使用以开展基础研究为重点，通过设立大型研究项目的方式，集日本各省厅研究机构的力量开展多部门合作研究开发，同时促进民间企业研究开发，推动“官产学”有机结合研究体系的形成。① 二是设立了“创造科学技术推进制度（ERATO）”，组建“新技术事业团”② 从事研究计划的组织管理工作。日本政府给予相应预算，由“新技术事业团”负责具体的研究项目的实施工作，采用“项目研究”体制，一个项目的实施周期通常为5年，项目的研究不受制于具体的研究机构，以项目研究领导者为核心，聘请临时研究人员，促使科研人员能够全身心地投入到科研项目的研究工作之中，与此同时，临时聘用的研究人员可采取“停职外派”的方式将人事关系调动到“新技术事业团”，避免对研究人员职业生涯产生影响。该制度构建了临时项目研究这一新的制度体系，突破了日本以往实行的长期雇佣制度，增加了研究人员的流动性，可以有效推动研究项目活动的开展。③ 三是制定了《科学技术政策大纲》和《研究交流促进法》，为日本科学技术政策的实施给出了发展蓝图，消除阻碍研究人员流动的体制机制障碍。

最后，文部省对于科学技术开发的支持力度有所增强。“科学技术研究费补助金”由日本文部省掌握，用于补充经常性科研经费。进入20世纪80年代后，“科学技术研究费补助金”数量持续增长，从1980年的420亿日元增加至

---

① ［日］武安义光著，杨舰、王莹莹译：《日本科技厅及其政策的形成与演变》，北京大学出版社2018年版，第12页。

② 注：“新技术事业团”与“日本科学技术信息中心”合并重组成为现在的日本科学技术振兴机构（JST）。

③ ［日］武安义光著，杨舰、王莹莹译：《日本科技厅及其政策的形成与演变》，北京大学出版社2018年版，第52页。

1989 年的 488 亿日元。① 20 世纪 80 年代后日本文部省科学技术政策的变化主要体现在加强对已经取得较好评价成果的科学研究实施重点资助、促进大学与企业合作、增强青年科研人员培养等方面。

（二）20 世纪 90 年代至 21 世纪初：加强政府引导，实施市场化改革，推动科学技术发展

20 世纪 90 年代后，泡沫经济崩溃，日本经济陷入长期低迷的困境之中，人口老龄化问题日趋严重，日本的劳动年龄人口数量持续下滑。与此同时，日本的全要素生产率在泡沫经济崩溃后，也出现不断下降的趋势。根据日本 JIP Database 的数据，20 世纪 90 年代日本全要生产率增速为 -0.06%，远小于 20 世纪 80 年代的 1.46% 以及 20 世纪 70 年代的 2.05%。② 21 世纪后，日本的人口老龄化问题更加突出。在这一阶段，日本科学技术政策所要解决的主要问题在于：如何在人口老龄化的背景下提高全要素生产率，实现经济的可持续增长。为此，在这一时期，科学技术政策愈发受到重视，政府加大对研究开发工作的投入，推出了一系列举措。

第一，制定《科学技术基本法》，设定第一期至第三期“科学技术基本计划”，政府加大对研究开发的投入。自泡沫经济崩溃后，日本企业的经营业绩受到很大冲击，导致日本企业的研究经费支出不断下滑。在 1989 年时日本企业的研究开发费用增速还有 6%，但是到了 1994 年，民间企业的研究开发费用增速就下降至 -4.0%。③ 日本企业研究开发费用的急速下降影响了日本科学技术的提高，为此日本政府决定加大对科学技术研发的投入。日本政府在 1995

---

① 文部科学省、「平成元年版科学技術白書」、https：//warp. ndl. go. jp/info：ndljp/pid/11293659/www. mext. go. jp/b_menu/hakusho/html/hpaa198901/index. html。

② 経済産業研究所、「JIP Database2015」、https：//www. rieti. go. jp/en/database/JIP2015/。

③ 文部科学省、「平成 14 年版科学技術白書」、https：//warp. ndl. go. jp/info：ndljp/pid/11293659/www. mext. go. jp/b_menu/hakusho/html/hpaa200201/hpaa200201_2_037. html。

年制定的《科学技术基本法》，就是日本政府决定重点实施科学技术政策的具体表现，标志着日本的科学技术政策进入了重视基础研究和强调创新的新阶段。根据《科学技术基本法》，要求日本政府每5年制定一期《科学技术基本计划》，并给予相应预算，以带动基础研究和创新发展。截至目前，日本已经制定了5期《科学技术基本计划》，在此主要探讨第一期至第三期的《科学技术基本计划》。第一期《科学技术基本计划》的主要内容包括两点：一是大幅增加了政府对研究开发的投入，在1996—2000年日本政府实际研究开发投入总额达到17.6万亿日元；二是建立新的研究开发体系，实施体制改革，创造具有灵活性的研究环境，在国立研究机构中导入了任期制以提高人才流动性。[①] 与第一期《科学技术基本计划》不同，第二期计划更加注重对重点领域的研究开发投入，将总额达到24万亿日元的研究经费重点投入到生命科学、通信技术、环境、材料等领域，优先配置资源，推动青年研究人员培养，促进研究开发费用的竞争性改革，强化“官产学”合作（参见表8－1）。第三期《科学技术基本计划》则更加注重政策问题的解决，注重政府对研究经费和解决主要问题的引导，即“选择与集中”，在第二期所制定的四个重点领域的基础上，新增能源、制造业、社会基础、前沿科学四个重点发展领域，并从中遴选出若干国家级大型科研攻关项目，给予重点投资，2006—2010年实际投入研究经费总额达到21.7万亿日元，未达到25万亿日元目标。

第二，在2001年日本政府机构改革后，强化“综合科学技术会议”职能，加大政府对科学技术政策的引导能力。2001年日本政府实施了政府机构改革，撤销了“科学技术厅”，由文部科学省承担原科学技术厅的业务，如日本科学技术振兴机构（JST）的管理工作，但是与制定科学技术政策相关的工作则归属于内阁府，由下辖于内阁府的“综合科学技术会议”承担。“综合科学技术会议”的设立，实现了对科学技术政策制定的统筹，成为了日本科学技术政策

① 岡田知弘、岩佐和幸编、「現代日本の経済政策」、法律文化社2016年版、第205頁。

制定的“司令部”。由于“综合科学技术会议”由日本首相直接领导，能够较好地联系和平衡各省厅，从而更好地规划和制定科学技术政策。

表8-1 日本的主要科学技术政策（1990—2010年）

时间	政策名称	主要内容
《科学技术基本法》与《科学技术基本计划》		
1992年	修订《科学技术基本大纲》	推进重要领域的研究开发工作，提升科研工作者待遇，完善科研环境
1995年	《科学技术基本法》	制定关于科技政策的基本措施，制定关于科学技术振兴的推进计划
1996—2000年	《科学技术基本计划（第一期）》	投入总额17.6万亿日元的科学技术相关经费，设立科学技术振兴事业团，在公立研究机构中导入任期制
2001—2005年	《科学技术基本计划（第二期）》	政府研究开发投资总额达到24万亿日元，重点投入生命科学、通信技术、环境、材料等领域
2006—2010年	《科学技术基本计划（第三期）》	政府研究开发投资总额达到21.7万亿日元，新增能源、制造业、社会基础、前沿科学等重点发展领域，推动大型项目实施，导入“选择与集中”理念
设立“综合科学技术会议”		
2001年	中央省厅整合	文部省和科学技术厅合并成立“文部科学省”
2001年	综合科学技术会议（CSTP）	为进一步统揽日本的科学技术政策，推动科学技术政策的制定和调整，设立“综合科学技术会议”
通过法律手段，完善科技相关制度		
1998年	《大学等技术转移促进法》（TLO法）	促进大学等研究机构产生科学技术成果，通过技术转移机构（TLO）向民间企业转化
1999年	《产业活力再生特别措施法》	日本版“Bayh Dole”法；满足一定条件下，作为国家开发项目受托机构的民间企业也可以获得研发项目专利的所有权
1999年	《新事业创出促进法》	日本版SBIR（中小企业技术革新制度）；对实施新技术开发的中小企业给予补助金
2000年	《产业技术力强化法》	促进公立大学的研究人员到民营企业兼职，减免研究人员的专利申请费，促进大学技术向民间转化

续表

时间	政策名称	主要内容
通过法律手段，完善科技相关制度		
2002 年	《知识产权基本法》	设立知识产权战略本部，促进知识产权保护和创造
2002 年	《独立行政法人化》	科学技术振兴机构（JST）、产业技术综合研究所（AIST）、新能源产业技术综合开发机构（NEDO）、日本学术振兴会（JSPS）实现独立法人化
2004 年	《国立大学法人化》	实现国立大学法人化，消除教职员工的公务员身份
2008 年	《研究开发力强化法》	提升研究开发效率和民间企业研究开发能力
2009 年	修订《产业活力再生特别措施法》	设立产业革新机构，采用中央政府与民营企业共同出资的方式设立研究开发投资机构

资料来源：岡田羊祐、「イノベーションと技術変化の経済学」、日本評論社 2018 年版、第 279 頁。

第三，通过法律手段，推动市场化经济制度改革，促进形成“官产学”一体的国家创新体系。泡沫经济崩溃后，日本政府着力思考日本陷入长期低迷的制度性原因，在产业领域大力推动“规制改革”，提升资源的配置效率。与此同时，在科学技术领域，日本政府则通过一系列法律的制定，完善日本在科学技术领域的法律制度，促进形成“官产学”一体的国家创新体系。首先，在“官”与“学”方面实施国立大学改革，依照“选择与集中”的思想，增强“国立大学运营费交付金”的竞争性程度，同时允许大学接受来自民间企业的研究经费，从而提高大学运营经费的使用效率。在“官”与“产”方面，设立日本版“Bayh Dole”法，允许民营企业从国家出资的科研项目中获得专利；设立产业革新机构等官民并举的投资机构，加强对民营企业的创新投资；推动实施“中小企业技术革新制度”（日本版 SBIR），促进日本中小企业开展创新研发。在“产”与“学”方面制定《大学等技术转移促进法》，促进大学的科学技术成果向民营企业转化；制定《产业技术力强化法》，促进大学及科研机构的研究人员到企业中兼职，提高科研人才的流动性（参见表 8 - 1）。由此可见，自20世纪90年代以来，日本通过一系列的制度改革，不断加强“官产学”这三者之间的联系，促进协同创新发展，试图构建“官产学”一体的国家创新体系。

（三）安倍政府第二次上台后：强化政府引导，促进创新发展，为经济发展提供持续动能

2013年，安倍晋三第二次上台后，进一步强化政府对科学技术政策的引领作用，并与其所提出的“成长战略”相结合，采取多种措施，促进实现创新发展。

第一，推动《科学技术基本计划（第四期）》实施，制定《科学技术基本计划（第五期）》。在第四期《科学技术基本计划》的实施过程中，与此前三期的《科学技术基本计划》在科学技术政策实施的手段方面，表现出了新特点，即不再延续以重点领域为科研经费分配的主要依据，而是根据当前所需要解决的主要社会、经济问题为依据实施资源配置。与此同时，除了注重科学技术水平的提高外，还开始看重提升应用科学技术的创新能力。由于2011年“东日本大地震”的发生，在第四期《科学技术基本计划》中，以“灾后复兴”为主要课题，以竞争性研究项目为主要的研究资金分配方式，重点推进绿色科技、生命科技等科学技术发展，提高产业国际竞争力，政府投入的研究开发投资总额达到25万亿日元。① 第五期《科学技术基本计划》是改组后的“综合科学技术创新会议（CSTI）”所制定的第一个科学技术基本计划，重点在于推动“科学技术创新政策”，其政策目标在于将日本建设成为“世界上最适宜创新的国家”，为此主要采取以下四点措施：一是促进未来产业创造，推动社会变革，推动日本实现“社会5.0”；二是解决经济社会发展中所面临的问题；三是强化科学技术创新基础环境建设，夯实基础研究，加强人才培养，推

---

① 内閣府、「第4期科学技術基本計画」、https：//www8. cao. go. jp/cstp/kihonkeikaku/index4. html。

动研究资金使用分配改革；四是构建人才、知识、资金为一体的良性循环体系，推进创新。为此，日本政府在2016—2020年中投入总计26万亿日元的研究开发费用，预计占到日本GDP总额的1%。①

第二，进一步强化“综合科学技术创新会议”机能，加强政府对科学技术的引领作用。安倍第二次上台后，注重加强了既有的“综合科学技术会议”的职能，并在此基础上于2014年新成立了“综合科学技术创新会议”，经过改组后，扩大了该机构的职能权限。“综合科学技术创新会议”的主要工作包括以下三点：一是制定科学技术基本计划，确定重点的科学技术发展领域；二是确定科学技术政策相关预算资金的分配和使用；三是对国家级重大科研项目开展评价工作。这一体制机制的建立，促使日本政府能够更加有效地实施科学技术政策，加强了日本政府对科学技术发展的引导能力。此外，“综合科学技术创新会议”还导入了“部门横向课题机制”，使用“综合科学技术创新会议”自己的部门预算，于2014年设立了“战略性创新创造项目（SIP）”，通过与其他政府部门的共同合作，推动兼具基础性和应用性的科研项目开发；“革新性研究开发推进项目（ImPACT）”则致力于“高风险、高影响”的研究项目开发，推动经济社会发展。另外，“综合科学技术创新会议”通过与“经济财政咨询会议”协作，实施“官民研究开发投资扩大项目（PRISM）”，其主要目的在于通过“官民合作”的方式，加大对民间研究开发的投资力度，推动创新发展（参见表8－2）。

---

① 総務省、「我が国の科学技術政策について」、https://www.soumu.go.jp/main_content/000557589.pdf。

表8-2　日本的主要科技政策（2011—2020年）

时间	政策名称	主要内容
设立《科学技术基本计划》		
2011—2015年	《科学技术基本计划（第四期）》	政府研究开发费用投资总额达到25万亿日元；推动以“课题项目”为主导的科学技术创新政策；促进灾后复兴、绿色科技创新、生命科技创新等
2016—2020年	《科学技术基本计划（第五期）》	政府研究开发费用投资总额达到26万亿日元；设定项目评价指标（KPI），强化研究开发和人才培养，推进开放式创新系统，推动实现“社会5.0”
进一步强化“综合科学技术创新会议”机能		
2014年	设立“综合科学技术创新会议（CSTI）”	强化原有“综合科学技术会议”的职能，负责“科学技术基本计划”的制定工作，审议预算和人才等资源配置，评价国家级研究项目
2014年	导入部门横向课题机制	CSTI可以使用自己的预算设立基础性及应用性研究课题，如“战略性创新创造项目（SIP）”“革新性研究开发推进项目（ImPACT）”等
2018年	官民研究开发投资扩大项目	“综合科学技术创新会议”和“经济财政咨询会议”合作设立“官民研究开发投资扩大项目”
与“成长战略”相关的改革措施		
2013年	科学技术创新综合战略/日本再兴战略	产业竞争力会议制定“日本再兴战略”，促进官民合作投资重点创新项目，促进产业的新陈代谢，推进科学技术创新，实现世界最高水平的信息化社会
2016年	未来投资会议/未来投资战略	通过官民合作，推动日本实现“第四次产业革命”，制定“未来投资战略”
2014年	《研究开发力强化法》修正	促进JST、AIST、NEDO等政府性科研机构对初创企业投资，建立公募性质的研究开发基金

续表

时间	政策名称	主要内容
与“成长战略”相关的改革措施		
2015 年	设立日本医疗研究开发机构	通过“健康医疗战略推进法”，设立“日本医疗研究开发机构（AMED）”，推动医疗领域研发活动
2015 年	设立国立研究开发法人	提高国立研究机构法人在运营方面的自由度
2016 年	特定国立研究开发法人	将理化学研究所、产业技术综合研究所、物质材料研究所指定为“特定国立研究开发法人”
2017 年	修正《国立大学法人法》	重点支持东京大学、东京工业大学、京都大学、东北大学、名古屋大学、大阪大学等学校发展，建设世界级高等教育机构

资料来源：岡田羊祐、「イノベーションと技術変化の経済学」、日本評論社 2018 年版、第 281 頁。

第三，与“成长战略”相结合，强调“官产学”合作，推动日本实现创新发展，为日本经济发展提供持续动能。在人口老龄化背景下，提高全要素生产率成为日本经济政策的重点，在安倍经济学的“三支箭”中，“成长战略”始终具有重要地位。安倍政府上台后的日本科学技术政策与“成长战略”积极配合，共同推进日本实现创新发展，提高全要素生产率，而在这其中，强调“官产学”合作是一个明显特征。如表 8－2 所示，不论是在 2013 年的“日本再兴战略”中，还是 2016 年的“未来投资战略”中，推动科学技术创新均为其中的一项重要组成部分，为此实施了一系列改革措施。如设立“战略性创新项目”，重点突破对日本政府具有重要意义的基础性研究工作；积极培养青年创新型人才，引入国外的优秀研究人员；构建开放式创新体系，推动物联网、人工智能、大数据等领域的研究开发，促进日本在“第四次产业革命”领域的科技创新；完善知识产权保护体系，实施知识产权标准化战略；建立对于创新的“沙盒监管”措施，促进自动驾驶、人工智能、生物、智能生活等领域的产业技术发展。另外，在安倍上台后进一步强调在科学技术创新领域的“官产学”合作。① 在“官”与“产”方面，促进 JST、AIST、NEDO 等政府性质的科研机构成立具有公募性质的投资基金，进一步加强对民间研究开发的投资力度。在“官”与“学”方面，实施公立研究机构改革，提升公立研究机构的自主性，同时进一步实施“大学改革”，将大学运营经费进一步向重点大学倾斜，促进具有世界水平的高等教育机构的建设，推动日本实现创新发展。

三、日本科学技术政策的实施效果

日本完成工业化后，实施了一系列科学技术政策，致力于提升日本的科学技术水平和创新能力，取得了一定效果，但也带来了一些问题，表现为正面和负面影响两个层面。

首先，日本科学技术政策带来的正面效果。一是 20 世纪 70 年代至 80 年代日本通过设立一系列大型国家级科研攻关项目，推动了日本在化学材料、电子计算机、半导体制造、运输机械、可再生能源等领域的技术发展，促进日本产业结构从“重化学工业”转向“加工组装工业”，较好地促进了日本经济转型。二是日本政府推动了一系列促进企业研究开发的税制改革，通过按照研究开发投入的一定比例抵扣法人税的方式促进企业研究开发，起到了激励企业开展研究开发的作用。特别是在财政税收方面，日本政府加大力度向中小企业倾斜，促进了日本中小企业的研究开发活动。三是在日本政府的引导下，提升了研究开发资金的使用效率，推动了日本的研究开发活动，促进了日本的科技创新，在一定程度上提升了日本的全要素生产率，从而推动了日本经济的发展。根据 JIP Database 2018 年的数据显示，日本全要素生产率增速从 1995—2000 年的年均 0.3%，提升至了 2010—2015 年的年均 0.8%，对日本经济增长的贡献

---

① 首相官邸、「日本再興戦略 2016」、https：//www.kantei.go.jp/jp/singi/keizaisaisei/pdf/2016_zentaihombun.pdf。

程度也从1995—2000年的24.4%增加至2010—2015年的89.9%。[①] 由此可见，日本实施的科学技术政策促进了日本的创新发展，提升了全要素生产率，并促使全要素生产率增长成为日本经济增长的最重要的来源。

其次，日本科学技术政策所存在的缺陷。日本科学技术政策的实施不仅带来了正面的效果，也存在一定的缺陷。一是对于竞争性研究经费的过度追求，导致日本大学的研究开发能力受到影响。由于近年来日本国立大学运营费交付金的持续下滑，日本研究者的科研经费来源越来越依靠基于项目的竞争性科研经费的申请，从而使得日本研究者的精力集中于课题申请和课题研究之中，导致研究者实际用于开展科研的时间不断减少。[②] 与此同时，由于国立大学的基本运营经费受到限制，且呈现逐年下降的趋势，日本一些国立大学受于经费限制，出现了教授退休后没有继任者的问题，而博士毕业生在日本寻找教职的难度也在日益提升。二是日本政府各部门所设立的国家级研究开发项目的研究开发投资收益问题。在20世纪90年代后，通过改革和调整70年代至80年代的《大型工业技术开发制度》，日本的各个政府部门均设立多种形式的研究开发项目，形成了“竞争性资金”体系，但是这些项目的实施和投资并未产生巨大的示范效应，也没有带来明显的“技术溢出”效果，较少见到专家学者对于这些科研项目实施效果的客观性评价，从而发生研究项目投入与研究成果产出不对等的问题。[③] 科研经费过度向优秀的研究者倾斜，导致研究经费投入的边际产出不断下降，并且不利于缓解具有独创性思想的研究者所面临的科研经费制约问题。

---

① 経済産業研究所、「JIP Database2018」、https://www.rieti.go.jp/jp/database/JIP2018/index.html。

② 幻の科学技術立国取材班、「誰が科学を殺すのか」、毎日新聞出版2019年版、第95頁。

③ 星岳雄、岡崎哲二、「日本型イノベーション政策の検証」、NIRAオピニオンペーパー2016年1月号、第1—16頁。

四、日本科学技术政策的主要特征分析

除了从“纵向”角度探究日本科学技术政策的演变历程外，还需要采用“横向”剖析的方式，分析日本科学技术政策的特点，并分析日本科学技术政策的效果及存在的问题。日本完成工业化后，针对经济的不同发展阶段，实施了有针对性的科学技术政策措施。有必要从横向角度再次分析日本的科学技术政策，探究其中的特点。

第一，日本政府所提供的研究开发经费的竞争性质日益明显。自泡沫经济崩溃以来，日本的财政支出受到限制，与科学技术相关的预算金额常年维持在一个稳定的水平上。2001 年日本政府科学技术预算额为 3. 46 万亿日元，而 2020 年日本政府科学技术预算为 3. 56 万亿日元，在这 20 年间浮动并不明显。① 由于预算金额长时间维持在同一水平，日本政府着手提高科学技术资金的使用效率。一方面，控制国立大学的“国立大学运营费交付金”。自 21 世纪初实现国立大学法人化改革后，日本政府以 1% 的速度逐渐减少对国立大学的“运营费交付金”，这一数额已经从 2004 年的 1. 2 万亿日元下降至 2019 年的 1. 09 万亿日元。与此同时，不断加大“国立大学运营费交付金”中竞争性经费所占比率，从 2004 年的 11% 提升至 2016 年的 20%，并鼓励大学从民间企业获得研究经费。② 另一方面，设立一系列竞争性经费制度，加大各类竞争性费用投入。自 20 世纪 90 年代以来，日本设立了一系列竞争性经费制度，鼓励研究者通过课题申请的方式获得研究资金，既能够推动国家重点科研领域的公关，又保证了研究者有足够的科研经费开展研究。截至 2019 年，日本共有 21 项竞争性经费制度，科研经费管理主体涉及内阁府、总务省、文部科学省等 10 个政府部

---

① 内阁府、「科学技術関係予算」、https：//www8. cao. go. jp/cstp/budget/index2. html。

② 国立大学協会、「平成 31 年度予算における国立大学関係予算の充実及び税制改正について」、https：//www. janu. jp/news/files/20180807 – wnew – giren3. pdf#search = %27。

门，竞争性研究经费总计4365亿日元，占2019年科学技术预算额3.4万亿日元的12.7%。[①] 其中，经费总额较高的竞争性项目包括：日本学术振兴会管理的“科学研究费助成事业”（2371亿日元）、日本科学技术振兴机构管理的“战略性创造研究推进事业”（486亿日元）、日本医疗研究开发机构管理的“医疗研究开发推进事业费补助金”（355亿日元）等。由此可见，在预算有限的条件下，日本政府通过加大竞争性经费的占比提高经费使用效率，促进国家科技创新工作。

第二，推动设立“研究开发税制”，促进日本企业的研究开发活动。为促进日本企业开展研究开发活动，提升日本企业创新水平，在长期内维持日本的国际竞争力，日本政府还制定了“研究开发税制”，即通过从日本企业的上缴法人税中按“实验研究费”的一定比例扣除相应金额，从而减少企业的法人税支出，起到促进日本企业研究开发活动的作用。2019年日本推行税制改革，进一步完善“研究开发税制”，使得税额扣除率对企业研究开发投入的变化更为敏感。当前，日本“研究开发税制”主要由以下两部分组成：一是总额扣除型。当企业的研究开发增减比率[②]超过8%后，税额扣除比率将会提升，最高可提升至14%。对于初创企业，税收扣除额占法人税比率可突破25%的限制达到40%。二是开放式创新型。当企业与特别研究机构、大学、中小企业等开展协同研究开发活动时，适用开放式创新型研究开发税制。税收扣除额为特别实验研究费总额的20%至30%，上限为企业应缴法人税总额的10%。[③] 通过上述措施，日本政府积极引导企业开始研究开发活动，鼓励企业间的创新合作。

第三，日本政府注重推动中小企业的技术创新。由于在日本经济中，中小

---

① 内閣府、「競争的研究費制度について」、https://www8.cao.go.jp/cstp/compefund/kyoukin31.pdf。

② 研究开发增减比率是指企业当年度研究开发投资与往年度研究开发投资相比的增减程度。

③ 経済産業省産業技術環境局、「研究開発税制の概要」、https://www.meti.go.jp/policy/tech_promotion/tax/31kennkyukaihatutaxgaiyou10.pdf。

企业占有重要地位，其数量占到日本企业数量总和的90%以上，中小企业向来是日本政府实施政策的重点对象。进入21世纪后，日本中小企业与大企业之间的生产率差距不断扩大，从20世纪80年代的不到1%扩大到2%左右。为此，日本政府注重采用财政税收措施并举的办法，推动中小企业的技术创新活动。一是建立了“中小企业革新制度”（日本版SBIR），促进中小企业的创新活动。这一制度建立于1999年，主要措施包括：为中小企业的研究开发活动提供补助金、削减专利申请费用、由日本政策金融公库提供特别贷款支援等。① 二是实施“中小企业技术基盘强化税制”。提高中小企业的研究开发费用税收抵扣率，鼓励中小企业开展科学技术研发。根据研究开发投入比率，中小企业的税收抵扣率可以提高至12%—17%。与此同时，当研究开发费用增速超过5%以上时，还可以将中小企业的税收抵扣率提高5%。三是实施“战略性基盘技术高度化事业”，鼓励中小企业与大学和公立科研机构展开合作，促进共同开发，提升中小企业的研究开发水平和技术能力。②

第四，通过设立“官民并举”的投资机构，促进日本企业开展创新活动。由于研究开发活动属于“公共产品”范畴，如果完全将国家的研究开发创新交由民间企业完成，则有可能导致研究开发投资过小，不利于国家的科技水平提高。为此，日本的科学技术政策始终重视国家对科学技术发展的引导作用，除了增加补助金、构建“官产学”一体的国家创新体系外，日本科学技术政策中一项独具特色的措施是设立了众多“官民并举”的投资机构，促进日本企业的研究开发活动。其中，最具代表性的是2009年日本政府设立的“产业革新机构”，这一机构是根据《产业活力再生特别措施法》所设立的，采用政府与民

---

① 日本商工会議所、「中小企業技術革新制度（日本版SBIR）」、https://www.jcci.or.jp/sme/sbir/

② 中小企業庁、「2018年版中小企業白書」、https://www.chusho.meti.go.jp/pamflet/hakusyo/H30/h30/index.html。

间企业共同出资的形式，政府出资 1420 亿日元，民间企业出资 140.1 亿日元。[①] 一是从运营模式和运营方法上，日本产业革新机构充分吸收了此前“产业再生机构”“企业再生支援机构”的经验，如设立企业经营发展计划、派遣专业管理人才、改善企业资产负债情况等。二是从经营范围的角度，“产业革新机构”的目的不再局限于帮助企业实现“再生”，而是促进具有发展潜力的企业发展，促进企业的研究活动开展。产业革新机构的投资范围包括：化学、电子设备、机械、能源、汽车、信息技术等产业，特别注重与第四次产业革命相关的人工智能、互联网、大数据等新兴科技发展，提升日本企业的国际竞争力。[②] 此外，“综合科学技术创新会议”和“经济财政咨询会议”合作设立“官民研究开发投资扩大项目”，进一步加大对民间企业研究开发活动的投资力度。

第五，注重创新型人才培养工作。人力资源水平的提高，不仅有助于吸收最新的科学技术，而且还能够促进自主性创新活动的开展，在实现创新发展的过程中具有至关重要的作用。日本政府始终重视对于创新型人才的培养工作，具体表现为以下几点：一是在公立研究机构和大学中导入任期制，提升研究人员的流动性。2001 年提出《提高研究人员流动性基本方针》，在公立研究机构实施任期制改革，推动在科研项目中对临时研究人员的聘请，扩大博士后工作岗位数量。二是注重青年研究人员的培养。通过增加科研经费中竞争性研究经费比率，重点培养青年研究人员，增加青年研究人员的科研经费，促进科技创新型人才培育。三是加强理工科教育，培育专业产业技术人才。2015 年日本政府提出“理工科人才培养战略”，加强与产业界人士对话，摸清市场对于人才的偏好与需求，在大学课程中增加理工类课程比率，重点培育信息技术、人工

① 2018 年 9 月，产业革新机构更名为“产业革新投资机构”，存续时间由既定的 15 年延长至 25 年。

② 経済産業省経済産業政策局、「株式会社産業革新機構について」、https://www.cas.go.jp/jp/seisaku/fund/dai1/siryou2.pdf。

智能、大数据等新兴信息技术领域的专业人才。[①] 由此可见，日本的创新型人才培育具有很强的针对性，服务于推动实现创新发展的总体目标。

日本实施的一系列科学技术政策既有正面效应，也产生了一定的负面效果。日本科学技术政策的实施，在一定程度上推动了日本科学技术的进步，提高了日本的全要素生产率，有助于日本实现创新发展，但也出现了大学科研能力下滑、研究经费边际效益下降等问题。

---

① 国立研究開発法人科学技術振興機構、「日本の科学技術イノベーション政策の変遷：科学技術基本法の制定から現在まで」、科学技術イノベーション政策ユニット、2019年版。

第九章　日本供给侧结构性改革的经验

日本的供给侧结构性改革的实施贯穿了战后日本经济发展的整个历程，积累了诸多经验与教训，可供借鉴和参考。在日本供给侧结构性改革的实施过程中，表现出了注重政府的导向作用、推动经济结构转型调整、完善创新环境等特点。

一、政府在供给侧结构性改革中发挥导向作用

日本政府在战后日本经济发展中发挥了重要作用，对于供给侧结构性改革而言，不论是在产业政策还是在结构改革中，日本政府均发挥了重要的推动和引领作用。

首先，日本政府在产业政策的实施中发挥了重要的导向作用。为促进日本经济快速走出被战争破坏的状态，在日本政府的推动下，日本实施了“倾斜生产方式”。通过政府干预的方式，直接将劳动力、资金、原材料等分配给石炭等原材料部门，用以推动钢铁等基础产业的发展，为此后的经济高速增长奠定基础。在高速增长时期，日本政府致力于推动实施产业政策，制定了“产业合理化政策”，重点发展钢铁、煤炭、电力、造船等产业，通过政府引导的方式促进民间企业的设备投资和技术更新。在20世纪60年代，为了应对贸易自由

化和资本自由化的挑战，日本政府试图通过鼓励企业兼并的方式，扩大企业经营规模，从而实现产业国际竞争力的提升。在20世纪70年代至80年代，日本产业政策致力于推动日本经济结构转型，从重化学工业为主转向以知识密集型产业为主，汽车、家电、半导体等产业成为日本政府重点发展的产业。由此可见，日本政府在战后日本产业政策的实施过程中发挥了重要的推动作用，不仅促进了日本的经济增长，而且促进了日本经济结构的转型。

其次，日本政府在“结构改革”的实施过程中也发挥了重要的导向作用。进入20世纪90年代后，日本的供给侧结构性改革的重点逐渐从“产业政策”转向了“结构改革”，对于经济体制机制的调整逐渐成为日本供给侧结构性改革的重点，但是需要注意的是：这一改革不是从日本的民间或者企业开始的，而是由日本政府所主导的。为此，日本政府在“结构改革”的实施中同样发挥了不可或缺的重要导向作用。20世纪90年代初期，日本政府致力于推动“规制改革”，试图通过放宽对经济体的管制，消除产业准入门槛，刺激经济体重新恢复活力。20世纪90年代中期后，在日本政府的推动下，实施了“金融大爆炸”改革和经济体制改革，放宽了对日本金融业的限制、调整了日本的经济体制。进入21世纪后，在小泉内阁的推动下，实施了一系列具有新自由主义特征的“结构改革”措施，进一步完善了日本的金融体系，同时推动了日本的劳动力市场改革，并推动了“邮政民营化”，减少政府对经济的干预。2013年后，安倍内阁时期注重推动“成长战略”，完善日本经济制度环境、改善日本的就业环境和制度，并注重促进科技创新以提升科学技术水平。由此可见，在“结构改革”的推动过程中，日本政府发挥了重要的导向作用。

为此，在实施供给侧结构改革时，应充分注重政府对于供给侧结构性改革的引导和推动作用，注重推动经济结构转型，完善资本、就业市场环境，促进科学技术创新。

二、持续推动经济结构调整转型

首先，在20世纪70年代至80年代，日本有序推动了去产能工作，并取得了一定的成效。在20世纪70年代至80年代，日本经济结构面临调整与转型，出现了结构性萧条产业，如钢铁、化学、制铝、纺织等产业，日本政府大力推进了行业内部的兼并和重组，用以削减过剩产能。与日本经济高速增长时期日本政府直接采用行政干预的手段实施产业政策不同的是，在这一时期日本政府注重使用法律的方式推进去产能的工作。在政策实施时，由以往的政府主导逐步转变为以民间调整为主、政府给予援助的方式。第一次石油危机发生后，日本政府制定了《特定萧条产业临时措施法（1978—1983）》，用于推动过剩设备的处理工作，主要措施包括：认定特定萧条产业、制作《安定基本计划》、提供特定萧条产业信用基金债务保证、维持雇佣稳定等。这一时期，被指定为特定萧条产业的包括：平电炉业、制铝业、合成纤维制造业、船舶制造业等。《安定基本计划》规定了设备处理计划和预计确保的生产能力，详细规定了有关设备新增和改造的相关事项。为了促进过剩设备的处理，需要确保相应资金，“特安法”规定由日本开发银行为处理过剩设备的企业提供债务保证，债务保证总额达到了1000亿日元。① 在“特安法”实施之后，日本政府又制定了《特定产业结构改善临时措施法》（简称“产构法”），在1983—1988年实施，用以进一步推动过剩设备的处理。与“特安法”不同的是，“产构法”并不是由政府认定特定萧条产业，而是以企业的自主申请作为实施依据，体现了对企业自主经营的尊重。主要措施包括制定结构改革目标、促进企业间的事业合作、设立特定产业信用基金、提供债务保证等。所涉及的产业包括：平电炉业、铁合金、铝精炼、合成纤维、石油化学等产业。在1985年签订广场协议

① 通商产业政策史编纂委员会编，日本通商产业政策史编译委员会译：《通商产业政策史14卷》，中国青年出版社1993年版，第32页。

后，日元汇率迅速走高，日本经济也在1983年陷入低迷之中。出口产业集中的地区受到经济萧条的影响特别明显。为应对这一变化，日本政府制定了《产业结构转化圆滑化临时措施法》（简称“圆滑化法”），实施的时间段为1987—1996年。①“圆滑化法”的主要政策目的包括两点：一是处理过剩设备，二是促进萧条地区的产业结构转换。该法律的适用范围不仅局限于特定产业，而是扩展到了地区经济。日本政府指定了属于具有过剩产能问题的设备种类。持有这些设备的企业可提出设备处理计划。在钢铁产业中，高炉企业的设备被认为存在过剩问题。其中包括：高炉、转炉、连续铸造机、热延设备、造管设备等。而其他产业中，精纺机、纺丝机、混凝土烧成炉等设备被认为具有过剩问题。根据“圆滑化法”，企业可以自己制定设备处理计划，政府则负责审批计划。与此前的政策不同的是，“圆滑化法”中还包含了针对雇佣的有关措施。另外，日本政府也指定了由于设备减少导致经济情况恶化的地区，由日本政府提供债务担保服务，用于促进地方发展新事业和设立新工厂等。上述日本政府的措施提升了资源的使用效率，处理了过剩设备，有效地促进了对过剩产能的处理。在此过程中，日本政府处置过剩产能的方式逐渐从以产业为主体调整为以企业和地方经济为主体，更加注重市场在处置过剩设备中的作用。

其次，在21世纪初期日本的不良债权处理中，产业再生机构发挥了重要作用。在21世纪初期，日本面临着严重的不良债权问题，阻碍了日本金融资金的使用效率。为了解决日本所面临的不良债权增加、“僵尸企业”数量激增的问题，日本政府设置了“产业再生机构”，用以促进对日本的不良债权和“僵尸企业”处理。日本政府设立产业再生机构的目的在于：（1）推动经营恶化企业的业务再生，并借此促进产业整体的竞争能力。（2）加速不良债权处理，促使金融系统的金融中介功能恢复。（3）鉴于日本的业务再生市场仍不完

① 岡崎哲二、「通商産業政策史 1980—2000 第3巻」、経済産業調査会 2011年版、第57頁。

善，政府有必要统合产业、金融的力量，促进企业、产业的再生。① 日本政府于2003年4月公布实施了《产业再生机构股份有限公司法》。产业再生机构以股份有限公司的形式设立，存续期限为5年，债权收购期限为2年。企业所有者以及主银行向产业再生机构提出援助申请，产业再生机构则根据企业业务再生的阶段不同采取相应的整改措施，促进企业的业务再生。

一是企业资产分析。产业再生机构根据企业的特性，从商务（包括商务环境）、财务及税务、不动产评价、法务、土壤污染等方面援助企业实施资产评估。二是制定企业再生计划。产业再生机构在经过资产评估后，掌握了企业的资产负债现状以及企业风险的情况，将会与企业及其主银行共同制定企业的再生计划。甄别企业的核心业务和非核心业务，分析企业在加强核心业务设备投资以及退出非核心业务后所能获得的预期现金流。在此基础上根据资金筹措成本以及未来现金流的风险溢价确定企业的折现率，并采用DCF（贴现现金流）法计算企业价值。此外，通过参考同行业其他公司的股价，确定企业的EBITDA（税息折旧及摊销前利润）。在此基础上，制定企业必要的财务重建措施，包括基于资本和负债分析基础上的债权放弃、减资、DES（负债权益交换）、新出资、融资等。在必要的时候也需要实施组织机构重组，如公司分割、业务转让及整合、子公司的法律清算等。分析和研究关于退出的路线图。在募集资金到上市、业务层面的赞助商及投资基金的基础上考虑企业业务，以及市场出售的可能性。在企业主银行事先确定了备选赞助商的情况下，需要分析备选赞助商是否具有相应资质。在判断备选赞助商具备资格后，将备选赞助商与被援助企业在未来的业务关系（子公司化、业务转让等）也列入再生计划之中。三是调整企业的债务关系。产业再生委员会基于企业提交的再生计划，在认定企业再生切实可靠的前提下，确定对企业实施支援。为防止与企业交易相关的债权所有者的突然退出，产业再生机构要求这些金融机构暂停企业的债权、债务

① 内閣府、「産業再生機構に関するQ&A」、https：//www8. cao. go. jp/sangyo/qa. html。

交易，并将这一事实列入企业再生计划之中并予以公布。此外，为实现再生计划上的财务重组措施，产业再生机构会介入到除主银行以外的债权者以及股东之间，实施调整。在通常情况下，主银行作为企业债权的主要持有者，会主动放弃一部分债权。除保留部分债权外，还会通过 DES（负债权益交换）方式继续发挥企业主银行的作用。此外，为满足企业的营业资金需求，主银行会采用 DIP（债务人持有资产融资）的方式为其提供资金。对于主银行以外的债权者，产业再生机构多会要求这些债权者接受基于企业再生计划的“一次性提案”。此外，在原则上，采用按比例划分的方式与主银行一起确定债权放弃的额度。产业再生机构以中立的立场，向债权者说明企业再生计划，并向被支援企业说明债务处理方式，促进债权者和企业达成统一意见。在债权者接受企业再生计划后，由债权者决定所持有债权的处理方式。一是将已放弃的债权打折后出售给产业再生机构。二是在放弃债权以后，仍以债权者的身份继续持有企业债权。在产业再生机构所接收的案件之中，有的大型企业债权持有者人数众多，权利关系复杂，导致财务重建工作困难重重。但是，如果债权人和企业不能就再生计划达成一致意见，就会因企业业务停滞导致企业进入法律上的破产整理程序，造成无可挽回的损失。最终通过产业再生机构的工作，成功地解决了全部被支援企业的权利调整问题。虽然产业再生机构具有很多功能，但是作为“官方功能”这一中立的第三者立场得到了最为有效的发挥。由于许多银行认识到了产业再生机构的这一优点，向产业再生机构提供了更多案例。在原则上，股东也需要实施减资。此外，新出资以及 DES（负债权益交换）的实施会降低股东所持有股票的价值。从以下几个方面看，促进股东实施减资非常有必要，即主要股东履行责任、通过改变赞助商提高企业价值、对于国民的责任、利益关系者的公平性等。

日本产业再生机构总计对 41 家企业实施了援助措施，这些企业在接受援助之时的负债总额为 40254 亿日元。虽然产业再生机构实施援助的企业仅有 41 家，但是因为其中包含大荣（Daiei）、KANEBO 等债务余额高的企业，使得债务总额高达4万亿日元。产业再生机构成立在2003年3月时，日本银行系统的不良债权总额为35.3万亿日元，产业再生机构实施援助企业的负债占日本不良债权总额的一成以上。产业再生机构有效地促进了日本不良债权问题的处理。

三、致力于提升创新环境

日本的供给侧结构性改革致力于改善日本企业创新环境。日本在泡沫经济崩溃后，经济增速长期低迷，被称为日本经济“失去的二十年”，资本投入增长和劳动力投入增长都面临瓶颈。但是，日本政府通过加强科技创新，完善创新环境建设，有力地推动了经济增长主导因素从要素驱动向创新驱动的转换。

第一，加强国家对与科学技术发展的引领。日本政府始终注重科学技术研究开发的引领与指导工作，从国家层面出发制定科学技术发展计划，指定需要加强研发的领域，促进日本的创新与研发。从日本的科学技术政策发展历程看，不论是早期的积极引导科学技术引进，还是成为世界第二大经济体后致力于自主创新技术发展，日本政府在科学技术发展中始终发挥着重要的引领作用，而且近期对科学技术发展的影响愈发增强。这是研究开发活动以及创新活动所具有的公共品特征所导致的必然结果。为了弥补市场机制对于研究开发活动的投入不足，必然要求政府加大对研究开发活动的投入，特别是对基础性科学研究领域的投入。为此，应吸取日本的经验，加强对科学技术发展的引领作用，推动实现创新发展，助力经济高质量发展。

第二，构建“官产学”一体的国家创新体系。在日本科学技术政策的实施过程中，日本政府始终重视形成“官产学”一体的国家创新体系，通过一系列法律措施的制定，不断加强“官”与“产”、“产”与“学”、“学”与“官”之间的联系，致力于促进“官产学”三方实现协同创新，推动科学技术发展。例如，经济产业省、文部科学省等政府部门共同合作，导入“公开申请研究项目”的制度，完善了日本科研项目资金的分配制度。自此以后，日本的大学及研究机构的科研项目资金来源不再仅限于文部科学省，还可以自主申请来自新能源产业技术综合开发机构、日本学术振兴会、新技术开发事业等部门的研究经费。此外，日本政府积极推动大学制度改革，推动大学的研究成果转化：允许大学的教师和研究人员到公司从事研究开发的兼职活动；推动国立大学出资建立初创企业；设立专业硕士制度提高人才培养的灵活性。为此，应建立符合本国实际情况的国家创新体系，促进“官产学”三方共同合作，引导建设世界一流的高水平院校，提高基础性科学研究水平，为企业界提供未来的课题发展蓝图和展望，加强大学和企业之间的技术交流与转化，从而有效调动各方资源，提高科研资金的使用效率，促进科学技术水平的提高。

第三，财税措施并举，促进中小企业研发。中小企业是日本企业的重要组成部分，其数量占到日本企业总数的90%以上。但是，近年来日本中小企业的全要素生产率增速与大企业的差距不断扩大。为此，日本政府采取措施提升日本中小企业的技术创新能力，提高全要素生产率。主要的措施包括以下几点：一是通过税制改革，激励中小企业开展研究开发。根据研究开发费用增长率计算税收抵扣率，中小企业的税收抵扣额度可以达到12%—17%；当研究开发费用增速超过5%时，还可以将税收抵扣率再提高10%。此外，根据《中小企业管理增强法》，制定了管理改善中小企业的计划，不仅可以享受固定资产的减税措施以及折旧方面的优惠措施，而且还可以在实施设备投资时享受来自日本政策金融公库的低息贷款。二是对实施基础性研究开发的中小企业给予补助。对于高端制造、跨学科新兴产业以及现代服务业领域的中小企业所开展的基础性研究开发项目实施政府资金补助。三是建立中小企业技术革新制度，推动新兴产业发展。为实施新兴技术研究开发的中小企业给予财政补贴，并通过日本政策金融公库向中小企业实施低息贷款，促进研究开发成果的商业化进程。为此，可以吸收日本的经验，通过实施财政和税收优惠措施，促进中小企业的研究开发活动。

第四，重点加强针对第四次产业革命领域的研究。近期，日本政府特别重视发展与第四次产业革命相关的科学技术，如物联网、人工智能、大数据等，并试图以此为基础构建智能化社会，满足不同人群的个性化服务需求，实现“社会5.0”。从方法手段上，日本政府采取了强化“课题解决型”科研项目设置，推动“研究开发税制”改革，提高企业运用新技术、新设备方面的激励，鼓励中小企业实施创新开发。中国目前正处于新旧动能转换、经济结构调整的关键时期，应持续推动物联网、人工智能、大数据等新兴信息技术发展，采用多种财税措施，鼓励企业开展新兴技术领域的研究开发。

第五，建立国家级投资机构，促进民间企业的研究开发。日本的科学技术政策中，有一项是设立“官民并举”的投资机构，投资于有发展潜力的中小企业、初创企业，发挥促进科学技术进步、激发创新活动的作用，从而弥补了资本市场对于中小企业、初创企业的研究开发投资不足的问题。为此可以吸收日本的经验，设立国家级的投资机构，投资于有发展潜力的中小企业和初创企业，促进这些企业的原发性创新，实现创新驱动的经济高质量发展。

四、供给侧结构性改革内部政策之间需要相互配合

为了平稳推动供给侧结构性改革，供给侧结构性改革内部也要实现政策之间的相互配合。关于结构改革的顺序问题，有学者展开了讨论。李月认为，贸易市场改革应优先于金融市场改革，而产品市场结构改革应优先于劳动力市场改革。① 日本的供给侧结构性改革遵循了一定的先后顺序，其中的经验可供参考。

第一，20世纪50年代至80年代日本供给侧结构性改革内部政策之间的配合。这一时期的供给侧结构性改革主要内容着眼于提升供给数量，而非供给质

① 李月：《结构性改革的内涵辨析、指标体系与增长效应》，《改革》2018年第10期，第71—81页。

量。从历史上看，日本首先推行了贸易自由化改革，其后推行了资本自由化改革，实现了贸易和资本领域的自由化。日本在1960年公布了《贸易与外贸自由化大纲》，开始提升出口自由化率，降低对进口的限制，到1970年初日本的贸易自由化率水平已经达到了94%，接近了西欧各国的水平。日本的资本自由化滞后于贸易自由化，1967年日本政府才开始着手推动资本自由化，逐步放宽了对外国资本进入日本市场的限制。1973年后，除农林水产以及特定服务业外，日本基本实现了放宽对外国企业来日投资的限制。由此可见，日本政府的这一做法符合结构改革的相关理论，遵循了先贸易自由化后金融自由化的顺序。

在推行贸易自由化和资本自由化的过程中，日本政府为了防止贸易自由化和资本自由化对日本产业国际竞争力的冲击，试图采用“官民协作”的方式，加强对产业的指导，采用了诸多供给侧结构性改革措施，以提高产业的国际竞争力。一是实施产业结构政策，重点发展对于国民经济发展具有重要影响的钢铁、机械、电子、化学等产业。二是实施产业组织政策。为应对国际化冲击，积极构筑“新产业体制”，加强民间企业与政府之间的沟通和协作，推动企业之间的合并，扩大企业生产规模，推动企业之间形成紧密的生产关系，降低企业之间的过度竞争。三是实施产业技术政策，积极推动技术引进，提升企业的生产技术，为实施先进设备投资的企业提供税收领域的优惠等。由此可见，这一阶段的日本供给侧结构性改革，既明确了重点的产业发展领域，又促进了企业生产规模的扩大以及产业体系的形成，还积极促进企业改善生产经营水平，各政策之间实现了有效配合，对日本的经济增长发挥了积极的作用。

20世纪70年代后，日本的供给侧结构性改革各政策之间依然存在着相互配合的关系。一方面，积极促进知识密集型等新兴产业的发展。另一方面，则有序推动化学、纤维、化肥等萧条产业退出市场。同时，进一步加强了科学技术政策，促进自主创新的产生与发展。从这些政策可见，日本的供给侧结构性改革，在注重衰退产业退出市场的同时，致力于引导生产要素向新兴产业转移，从而提升日本的产业能力，促进日本的产业结构转换。这对于20世纪70年代至80年代日本经济的稳定发展，发挥了积极的推动作用。

第二，20世纪90年代至21世纪初期日本供给侧结构性改革内部政策之间的配合。20世纪90年代中期的桥本龙太郎内阁的改革，并没有实现供给侧结构性改革政策内部之间的配合，而是同时推进“六大改革”。这些改革措施并没有遵循先产品市场改革、后劳动力市场改革的顺序，而是同时提出了“金融市场改革”“社会保障结构改革”“经济结构改革”等，对经济的供给侧形成严重冲击，造成短时间内经济增长的快速下滑，并导致日本供给侧结构性改革的推行受到严重障碍。

21世纪初期的小泉内阁时期推行的供给侧结构性改革，吸取了桥本内阁时期的教训，在推动供给侧结构性改革时，采取了循序渐进的方式，其所推行的供给侧结构性改革政策之间存在着一定程度的相互配合，从而在最大程度上减少对经济的冲击，创造有利于推动供给侧结构性改革实行的有利环境。小泉内阁的供给侧结构性改革首先推动的是不良债权的处理和改革，为进一步的供给侧结构性改革提供有利环境，消除了金融体系的资源错配。随后小泉内阁展开了产品市场的改革，先后实施了邮政民营化改革、农业改革、结构改革特区等，消除了产业的进入障碍，促进市场结构的优化。此后，小泉内阁开展了劳动力市场改革，加强了日本劳动力市场的流动性。由此可见，小泉内阁的结构改革存在着先产品市场改革、后劳动力市场改革的顺序。在产品市场实现了结构改革的基础上，实施劳动力市场改革，有助于充分实现产品市场改革的经济效应。因此，通过这种方式，不仅有利于发挥结构改革的经济效应，而且还能够尽量减少因为实施供给侧结构性改革所造成的冲击。

第三，安倍第二次上台后的供给侧结构性改革内部政策之间的配合。在安倍第二次内阁推动供给侧结构性改革实施的过程中，同样也遵循了先产品市场改革、后劳动力市场改革的顺序。在安倍经济学“成长战略”的第一个阶段中致力于推动产品市场改革，如刺激民间投资、推动规制改革和完善市场经济体制等。可以看出，第一个阶段的供给侧结构性改革的内容主要以产品市场改革为主。而进入第二个阶段后，安倍内阁的供给侧结构性改革的主要内容则调整为完善社会保障体制机制，促进女性和老年人就业、加强育儿支援等。由此可见，第二阶段的供给侧结构性改革的内容主要围绕着劳动力市场的改革展开。因此，安倍内阁的供给侧结构性改革也遵循了先产品市场改革、后劳动力市场改革的顺序。

由此可见，供给侧结构性改革的实施需要遵循一定的顺序。日本实现了从贸易自由化改革向金融自由化改革的转变，在此后的供给侧结构性改革中则遵循了先产品市场改革、后劳动力市场改革的顺序。采用这一方式，不仅可以有效实现供给侧结构性改革经济效应的最大化，而且也能最大程度地减小实施供给侧结构性改革对经济造成的冲击。

第十章　日本供给侧结构性改革的教训

在日本实施供给侧结构性改革的长期实践中，不仅积累了一定的经验，同样也存在一定的教训。如供给侧结构性改革缺乏政策间的有效协调配合、引发过剩产能、社会贫富差距扩大、未依据人口结构及时采取相应政策等。这些教训值得注意。

一、供给侧结构性改革需要与宏观经济政策有效配合

供给侧改革能够提升经济的总供给，在需求不足的条件下，有可能进一步导致通货紧缩问题，从而不利于日本经济的增长。为此就必须要配合实施总需求管理政策，与供给侧结构性改革相配合，以避免出现通货紧缩的现象，从而使经济重新走上增长的轨道，促使日本经济实现自律增长。日本在实施供给侧结构性改革时，主要有以下经验值得参考。

在供给侧结构性改革的实施过程中需要注重与总需求政策的协调关系。桥本内阁实施供给侧结构性改革时的教训，就为此提供了鲜明的例证。桥本内阁期间推行了“六大改革”，涉及行政、金融、行业准入、劳动雇佣等经济体制的诸多方面，既包含“产品结构改革”也包括“劳动市场改革”。这一供给侧结构性改革的推行，虽然有利于在长期内推动日本经济增长、提高日本经济的

潜在增长率，但是在短期内会形成“供给冲击”，导致短期内经济产出下降。这是因为供给侧结构性改革的实施效果与实施时间存在一定的时滞性，故其效果不能够在短期内显现，甚至在短期内会对经济体形成一定的冲击。这一点已经被国外的经济学家所证实。① 因此，为了减少实施供给侧结构性改革对经济的冲击，应辅以一定的总需求政策，推动总需求曲线右移，从而减小供给侧结构性改革所造成的短期冲击。但是桥本内阁在推行供给侧结构性改革时，并未采用宽松的总需求管理政策，而是采取了紧缩的总需求管理政策。在推行供给侧结构性改革的实施中，桥本内阁实施了“财政重建”政策，通过立法的方式缩减政府的公共支出，同时还提高了日本的消费税税率。这些措施不利于政府支出和消费需求的提高，反而造成了日本总需求的下降，对日本的经济增长产生负面影响。正是在这样的政策背景下，桥本内阁时期出现了总需求和总供给双双下降的局面，这对于日本的经济发展产生了非常不良的影响，造成日本经济增速迅速下滑。为了阻止日本经济增速的进一步下滑，日本政府不得不暂时停止了对于供给侧结构性改革的实施，而重新启动了增加政府支出等总需求政策措施，以挽救迅速下滑的日本经济增速。与此同时，桥本内阁的供给侧结构性改革政策的推行也受到了阻碍。

由此可见，供给侧结构性改革的顺利实施必须要配合积极的总需求管理政策。桥本龙太郎内阁正是没有注重供给侧结构性改革和总需求管理的关系，在实施供给侧结构性改革时，没有辅以积极的总需求管理政策，反而实施了紧缩的总需求管理政策，造成总供给和总需求的双重下降，在短期内对日本经济产出造成了严重冲击，并严重阻碍了日本供给侧结构性改革的顺利实施。

为此，日本政府在安倍经济学的实施过程中，吸取了桥本内阁时期供给侧结构性改革不注重和宏观经济政策相互配合的问题。在推行供给侧结构性改革

① Compton, R., Giedeman, D., Hoover, G., “A Distributional Analysis of the Benefits of Economic Freedom,” *European Journal of Political Economy*, 2014, Vol. 33, No. 1, pp. 121－133.

时，非常注重总需求与总供给政策的配合。安倍第二次上台后，推出了“安倍经济学”，主要可以分为两个阶段，即“旧三支箭”和“新三支箭”。“旧三支箭”既包括了供给侧结构性改革政策，也包含了总需求管理政策；而“新三支箭”则主要侧重于供给侧结构性改革。安倍内阁在实施供给侧结构性改革时，充分吸收了此前桥本内阁和小泉内阁时期的经验和教训，注重与总需求政策的相配合，以此为供给侧结构性改革提供了有利的宏观经济条件。“旧三支箭”的主要内容为：大胆的货币政策、灵活的财政政策和促进民间投资的增长政策。其中，大胆的货币政策和灵活的财政政策均为总需求管理政策，而促进民间投资的增长政策则为供给侧结构性改革政策。通过实施大胆的货币政策，抑制日元的升值趋势，提振日本股市，促进日本企业出口，改善日本企业的收益；与此同时，日本政府还提出了灵活的财政政策，在2013年推出了规模高达20万亿日元的“紧急经济对策”，主要用于灾后重建、完善社会基础设施建设等领域，以促进经济增长。在供给侧结构性改革方面，在能源、环境、健康、医疗等产业领域实施积极的规制改革，促进产业发展。“新三支箭”的主要内容包括：促进女性和老年人就业、加强育儿支援措施、完善护理保障措施等，从而促使日本经济的GDP达到600万亿日元。由于安倍内阁实施了积极的总需求管理政策，在短期内创造了良好的宏观经济环境，有利于供给侧结构性改革的推行。安倍经济学的实施，在短期内实现了日元的贬值，并促使日本股市价格持续升高，改善了企业收益，实现了短期内促进经济增长的作用。在有利的宏观经济条件下，安倍政府有效实施了农业、医疗等部门的规制改革，而这些部门的改革在此前很难推行。另外，安倍政府也顺利推行了“劳动方式改革”，进一步提高了日本劳动力市场的流动性，并努力实现“同工同酬”，缩小正式员工和非正式员工之间的待遇差距。

由此可见，安倍经济学在实施过程中，既注重实施凯恩斯主义的总需求经济政策，也注重实施被称为“成长战略”的供给侧结构性改革，与宏观经济政策形成了较好的配合。首先，安倍政府运用量质并举的货币政策为市场注入充足的流动性。其次，安倍政府还实施了积极的财政政策，在一定程度上促进了公共基础设施建设。通过积极的货币政策和财政政策配合，促进日本总需求的提高。在安倍政府积极的总需求政策的调整和控制之下，日本的短期经济状况得到了一定程度的改善。正是在短期经济环境得到改善的背景下，安倍政府推出了“第三支箭”，即“成长战略”，主要内容为实施规制改革、提升科学技术水平、完善日本创新环境、促进日本新兴产业发展等。由此可见，安倍政府的“成长战略”的相关内容即为供给侧结构性改革措施。在吸收了桥本内阁供给侧结构性改革教训的基础上，安倍政府通过实施积极的总需求管理政策，抵消了供给侧结构性改革实施所带来的“供给冲击”，维持了经济总产出和物价水平的稳定，没有造成经济总产出下降和通货紧缩等不良经济后果。此外，安倍政府实施的积极的总需求政策为供给侧结构性改革的实施提供了有利的宏观经济环境，有助于“成长战略”的落实和实施，避免了桥本内阁时期供给侧结构性改革推行受阻的困难，顺利实现了供给侧结构性改革的实施。安倍内阁时期实施的供给侧结构性改革推动了农业、电力等部门的规制改革，通过“综合科学技术会议”提升了日本的科学技术水平，提高了日本的全要素生产率，在一定程度上实现了日本经济增长的源泉从要素驱动向全要素生产率驱动的目标，有利于日本经济的长期增长，有助于日本经济走出长期的低迷状态。

此外，因为实施供给侧结构性改革时，会产生短期的“供给冲击”，从而对经济的短期发展造成一定的负面影响，所以应该实施积极的总需求管理政策。需要采取如下的方式：一是积极的货币政策。通过调整存款准备金率、再贴现率，实施公开市场业务，调节和控制市场利率，控制商业银行的贷款数量，为市场提供充足的流动性，从而起到稳定物价、促进就业、拉动经济增长的作用。二是积极的财政政策。通过减税、增加公共工程项目支出、增加转移支付等措施，增加政府投资，促进经济增长，稳定宏观经济发展环境。由此可见，只有积极运用总需求管理政策，并与供给侧结构性改革政策相配合，才能够促进供给侧结构性改革的实施。

二、选择性产业政策引发过剩产能

20 世纪 50 年代至 60 年代日本政府所实施的产业政策具有以直接干预市场为主的特征，属于选择性产业政策，但是选择性产业政策存在一定的缺陷，从而容易引发一系列问题。一是选择性产业政策容易造成过剩产能问题。选择性产业政策对于所选定的产业实施优厚的补助政策，使得这些产业相对于其他产业而言，能够获得大量的财政补贴、低息贷款，从而使行业间在要素竞争方面存在着严重的不公平。这时企业为了获得更多的政策支持，往往倾向于扩大企业的生产规模，从而造成了产能过剩问题。① 二是不利于资源配置效率的提升。在选择性产业政策的实施过程中，往往会实施限制竞争的相关政策，从而使市场优胜劣汰的竞争机制难以发挥作用。例如，在日本产业政策的实施过程中，就经常实行产业组织政策，鼓励企业间的重组与合并，并设立“萧条卡特尔”等组织，以达到产量调整、生产设备调整的目的。但是，这些政策却导致市场的竞争机制受阻，企业的优胜劣汰难以实现，从而使得生产效率低下的企业长期存在，挤占了生产要素资源，使资源难以分配到具有更高生产率的产业部门中，造成生产要素资源错配。三是选择性产业政策容易引发“寻租”行为，降低经济体的活力。由于日本政府设置的市场准入限制以及所具有的资源分配的权力，导致在实施选择性产业政策过程中产生了数额巨大的“租金”，企业为了获得政策方面的优惠措施，往往倾向于将精力配置于“寻租”活动之中，从而干扰了企业的产品研发以及技术创新活动，降低了经济体的活力。

战后日本供给侧结构性改革中，在实现工业化之前，产业政策是日本供给侧结构性改革的最主要内容。在日本实现经济高速增长的过程中，日本政府通过产业政策，将外汇、资本、劳动力等稀缺资源优先配置给重点发展产业，从

---

① 李平、江飞涛、王宏伟等著：《中国的经济结构调整与化解过剩产能》，经济管理出版社 2016 年版。

而在日本实现经济高速增长的过程中发挥了重要作用。但是，正如笔者所分析的，日本产业政策也存在如下问题：对日本企业的自主经营行为过度干涉；引发了寻租和过剩产能问题；不利于日本企业实施自主创新等。有些日本经济学家也对日本产业政策的实施效果提出了质疑。①

由于选择性产业政策存在的缺陷，为了克服选择性产业政策所带来的负面效应，就必须要推动选择性产业政策向功能性产业政策转型。功能性产业政策不同于侧重于某个企业或某个产业的选择性产业政策，更加注重对多个企业以及所有的产业部门实施政策措施，旨在提升和改善产业创新发展环境，完善产业发展的框架性条件。这些框架性的条件包括：完善的市场经济制度、维护市场公平竞争的竞争政策、完善的公共基础设施、有利于创新的制度环境、灵活的劳动力市场制度、积极的企业间合作环境等。② 在功能性产业政策制度下，市场在资源配置的过程中发挥最主要的作用，市场与政府的关系是互补与协同的，而非替代与竞争的。政府功能性产业政策的主要作用体现在以下几点：一是推动市场经济制度的完善。通过建立健全市场经济相关的各项法律和制度，建设具有开放性和公平性的市场竞争体系，从而为产业发展提供积极环境。二是创建良好的基础设施环境。例如高效的营商环境、有利于企业研究开发的创新环境、高质量的社会基础设施等。三是促进基础科学研究。仅仅靠市场环境，可能会导致基础科学技术研究不足，为此需要加强政府对于基础科学研究的投入，提升科学技术水平。

日本政府在20世纪70年代至80年代对产业政策实施了转型，从作用于个别产业转向为注重维持市场经济制度，通过市场手段促进经济资源的有效配置，促进产业政策向功能性产业政策转型。与此同时，大力强调科技创新在经

① 三輪芳朗、J. マーク・ラムザイヤー、「産業政策論の誤解」、東洋経済新聞社 2002 年版、第 5 頁。

② 江飞涛、李晓萍：《产业政策中的市场与政府——从林毅夫与张维迎产业政策之争说起》，《财经问题研究》2018 年第 1 期，第 33—42 页。

济发展中的作用，通过政府引导的方式，加大对于尖端科技领域的技术研发，促进日本的科技创新模式从“吸收创新型”向“自主创新型”转变。由此可见，20 世纪 70 年代至 80 年代，日本的产业政策出现了从选择性产业政策向功能性产业政策的转变。日本的产业政策不再局限于某一特定产业，而是扩展到了整个产业发展层面，政府的政策手段也逐渐从此前的实施贷款、税收的优惠转向提出“产业发展展望”，从而为产业发展提供有效信息。另外，从 20 世纪 80 年代起，日本政府提出了“技术立国”的口号，开始加强对基础科学研究的投资，注重对自主技术的研究和开发。

可见，在实施产业政策的过程中，也应重视市场导向改革的同步推进，产业政策不能替代市场导向的改革政策，从而避免过剩产能问题的发生以及影响企业的技术创新活动。同时，政府的产业政策也逐渐从重视生产者向重视消费者的方向调整。

20 世纪 90 年代后，日本政府的产业政策逐渐成为功能性的产业政策，较少直接干预产业的发展，以至于“产业政策”一词较少出现于日本的官方文件之中。政策措施主要集中于以下几个方面：一是进一步完善市场制度。通过实施一系列规制改革措施，减少政府对于市场经济的干预，放宽对于市场准入和产品生产的一系列行政性限制。二是完善创新环境。制定《科学技术基本法》，加强国家引领，构筑国家创新体系，通过财税措施，推动“官产学”三方合作，促进中小企业的研究开发。三是加强国家对于基础科学技术的投入。从 20 世纪 90 年代以来，日本对于基础研究开发的重视程度日益上升，不断加强对于基础科学研究的投入，提升本国的创新能力。

近年来，选择性产业政策，对于产业发展起到了一定的促进作用，但也能够引发一些负面作用。通过分析日本供给侧结构性改革中产业政策的实施经验，借鉴其中的经验和教训，可知中国应推动产业政策的实施方向从选择性产业政策向功能性产业政策转变，通过进一步深化改革，不断完善市场竞争制度，构建有利于企业创新的经济环境。与此同时，还应加强对于技术自主创新的重视程度，通过政府的有效引导，加强政府、企业、大学间的创新协调，加大对于基础科学研究的投入力度，提升科学技术水平。此外，中国还应协调产业政策与竞争政策的关系，努力构建开放、公平的市场竞争环境，有效促进产业发展，为我国实现高质量发展作出贡献。

三、结构改革导致社会贫富差距扩大

日本的供给侧结构性改革可以分为产业政策阶段和结构改革实施阶段，其中的“结构改革”是日本供给侧结构性改革自 20 世纪 90 年代以来的主要内容。日本的结构改革注重从两个方面调整日本的经济体制机制，即产品市场结构改革和劳动力市场结构改革。产品市场结构方向的改革，侧重于从调整市场准入制度入手，减少行业的进入障碍，从而增加生产要素的流动性。而劳动力市场结构改革则着重于调整在经济高速增长时期形成的日本式雇佣体制，增加劳动力市场的流动性，从而提高劳动力资源的使用效率。但是，正如笔者所阐释的，结构改革也存在一定的负面效应，不仅造成了日本社会贫富差距的扩大，而且进一步拉大了日本地方城市和中心城市之间的经济发展差距，对于日本经济增长的推动作用并不明显，也没有缓解日本所面临的通货紧缩问题。

首先，贫富差距扩大造成一系列的社会经济问题。在小泉实施结构改革后，非正式雇佣人数持续增加，非正式雇佣问题日益成为一个突出的问题。一是非正式雇佣的员工在工作过程中转变成为正式雇佣员工缺乏有效的路径。即便与正式员工从事相同的工作、积累相同的经验，也很难转变为正式员工。二是非正式员工难以享受正式员工在工资、福利等方面的待遇，从而导致正式员工和非正式员工之间的收入差距不断扩大。在非正式雇佣人数不断上升的情况之下，日本企业员工的收入难以得到相应增加，这导致社会的贫富差距不断扩大。三是日本的男性员工和女性员工之间也存在着收入差距问题，结构改革并未有效改善这一差距。如果将男性一般劳动者的所得视为 100% 的话，在 2013

年时日本女性员工的收入仅有男性员工的 71.3%。[①] 四是社会贫富的差距扩大，导致日本的相对贫困率不断上升，这导致育龄人口的生育意愿下降，不利于缓解日本的人口老龄化问题。在实施结构改革后，日本的贫困问题并未得到有效缓解，反而出现了进一步加剧的迹象。日本的相对贫困率从 1985 年的 12% 扩大到了 2009 年的 16%。[②] 由于收入差距的扩大，以及对于未来职业发展的不确定性的担忧，导致日本社会的终身不婚率不断上升。其中男性的终身不婚率从 1970 年的 1.7% 上升到了 2015 年的 23.4%，而同一时期女性的终身不婚率也从 3.3% 上升到了 14.1%，预计到 2040 年日本男性终身不婚率将上升到 29.5%，而女性的终身不婚率也将上升到 18.7%。[③] 由此可见，虽然结构改革的实施能够促进经济体资源的使用效率，但是也造成了一系列新的社会问题，对于经济增长产生了负面影响，这是日本在实施供给侧结构性改革中的一个重要教训。

其次，结构改革导致社会贫富差距扩大的原因探析。一是市场通过优胜劣汰造成贫富差距的扩大。根据马克思主义理论，建立在私有制基础上的资本主义市场经济因为资本积累的需要，导致财富在一极积累，而相应的贫困也会在另一极积累，这必然会导致贫富差距的扩大。[④] 日本的结构改革包括两个部分，其中产品市场改革是其中一项重要的组成部分。产品市场改革取消了政府对市场经济的直接干预，完善了市场的竞争环境，但是也加剧了市场的竞争程度，从而使得在市场竞争中取得胜利的一方能够不断地积累更多财富，造成社会贫富差距的扩大。二是劳动力市场改革造成的社会贫富差距扩大。在结构改革的

---

① 厚生労働省、「男女間の賃金格差解消に向けて」、https://www.mhlw.go.jp/stf/seisakunitsuite/bunya/koyou_roudou/koyoukintou/seisaku09/index.html。

② NHK 特别节目录制组合著、李颖译：《女性贫困》，上海译文出版社 2017 年版，第 145 页。

③ 内閣府、「少子化社会対策白書」、https://www8.cao.go.jp/shoushi/shoushika/whitepaper/measures/w-2019/r01webhonpen/index.html。

④ 李颖：《当前我国贫富差距拉大原因的“市场根源论”辨析》，《经济问题》2010 年第 1 期，第 45—49 页。

推进下，市场机制对于在经济高速增长时期形成的“日本式雇佣体制”造成了冲击。“日本式雇佣体制”具有“终身雇佣”的特点，只要公司本身不处于特殊情况，就不会将员工解雇。① 但是，日本的劳动力市场改革正是要打破这种“日本式雇佣制度”，推行灵活的就业方式，以便于降低企业生产成本、提高企业利润，因而企业采取了增加非正式雇佣员工的方式来降低劳动力成本，而这一措施也导致了日本贫富差距的扩大。三是税收措施对于收入分配的调节有限。战后日本的税收体系中，占据主导地位的是直接税，通过高额累进税率，促使日本在20世纪80年代之前实现了较为公平的收入分配情况。在法人税税率方面，20世纪90年代以来，日本政府持续调降法人税税率，从1997年度的49.9%调低至1999年的30%，安倍上台后实施的税制改革进一步调降了法人所得税税率，达到了23.2%。在个人所得税方面，日本从20世纪90年代以来屡次调降个人所得税的最高累进税率，从1989年的50%调降至2007年的40%。随着个人所得税和法人所得税税率的下降，税收的再分配功能受到影响，导致日本社会的贫富差距进一步扩大。

最后，在推动供给侧结构性改革过程中注重缩小社会的贫富差距。一要充分认识到结构改革可能会造成的社会贫富差距扩大问题。结构改革由于涉及产品市场改革和劳动力市场改革，虽然有利于企业降低生产成本，提高资源要素的配置效率，但是也能够引发社会贫富差距扩大的问题，造成社会经济发展的不平衡。二要建立健全各项法规，构建完善而合理的分配制度。增加对于垄断性行业的法人税税收，加强个人所得税的征收管理，缩小高收入者和低收入者之间的收入差距，将社会的贫富差距控制在合理的范围之内。三是建立健全社会保障体系，减轻青年人的生活负担，从而提高青年人的生育意愿，缓解人口老龄化问题。

① 张季风编：《日本经济概论》，中国社会科学出版社2009年版，第257页。

四、未依据人口结构变化及时采取有效措施

纵观战后日本供给侧结构性改革的过程，在第一个阶段日本政府集中于实施产业政策，促进产业发展。此时日本的经济问题为供给不足问题，所以日本政府致力于实施产业政策，用于增强日本的供给能力。而此时日本经济在需求层面仍处于总需求旺盛的发展阶段，不存在总需求不足的问题，因此日本政府主要致力于社会保障体制的建设，并未开展应对人口老龄化的相应对策。日本供给侧结构性改革的第二个阶段，即 20 世纪 90 年代以后的结构改革阶段，在这一时期的前半阶段，日本政府仍然没有着重采取应对人口老龄化的措施，造成了应对人口老龄化问题的滞后。例如，在桥本内阁和小泉内阁时期的供给侧结构性改革中，虽然也提出了社会保障改革的相应措施，但这些措施主要为防止社会保障支出费用的过快增长，而对如何应对人口老龄化所采取的措施并不充足。

日本人口老龄化是当前日本经济社会所面临的重要问题，对日本的经济发展产生负面影响。一是日本的老年人口数量持续增加。从 20 世纪 90 年代开始，日本的老龄化程度开始快速提升。在 2019 年时日本 65 岁以上老年人口数量已经达到了 3558 万人，占日本总人口数量的比率达到了 28. 1%，接近日本总人口数量的 1/3。① 预计 2050 年日本 65 岁以上老年人口数量将会达到 3800 万人，届时日本的高龄化率②也将会上升到 38%。二是在人口老龄化迅速加剧的同时，日本的少子化进程也在不断加快。1970 年日本的总和生育率为 2. 13，1989 年下降至 1. 57，但是在 20 世纪 90 年代后日本的总和生育率以更快的速度下滑。2005 年日本的总和生育率达到了 1. 26，创下了历史新低。近年来日本的

---

① 内閣府、「令和元年版高齢社会白書（概要版）」、https：//www8. cao. go. jp/kourei/whitepaper/w－2019/html/gaiyou/s1_1. html。

② 65 岁以上人口占总人口的比率。

总和生育率虽然有上升趋势，但是整体情况仍不乐观。三是由于人口老龄化和人口少子化的双重影响，日本的劳动人口不足。日本的劳动年龄人口在2000年时达到了6700万人，但是此后开始逐年下滑，在2017年时为6556万人，预计到2030年时将进一步下滑至6180万人。① 劳动力人口不足不仅会阻碍日本产业发展，也不利于日本的创新，从而使日本经济的潜在生产率下降，导致日本经济更难恢复自律增长。四是在人口老龄化的影响下，日本政府的宏观经济政策的实施效果将会受到一定程度的影响。一方面，人口老龄化的发展会导致资本边际产出下滑，从而收窄货币政策的操作空间，进而降低货币政策的有效性；另一方面，随着日本人口老龄化的发展，日本政府对于社会保障方面的支出逐渐增加，这不仅收窄了日本财政政策的操作空间，也造成日本债务问题日趋严重，从而降低了日本财政政策的有效性。张卫峰的分析认为，由于人口老龄化的存在，导致日本财政政策和货币政策的有效性正在逐渐下滑。②

在第二次安倍内阁的供给侧结构性改革中，增加了应对人口老龄化的措施，如鼓励老年人口就业、增加育儿支援措施等。特别是在安倍经济学的第二阶段，提出了“新三支箭”的经济政策。“第一支箭”为推动劳动方式改革，促进经济增长。由于日本存在劳动时间过长的问题，导致劳动者难以兼顾子女养育和老年人的照护，不利于解决劳动人口问题。为此，推动劳动方式改革，包括改善过长的劳动时间，推行灵活的工作方式，推动非正式员工的待遇改善，促进女性和老年人就业等。“第二支箭”为加强育儿援助。提高生育率水平是解决日本人口老龄化问题的重要组成部分，为此就需要提高结婚率、增加大妻的生育数量。为此，日本政府加强了对于育儿方面的支援措施，包括扩大幼儿教育免费范围、加强幼儿园建设、确保育儿人才等。“第三支箭”为完善

① 厚生労働省、「労働経済の基礎的資料」、https：//www. mhlw. go. jp/english/wp/wp－hw3/dl/j1_05. pdf#search＝%27 日本＋労働力人口%27。

② 张卫峰、刘堂勇：《人口老龄化与日本货币政策、财政政策有效性：抑制还是强化》，《世界经济研究》2019年第6期，第3—16页。

社会保障，其目标在于能够让劳动者兼顾工作与照顾老人，减少因照顾老人而离开职场的人数，从而缓解日本劳动力人口短缺的现状。但是，这些措施不仅力度稍显不足，而且实施的时间也较晚，对于应对日本人口老龄化的发展所起到的缓解作用较为有限。

为此，应尽早开展针对人口老龄化问题的对策与措施，从而实现经济的高质量增长。一要充分认识到人口老龄化问题的严重性。随着社会经济的发展，在总人口构成中，老年人的比率不断上升，而年轻人的比重则不断下降。这不仅会引发劳动力人口不足的问题，而且也会导致货币政策、财政政策等宏观经济政策的有效性下降，不利于经济增长。为此，必须对人口老龄化问题引起足够重视。二要加强供给侧结构性改革与解决人口老龄化问题政策之间的协调性。日本的人口老龄化问题在 20 世纪 90 年代后凸显出来，但是 20 世纪 90 年代后日本具有新古典自由主义性质的供给侧结构性改革措施中，并没有积极开展应对人口老龄化的相应措施，反而采取了削减社会保障支出的做法，不利于应对人口老龄化进程，直至第二次安倍内阁时期日本的供给侧结构性改革才开始与应对人口老龄化问题相结合。因此，在实施供给侧结构性改革时，应吸取日本的教训，尽早将应对人口老龄化措施与供给侧结构性改革相结合。三要采取措施积极应对人口老龄化问题。为应对人口老龄化问题，应进一步完善社会保障体系，降低家庭的养老、育儿负担，推动养老、护理产业发展，提高家庭的生育意愿，从而有效应对人口老龄化问题。

结　语

笔者在他人的研究基础之上，对日本供给侧结构性改革的理论基础、阶段性变化、具体政策措施以及经验教训等问题展开了全方位、系统性的分析。试图结合历史事实，综合运用新古典宏观经济学、产业经济学、供给经济学等理论分析框架，使用计量经济学、动态随机一般均衡模型等方法实施检验与验证。日本的供给侧结构性改革在不同的经济发展阶段表现出了不同的特征，具有不同的政策目标和政策手段。主要研究结论如下所示：

第一，我国自 2015 年提出供给侧结构性改革以来，学界加强了对于供给侧结构性改革的研究，但是在日本供给侧结构性改革方面的研究较少，存在系统性研究不足的问题。本书打破了对日本各阶段供给侧研究割裂的局限，以促进经济增长为主线，认为供给侧结构性改革贯穿于整个日本战后经济发展历程，并对日本供给侧结构性改革的每个阶段展开详细分析。本书明晰了日本供给侧结构性改革概念的范围，即除了财政、货币等宏观经济政策外，还包括其他作用于经济供给侧的相关经济政策。另外，还指出了日本供给侧结构性改革包括“量”与“质”两个方面的内涵。从“量”的角度而言，供给侧结构性改革涵盖能够提高供给能力的相关政策，而从“质”的角度而言，则包括消除资源配置障碍、提速生产资源使用效率的有关政策措施。

第二，笔者回顾了与供给侧结构性改革相关的经济理论，包括产业政策理论、供给经济学派经济理论、结构改革理论，并在此基础上探讨了供给侧结构性改革与经济增长的关系。支持产业政策实施的理论依据在于“市场失灵”理论和“后发展国家优势”理论，而反对产业政策的实行则主要集中于对“政府失灵”问题的探讨上。供给学派的产生则基于对凯恩斯主义的反思上，主张政府减少对经济的干预并实施减税措施。笔者着重从政策目的和政策手段的角度分析了日本供给侧结构性改革与美国供给学派的异同。认为熊彼特的创新理论以及新古典经济学的经济增长理论对于日本的结构改革发挥了重要作用，促进日本形成了以提升全要素生产率为目标，以调整日本经济制度为手段的“结构改革”措施。因此，笔者认为供给侧结构性改革的实行将会促进经济体升级转型、消除资源配置扭曲，从而提升供给质量，消除供给与需求的错配，以实现经济增长，但应同时辅以积极的宏观经济管理措施。

第三，日本的供给侧结构性改革并非基于西方供给学派的经济理论所展开，而是有着其自身的独特理论体系。本书回顾了西方古典经济学、新古典经济学、凯恩斯主义经济学、供给学派、新古典增长理论对于经济供给侧的看法。与美国不同的是，日本的供给侧结构性改革始于战后，受到战前“经济统制”以及战后“后发展国家”地位的影响，促使日本产生了迫切发展的强烈要求，并产生了作用于经济供给侧的产业政策，成为日本供给侧结构性改革的开端。20 世纪 90 年代以后，日本的供给侧性改革主要受到“结构改革”经济思想的影响，致力于消除资源配置扭曲，提升生产资源使用效率，提高全要素生产率，从而对日本经济体制实施了调整与改革。基于上述分析，笔者认为日本供给侧结构性改革分为三个阶段，即 20 世纪 50 年代至 80 年代以“量”为主的阶段、20 世纪 90 年代至 21 世纪初以“质”为主的阶段，以及当前“量质并举”的供给侧结构性改革阶段。

第四，20 世纪 50 年代至 80 年代日本主要实施“以量为主，以质为辅”的供给侧结构性改革措施。第二次世界大战结束后，日本面临着重建经济的迫切任务，基于战前和战时生产导向政策的强烈影响，战后日本形成了“发展主义”的思想，注重发展国家的生产能力，从而促使日本形成了作用于经济供给端的产业政策。20 世纪 50 年代至 60 年代日本供给侧结构性改革具有着重提升供给能力，强调国家对产业发展的引领，注重采用财税措施、产业补助金以及财政投资贷款制度促进产业发展的特点。20 世纪 50 年代至 60 年代日本供给侧结构性改革的主要措施包括：倾斜生产方式、产业结构政策、产业组织政策、产业技术政策等。由于战后初期日本经济的需求旺盛，所以日本政府致力于实施提升供给能力的产业政策，取得了良好的效果，提升了日本经济的发展水平。日本自 20 世纪 70 年代初起实现了工业化，产业政策不断调整以适应经济发展的需要，愈发注重促进产业升级转型，化解过剩产能、优化供给结构，并开始实施初步的规制改革，呈现出“以量为主，以质为辅”的特征。在完成工业化后，日本供给侧结构性改革采取的主要措施包括：针对结构性萧条产业实施去产能措施、加快新兴产业发展、规制改革等。20 世纪 70 年代至 80 年代日本供给侧结构性改革具有采用间接方式促进新兴产业发展、积极引导萧条产业退出市场、大力改善市场环境的特点。在 20 世纪 70 年代至 80 年代，由于日本将积极的宏观经济政策与供给侧结构性改革相配合，从而起到了促进经济增长的作用。

第五，20 世纪 90 年代初期，日本泡沫经济崩溃，导致日本出现通货紧缩、失业率上升、不良债权问题；至 20 世纪 90 年代中期，日本甚至发生了系统性金融风险。这些问题的存在使得这一时期的日本经济处于长期低迷的困境之中。在新自由主义的影响下，从 20 世纪 90 年代开始，日本政府实施了“以质为主，以量为辅”的供给侧结构性改革措施，主要的政策为作用于经济供给端的“结构改革”，主张减少政府对经济的干预、完善市场经济环境、激发企业经营活力。在这一思想的影响下，日本的供给侧结构性改革走过了 20 世纪 90 年代初的规制改革、90 年代中期桥本龙太郎的“六大改革”、21 世纪初期小泉内阁结构改革等发展阶段。虽然这些结构改革措施，试图通过调整日本的经济制度，消除资源配置障碍，提升生产资源的使用效率，以期实现经济增长。但是，由于缺乏有效的宏观经济政策与供给侧结构性改革相配合，导致短期内形成的“供给冲击”无法得到缓解，从而进一步恶化了日本的经济发展状况，同时也使得日本供给侧结构性改革推行受阻。

第六，2013 年末安倍第二次上台，为了消除世界金融危机以及 2011 年东日本大地震对日本经济的影响，安倍推出了“安倍经济学”的经济政策措施，其中的“成长战略”部分即为当前的日本供给侧结构性改革的主要措施，体现出“量质并举”的特征。当前的日本供给侧结构性改革以提升全要素生产率为核心，着力消除资源配置扭曲，推动新兴产业发展，同时注重实施科学技术政策，提升科学技术水平。安倍自上台以来，其供给侧结构性改革经历了四个发展阶段并延续至今。主要采取的措施包括：促进民间投资、完善市场环境、完善就业制度、促进科技创新、发展新兴产业、促进中小企业发展等。对于汽车、健康医疗等重点领域实施重点扶植，同时加强人工智能技术的研发。由于安倍第二次执政后采取了积极的宏观经济政策，包括积极的财政政策以及“量质并举”的货币政策，配合了供给侧结构性改革的实施，有效削减了“供给冲击”，从而取得了短期内促进日本经济增长的效果，也有利于供给侧结构性改革的进一步实施。

第七，日本供给侧结构性改革对日本的经济发展既有正面效应，也有负面影响。一方面，在日本实现工业化之前，笔者通过时间序列的分析方法证明，日本产业政策的实施对于推动日本经济增长起到了积极作用；另一方面，在日本完成工业化后，日本面临资本收益率下降、人口老龄化进程加速、研发收益率下降、资源配置效率下降等一系列问题，通过运用计量经济学的方法证明，在后工业化时期日本供给侧结构性改革对提升全要素生产率产生了显著的推动作用。日本供给侧结构性改革的经济政策通过促进创新、改善资源配置等路径提升了日本的全要素生产率，推动了日本经济的增长。但是，在产业政策的实施上，引发了过剩产能、对企业经营过度干涉等问题，而在结构改革的实施过程中，也造成了社会贫富差距扩大、区域发展不均衡等负面影响。总体而言，供给侧结构性改革的实施有利于经济增长，但也存在一定的负面影响，需要积极的宏观经济政策的配合。

第八，供给侧结构性改革的实施在短期内会形成“供给冲击”，因而需要与积极的财政政策及稳健的货币政策共同实施，实现供给侧结构性改革与宏观经济政策的协调，才能推动结构性改革有效落地，促进经济增长。20 世纪 90 年代中期，日本的桥本龙太郎首相为了促进日本走出长期的经济低迷，实施了名为“六大改革”的供给侧结构性改革措施，以期消除市场中要素资源配置扭曲，优化资源配置，但是这一改革实施的同时并未采取积极的宏观经济政策与之配合，而是采取了紧缩的财政政策以及消极响应的货币政策。这导致日本经济发展受到严重冲击，日本供给侧结构性改革的实施也严重受阻。笔者使用动态随机一般均衡模型的分析方法，探究如果 20 世纪 90 年代中期日本政府的供给侧结构性改革与宏观经济政策间有效配合，将会产生何种效果。分析结果认为，如果当时的日本政府采取更为积极的财政、货币政策等宏观经济政策将有效改善日本的宏观经济运行环境，从而有利于供给侧性改革的实施。

第九，自 20 世纪 70 年代初期日本实现工业化后，科学技术政策日益成为日本供给侧结构性改革中的一项重要组成部分。由于科学技术具有公共品属性，存在“市场失灵”的问题，因而需要政府采取科学技术政策，以促进科学技术的研究开发。自日本完成工业化后，其技术水平与欧美等发达地区的差距日益缩小，面临着提升自主创新能力的压力，日本政府对于科学技术政策的重视程度日益提升。同时，由于科学技术政策能够促进科学技术水平的提升，提高全要素生产率，从而也使之成为供给侧结构性改革中的一项重要组成部分。在 20 世纪 70 年代至 80 年代，日本政府致力于促进日本的科技创新从“吸收创新型”向“自主创新型”转化，在 20 世纪 90 年代至 21 世纪初则注重市场化改革，同时加强政府对于科学技术的引领作用。当前，日本政府更加注重政府引导，促进科技创新，从而促进日本经济的可持续发展。日本的科学技术政策一方面推动了日本的研究开发活动，但也存在研究开发收益低下的问题。日本的科学技术政策具有研究经费竞争性强、采用特别税制方式促进研发、注重中小企业研发、设立官民并举投资机构促进研发等特点。

第十，日本的供给侧结构性改革贯穿了整个战后日本经济的发展历程，具有丰富的政策实施经验。一是政府在供给侧结构性改革过程中发挥引导作用。不论是在产业政策，还是结构改革的过程中，日本政府均发挥了重要的推动作用。二是供给侧结构性改革的实施有利于推动经济结构的调整转型。在20世纪70年代日本实施了去产能措施，并在21世纪初期通过设立产业再生机构有效削减了不良债权问题，推动了经济结构的调整转型。三是日本政府致力于改善企业的创新环境，推动经济增长从要素驱动向创新驱动转换。四是供给侧结构性改革政策内部之间需要相互配合以应遵照先贸易自由化后资本自由化、先产品市场改革后劳动力市场改革的顺序。

第十一，日本供给侧结构性改革实施过程中的教训。一是供给侧结构性改革需要政策间的有效配合。宏观经济政策应配合供给侧结构性改革实施，而在供给侧结构性改革实施过程中也应遵循先产品市场改革后劳动力市场改革的顺序。20世纪90年代中期日本供给侧结构性改革与宏观经济政策配合失序。供给侧结构性改革应与积极的宏观经济政策相互配合以应对“供给冲击”。二是选择性产业政策容易造成过剩产能、资源配置扭曲等问题，同时也可能产生“寻租”问题，降低经济体活力。应推动选择性产业政策向功能性产业政策转化。三是日本结构改革的实施造成了社会贫富差距的扩大，导致社会经济发展的不平衡。应充分认识到结构改革所能带来的扩大社会贫富差距的作用，健全完善社会保障机制，推动社会经济健康发展。四是人口老龄化已经成为困扰日本经济发展的重要课题，但日本供给侧结构性改革在应对人口老龄化方面的政策措施滞后且力度不足。

供给侧结构性改革的实施贯穿于战后日本经济的发展历程之中，经历了以产业政策为主和以结构改革政策为主的发展阶段。在人口老龄化问题日益突出、资本投资收益率日趋下降的客观因素影响下，可以预期日本将会进一步实施供给侧结构性改革，以提升全要素生产率，促进日本经济的可持续增长。

图书在版编目（CIP）数据

战后日本供给侧结构性改革研究/田正著．—北京：时事出版社，2022.6

ISBN 978-7-5195-0470-0

Ⅰ．①战…　Ⅱ．①田…　Ⅲ．①经济改革—研究—日本—现代
Ⅳ．①F131.34

中国版本图书馆 CIP 数据核字（2022）第 031650 号

出 版 发 行：时事出版社
地　　　址：北京市海淀区彰化路 138 号西荣阁 B 座 G2 层
邮　　　编：100097
发 行 热 线：（010）88869831　88869832
传　　　真：（010）88869875
电 子 邮 箱：shishichubanshe@sina.com
网　　　址：www.shishishe.com
印　　　刷：北京良义印刷科技有限公司

开本：787×1092　1/16　印张：17　字数：259 千字
2022 年 6 月第 1 版　2022 年 6 月第 1 次印刷
定价：88.00 元